개척 5년 차입니다

세움북스는 기독교 가치관으로 교회와 성도를 건강하게 세우는 바른 책을 만들어 갑니다.

동네 교회 이야기 시리즈 1

개척 5년 차입니다

내가 잘 몰랐던 90% 한국교회 진짜 이야기

초판 1쇄 인쇄 2020년 10월 20일
초판 1쇄 발행 2020년 10월 25일

지은이 | 김민수
펴낸이 | 강인구

펴낸곳 | 세움북스
등 록 | 제2014-000144호
주 소 | 서울시 종로구 삼일대로 428(낙원동) 낙원상가 5층 500-8호
전 화 | 02-3144-3500
팩 스 | 02-6008-5712
이메일 | cdgn@daum.net

교 정 | 김태윤
디자인 | 참디자인

ISBN 979-11-87025-74-0 (03230)

개척 5년차 입니다

내가 잘 몰랐던
90% 한국교회
진짜 이야기

김민수 지음

세움북스

추천사

기독교 신앙의 오묘함과 그 깊이를 우리가 어떻게 다 이해할 수 있을까요? 분명히 아픈 경험이고 절망스러운 경험인데, 하나님은 생의 가혹한 시간을 특정한 공간에서 보낸 사람의 심장 안에만 심오한 무언가를 새겨 넣습니다. 그렇지요? 이것은 인생의 바닥을 통과한 사람의 심장에만 새겨 주시는 하나님의 특별한 선물임과 동시에 놀라운 은혜입니다. 한마디로 하나님과 그분의 영광스러운 복음에 깊이 접촉한 경험을 한 것이지요. 이런 사람은 가만히 있지 못합니다. 반드시 자신이 체험한 하나님과 복음을 증거 하는 자리에 서게 됩니다. 김민수 목사께서 바로 그 주인공입니다.

그는 이 세상의 형통과 성공의 잣대로 평가할 수 없는 삶의 가치가 우리 주 예수 그리스도의 복음 안에 담겨있음을 목 놓아 외칩니다. 그의 목회 경험은 이 세상의 잣대로 보자면 참으로 보잘 것이 없습니다. 그러나 실패를 두려워하지 않는 신실한 자로 살기로 작정하며 걸어온 그의 목회 여정은 영광의 길이었습니다. 그는 눈물과 한숨으로 통과한 목회의 시간 속에서 하나님께서 어떤 일을 이루셨고, 이루어 가시고, 이루실 것을 뜨거운 심장으로 증언합니다. 마음을 열고 그의 고독한 외침을 들어보십시오. 형통하고 성공한 사람들은 결코 볼 수 없는 그 무언가가 그의 입술을 통해 터져 나오는 것을 목격하게 되실 겁니다. 이 책을 덮을 시점에는, 우리 모두가 어디에 집중하며 살아야 할지, 무엇이 진짜 목회인지, 누구에게 어떻게 충성해야 할지를 깊이 자각하는 복을 누리게 되리라 확신합니다.

김관성 목사 (행신교회 담임, 『본질이 이긴다』 저자)

재수를 하고, 신학교를 간다고 했을 때였다. 부모님은 절대 그럴 수 없다고 하셨다. 집을 나가라고 하셨고, 호적에서 파 버린다고 하셨다. 부모님이 그러셨던 이유는 그 당시 목회는 가난을 의미했다. 세월이 흘러 이제는 목사가 결혼 대상 순위에서 그리 밀리지 않는 직업이 되었다. 대형 교회 그리고 초대형 교회 담임 목회자가 되면 웬만한 대기업 부럽지 않은 시대이다. 그러나 대부분 목회 현장은 개척교회, 미자립교회, 혹 작은 교회이다.

코로나 시대 한국 교회는 더 위축되었고, 수많은 목회자들이 규모 있는 교회에서 나오게 된다. 상당수 목회자들이 개척을 해야 할 수도 있다. 누구나 개척을 할 수 있다. 그러나 개척을 하고 살아남기란 하늘의 별 따기와 비슷하다. 어떻게 하면 제대로 개척하고, 어느 정도 생존할 수 있을까? 실제 개척교회에 필요한 목회적 요소와 준비할 내용을 담은 책이 나왔다. 김민수 목사님의 『개척 5년 차입니다』. 이 책은 단독 목회를 준비하는 목회자에게, 이미 개척을 한 목회자들에게도 많은 인사이트를 준다. 이 책은 한 교회가 어떻게 세워지는지 엿볼 수 있게 한다. 한 교회가 탄생하고, 땀, 눈물, 뜨거운 피를 흘리며 어떻게 세워져 가는지 그 과정을 보여 준다. 책을 구입하여 읽어 본다면, 개척교회에 대해 그리고 개척교회가 무엇인지 더 잘 알게 될 것이다.

김영한 목사 (Next 세대 Ministry 대표 & 품는교회 담임)

------◆--◆------

이 책을 읽고 나니 여러 가지 감상이 스쳐간다. 우선 눈물난다. 나 역시 개척교회 목사의 아들로서 성장했는데, 무려 30년 전 겪었던 내 삶이 그대로 반복되고 있다. 저자의 짠내나는 개척기에 마음이 아린다. 또한 어느덧 나 역시 개척한지 3년차인데, 내가 겪었던 딜레마가 주마등처럼 스쳐 지나가며 동감되기도 했지만, 앞으로 더 겪어야할게 남았다는 생각에 눈물이 앞을 가린다. 그리고 감동적이다. 그 어려움들 속에서도 하나님의 인도하심을 읽어내려 눈물로 밤을 지새웠던 그 열심도, 그 앞에서 마주했던 하나님의 열심도, 심지어 자극적이다. 고군분투하며 현실 속에서 최선을 다했던 그의 열정이 나를 자

극한다. 마지막으로 실제적이다. 시기별로, 또한 주제별로 한번쯤 꼭 고민하고 정리해야할 이슈들을 잘 다루어주셨다. 다 읽고 나니 언젠가 개척관련해서 책을 써볼까 했던 생각을 고이접어 휴지통에 버렸다. 이 정도면 됐다. 뭔가 목사계의 '미생'을 읽은 듯한 감동이자, 거기에 그치지 않고, '완생'으로 이끄는 지침서 같다.

손성찬 목사 (이음숲교회 담임, 『일상의 유혹』 저자)

◆ ◆ ◆

책 쓰기 모임을 통해 김민수 목사님을 만났습니다. 김민수 목사님을 만나면서 놀란 점이 있습니다. 거의 모든 분야에 대한 집요한 관심이 놀라웠고, 책 쓰기에 관한 해박한 지식이 있으면서도 겸손히 섬기는 모습에 부끄럽기도 했습니다. 상황이 어려워졌음에도 실제적 효과가 거의 나타나지 않는 전도를 쉬지 않고 계속하는 성실성은 존경스러울 정도였습니다. 개척하고 5년이 되기 직전에 교회에 제법 큰 어려움을 당해서 충분히 절망할만한 상황이었지만, 김 목사님은 그 상황 속에서도 여전히 교회를 성실하게 섬기고 변함없이 전도하는 모습을 보았습니다. 그에게 가장 잘 어울리는 표현이 '신실함'이란 생각이 듭니다. 오랫동안 준비한 글들이 책이 된다는 소식을 듣고 많이 기뻤습니다. 이 시대에 무엇보다 필요한 책이라 믿기 때문이고, 개척의 현장에서 고생하는 목사님들에게는 위로가 될 책이고, 개척을 망설이는 목회자들에게는 큰 용기가 될 책이고, 성도들에게는 이 시대에 신실한 목회자가 세워가는 교회의 모습을 보여줄 좋은 책이 될 것이라 확신합니다.

윤용 목사 (말씀의빛교회 담임, 『말씀으로 삶을 열다』 저자)

◆ ◆ ◆

우리 시대 개척이라는 산은 너무 높아 보입니다. 그래도 그 산을 오르는 분들이 있습니다. 『개척 5년 차입니다』의 주인공 김민수 목사님은 개척이라는 산을 오르면서 경험한 고전분투기를 그대로 진솔하게 풀어내고 있습니다. 우리

시대의 개척 현장을 있는 모습 그대로 보여주면서 어떻게 길을 열어가는 지를 생생하게 그려냅니다. 무엇보다 개척과정에서 경험한 고통, 고독, 고난을 그대로 나누면서도 그 속에 매몰되지 않고 오히려 개척의 가치와 의미를 찾아내고 다듬어 가는 모습이 너무 소중하기만 합니다. 여전히 광야의 은혜가 있고 막연한 두려움과 개척 필패를 넘어서려는 그 부단한 헌신이 아름답습니다. 이중직에 대해서 생계가 아닌 생명을 위한 걸음이라는 통찰에 감탄사가 나옵니다. 이 책을 개척을 준비하는 분들에게 또 개척의 길을 가고 있는 분들에게 강추합니다. 위로와 더불어 새로운 길이 보일 것입니다.

이상갑 목사 (산본교회 담임, 청년사역연구소 대표)

그동안 개척에 관한 많은 책들을 읽을 때면 하나의 성공사례를 읽는다는 느낌이었습니다. 오히려 하나님의 은혜보다 때로는 자신의 공로와 업적이 더 크게 드러나는 책들을 통해 도전이 아닌 좌절을 맛보았습니다. 김민수 목사님의 '개척 5년차 보고서'는 그야말로 울다가 웃다가 하는 공감하게 만드는 힘이 있습니다. 낙망하고 좌절하고 있을 때 하나님의 손길을 경험했던 순간 순간의 이야기가 더 큰 감동으로 다가오는 이유는 솔직함 때문입니다. 어렵지만 감춰진 하나님의 손길을 기대하며 개척의 순례를 떠나는 모든 이들에게 꼭 읽혀져서 '건강한 교회'를 세워가는 기쁨을 함께 공유하며, 함께 하나님 나라를 소망하길 기쁨으로 추천합니다.

이재학 목사 (하늘땅교회 담임, 작은교회연구소 소장)

요즘같이 어려운 시대에 피할 수만 있다면 피하고 싶은 것이 개척이다. 그 피하고 싶은 개척의 현장 속에 자신의 온 몸을 던져 고군분투 하는 한 목사의 이야기는 보는 이로 하여금 마음속에 뜨거운 열정을 일으킨다. 저자와 교회의 이야기는 특별하거나 거창하지는 않다. 그러나 따뜻함과 위로가 있다. 목

사 이전에 한명의 신앙인으로 고민하는 그의 모습은 무엇이 중요한지 그리고 지금 내가 어디에 서 있고 어디로 향하고 있는지 무거운 질문으로 다가왔다. 문장 속에서 느껴지는 저자의 거친 숨결과 잔잔히 흐르는 그의 눈물은 그가 하나님을 얼마나 기대하고 기다리는지 알게 해준다. 하나님께서 우리 일상에서 어떻게 일하시는지 궁금한가? 그렇다면 이 책을 꼭 읽어 봤으면 좋겠다. 이 책은 하나님께서 평범한 나에게 어떻게 일하시는지 고스란히 보여주고 있기 때문이다.

장용환 목사 (길과진리교회 담임)

◆―◆―◆

최무선의 화약 제조법과 이순신의 거북선 제작법이 후손에게 그대로 이어져 개량 발전되었다면 고려와 조선은 더 강한 국방력을 가졌을 것입니다. 유럽의 학문과 문화가 헬라어와 라틴어 등을 통하여 2천 년 전의 자료도 현재에 이어지는 것이 유럽을 풍성하게 합니다. 김민수 목사님은 교회를 개척한 이후 5년간의 경험을 잘 정리하여 교회개척에 대한 이해를 풍성하게 해주고 있습니다. 이 자료는 개척교회에 대한 현실적인 자료를 찾는 분들에게 크게 도움이 될 것입니다. 책상에서 머리로 쓴 자료가 아니라, 현장에서 발로 쓴 자료이기 때문입니다. 목차에 나오듯 "실제적" 현상과 대처법을 제시하고 있습니다. 저자가 말씀한 것처럼 하나님의 존재와 인간의 본질은 쉽게 변하지 않지만 시대와 문화는 빠르게 변하기 때문에, 우리는 하나님의 가치와 원리로 시대와 문화를 잘 읽고 이해하여 그 속으로 들어가 하나님의 교회를 세워야 합니다. 자신의 시행착오도 정직하게 기록하여 독자들로 하여금 하나님의 관점으로 교회 개척에 발생한 여러 일들을 짐작하고 대비하게 해나가는 이 책을 기쁨으로 추천합니다. 우리도 우리의 경험과 사색이 남들에게 도움이 되도록 더욱 베풀고 개방해야 하겠습니다.

정요석 목사 (세움교회 담임. 『기도인가 주문인가』, 『믿음 수업』 저자)

오산에서 개척의 부르심을 받고 땅을 정탐하던 중, 이곳이 어떤 지역인지 무엇을 위해 더 기도하며 준비해야 할 지 자문을 구하러 간 곳이 바로 오산 글로리아교회 김민수 목사님이었습니다. 일면식도 전혀 없었던 분이었지만, 친구 목사의 추천으로 만남이 이루어졌습니다. 김 목사님께 연락을 하고 아내와 함께 찾아갔을 때 개척하면 너무 좋다는 반강제적인(?) 강의를 듣고 나온 뒤 그때로부터 3년이란 시간을 함께했습니다. 전도하고, 기도하고, 서로의 필요를 채우며 심지어 이중직까지 같이 하며 그동안의 삶을 이어왔습니다.

이 책을 읽으며 지나온 시간들이 오버랩 되면서 웃기도 하고, 울기도 하였습니다. 기쁘고 즐겁고, 또한 벅차고 고됐던 시간들이 책으로 출간되는 것에 큰 기쁨을 느꼈습니다. 또한 중간중간 나오는 현장의 팁들은 개척 3년차인 저에게 미래를 준비할 수 있는 눈도 열어주게 되었습니다.

이 책 안에는 수많은 사건들이 있습니다. 개척교회에서 맞이할 수 있는 여러 종류의 일들과, 또한 그것들을 고민하고 기도하며 체화한 저자의 태도가 있습니다. 그러나 거짓은 없습니다. 일말의 허구나 창작의 즐거움으로 탄생한 내용은 없습니다. 책의 담긴 내용은 제가 함께 경험한 생생한 개척교회 현장 이야기입니다. 저는 책의 진실함을 위해 추천자가 아닌 증인으로 추천사를 기록합니다.

정용구 목사 (오산 그은혜교회 담임)

나는 교회 개척이라는 말이 두렵다. 개척교회 목사의 아들로 자란 청소년기의 기억이 행복하지 않기 때문이다. 늘 이해할 수 없었던 아버지의 행동과 한 없이 희생을 강요받았던 가족들의 이야기, 시간이 지나도 변화되지 않는 교회의 상황들에 대한 기억들이다. 그것이 목사임에도 개척에 관하여 진지한 고민이 없었던 이유일 것이다. 그런 의미로 나는 이 책에 추천사를 쓸 자격이 없다.

저자의 강권에 원고를 받아 읽으며 고통스러웠다. 개척은 여전히 쉽지 않은 길이고, 그 길에서 경험하는 이야기들도 어린 시절 내가 간접 경험했던 것과 크게 다르지 않았다. 책의 부제인 '내가 잘 몰랐던 90% 한국교회 진짜 이야기'라는 표현이 너무 적절하다. 저자는 개척을 준비하던 단계부터 개척 초기 단계, 그리고 이런 개척 초기를 지나며 가장 중요하게 생각하게 된 전도와 이중직 그리고 말미에 자신의 것으로 자신이 들려준 에피소드의 핵심을 다시 정리한다. 마지막 장에서 저자는 개척교회를 준비하는 이들에게 들려주는 제안을 '원리와 실제'라는 형태로 10개씩 정리한다. 누군가 자신이 걸었던 이 길에 서기 원하는 이들이 있다면 이것만은 꼭 들려주고 싶다는 저자의 의지를 읽게 되는 부분이다.

개척에 대한 책에 대한 우리의 일반적 기대는, 개척의 과정을 지나 안정기에 들어선 교회, 일명 성공한 교회와 사역자의 성공기이다. 이 책은 아쉽게도(?) 그런 성공기가 아니다 이 교회나 저자가 일반적인 개척 성공기를 남길 수 있을지 모르겠다. 확실한 것은 저자는 이미 임한 승리한 교회를 바라보고 있고, 이미 승리한 전쟁터 한복판에서 승리하신 그리스도를 외치는 교회를 지금 세워가고 있다는 것이다. 책을 읽는 내내 눈에 보이는 현실에 답답해하다가도, 성도라면 마땅히 바라봐야 할 소망을 만날 수 있었다. 그리고 오늘을 사는 우리 대부분에게 '그 소망'이 필요하다.

조영민 목사 (나눔교회 담임, 『교회를 사랑합니다』, 『끝까지 찾아오시는 하나님』 저자)

❖——❖——❖

글을 읽었다. 읽는 내내 백범김구 선생께서 인용했던 서산대사의 명언이 떠올랐다. "눈 덮힌 들판을 걸을 때 함부로 어지럽게 걷지 말라. 오늘 내가 남기는 이 발자국은 뒤에 따라 오는 이가 이정표로 따를 것이니라." 딱 저자의 삶이다. 저자는 한 걸음 내 딛을 때마다 푹푹 빠지는 개척이라는 눈밭을 걷고 있다. 한 걸음 내딛고 빠진 발을 빼다보면 진이 다 빠진다. 언제 흐트러져도 이상할 것이 없어 보이는 반복적이고 지루한 길이다. 5년째, 오늘도 그렇게 걷고 있다. 성실 그 자체다. 사람이 어떻게 그럴 수 있을까? 단지 자기 발걸음에 대한 책임 때문일까? 책임감도 있겠지만 전부는 아니다. 그의 비결은 단지 하루, 하루 먼저 가신 그리스도께 초점을 맞춘 시선에 있다. 그 시선이 오늘의 발걸음을 낳았다. 저자는 "시대와 현장, 그리고 방향과 관련해서 표본이 되고 생명을 붙잡으며 본질을 놓치지 않으려고 하는 모든 교회가 개척 교회"라고 정의한다. 그런 의미에서 본 책은 목회 본질에 대한 앎과 삶에 대한 책이다. '하나님 나라, 지금 여기'를 추구하는 그리스도의 동역자라면 누구에게나 삼독을 권한다. 외로운 그 길, 함께 걷는 친구를 만나게 될 것이다.

현상웅 목사 (벧엘성서침례교회 담임)

서문

'개척은 힘들다. 개척은 어렵다. 개척은 실패한다' 등등 수많은 말들이 난무한다. 심지어 '개척필패'(開拓必敗)라는 신조어도 등장했다. 물론 이러한 토로는 개척현장의 현실에 근거한다. 개척은 실제로 어렵고 힘들다. 기독교에 대한 불신과 현세에 치우친 생활양식들이 신앙에 대한 무관심으로 이어져 있다. 치솟는 물가와 함께 목회자 가정이 살아갈 최저생활비의 공급이 어려운 현실도 한몫하고 있다.

결국 3년 안에 10개의 개척교회 중에서 1~2개가 살아남는 현실에 처해 있다. 아니, 요즘에는 더 어려워져서 세워진 100개 교회 중에서 1~2개 정도가 살아남는 상황이다. 개척현장의 상황은 치열하게 싸우는 전쟁터와 같다. 살아남기 위한 처절한 몸부림과 버티기가 곳곳에서 일어난다.

하지만 손놓고 있을 수 없다. 하나님의 말씀을 선포하고 이 땅에 하나님 나라를 회복하는 놀라운 사역 속에 교회의 개척은 끊임없이 일어나야 하기 때문이다. 물론 청빙이나 선교의 길을 갈 수도 있다. 부사역자나 협력사역으로 감당할 수도 있다. 이러한 사역을 포함해서 피할 수 없이 맞닥뜨려야 하는 본질적인 사역의 형태가 바로 '개척'이다. 피할 수 없고 사라질 수 없는 사역의 형태다. 결국 지속적으로 일어나야 하는 사역이 '개척'이다.

이러한 관점에서 우리에게 필요한 자세는 '개척이 어렵기 때문에 포기한다'가 아니라, '어떻게 하면 개척을 통해 사역의 지속성을 드러낼 수 있는가'를 고민해야 한다. 우리의 목적과 방향을 이렇게 바꾸고 나서 우리의 현실을 직시하고 이상과의 간극을 줄여나가는 것이 필요하다. 개척의 길을 먼저 걸어간 이들의 실제적인 사역 경험을 바탕으로 외적으로 드러난 것과 내적으로 겪은 것들을 공유해야 한다. 현장의 이야기를 현대사회의 흐름 속에서 냉철한 판단과 뜨거운 열정으로 실현하는 것이 필요한 때다.

시대와 문화는 빠르게 변한다. 손쉽게 따라잡을 수 없다. 그러나 하나님의 존재와 인간의 본질은 쉽게 변하지 않는다. 인간의 존재 자체가 하나님을 떠나서는 살 수 없다. 우리가 성경을 통해 배우고 깨달은 것들을 바르게 적용하고 실현하는 과정들을 통해 하나님의 역사가 일어난다. 결과에 따라 좌지우지 되지 않고 과정과 함께 하나님 앞에서 서 있는 바른 태도 속에서 은혜의 물결이 흘러간다. 숫자에 매몰되지 않고 견고히 걸어가는 발걸음을 통해 영혼 구원의 역사가 드러난다.

"환경과 조건을 따지지 마십시오. '부르심에 대한 순종'이 사명입니다."

현실을 뛰어넘는 하나님의 가치로 세상의 플랫폼이 아닌 하나님의 플랫폼으로 감당해야 한다. 우리가 서 있는 이곳에서 하나님의 가치와 원리로 세상을 이해하고 그 속으로 들어가야 한다. 아무리 크고 감당 못할 일들이 눈앞에 펼쳐진다 해도 하나님 한 분만으로 만족하며 기뻐하는 삶이어야 한다. 우리 가운데 역사하시는 하나님의 놀라운 은혜는 이 세상의 문제와 상황을 뛰어넘기 때문이다.

현실과 사명 사이에서 갈등하는 우리의 고민을 하나님의 관점으로 씨름하며 풀어나가는 자세가 필요하다. 개척을 비롯한 각자의 사명을 감당하는 우리가 바르고 견고하게 걸어갈 수 있는 디딤돌이 되길 기대한다. 상황과 환경을 뛰어 넘어 하나님의 강력한 이끄심과 인도하심 앞에 다시금 무릎으로 일어나 영원한 은혜의 상급을 향해 꿋꿋이 걸어갈 수 있는 풍성한 나눔이 되길 기대한다.

신학을 배우는 학생들, 목사 안수 이후에 사역의 방향성을 고민하는 이들, 이제 막 개척을 시작한 목회자들, 개척교회에 다니는 성도들, 대형교회에서 개척교회와 함께 동역하기 원해서 개척을 이해하고자 하는 이들, 개척교회에서 동역하며 섬기기를 원하는 이들, 그리고 이 땅의 모든 그리스도인들이 함께 나누길 원한다.

특별히 개척의 깊은 오솔길을 함께 걸어준 아내에게 진심으로 감사의 마음을 전한다. 나보다 더 눈물 흘리고, 나보다 더 가슴 아파하면서 한 영혼을 향해 쉼 없이 걸어온 아내에게 진심으로 고맙다. '사모'라는 보이지 않는 서글픈 자리에서 희생하고 헌신하며 감당했던 걸음을 감사하며 도리어 존경한다. 또한 가족과 성도, 기도로 물질로 섬겨주신 모든 분들께 이 자리를 빌려서 감사의 마음을 전한다.

목차

01. 초기 : 광야에서 만난 은혜 _____

준비 과정에서 일어난 일들

개척 초기에 겪은 상황들

개척노트 1 · 74
개척 전, 준비에 관한 실제적 고민
: 4개의 방향을 기준으로 점검 / 개척 준비를 위한 질문 리스트

02. 개척: 막연한 두려움의 개척필패를 넘어 _____

좌충우돌 부딪히는 개척 현장

개척에 대한 개척자의 마음과 생각

개척노트 2 · 157
개척 사역 속에서 놓치지 말아야 할 것들
: 사역 년차별 변화된 환경과 마음

03. 전도 : 눈물로 끌어안을 한 영혼의 구원

04. 이중직 : 생계가 아닌 생명을 위한 걸음

05. 제안 : 개척교회를 준비하는 이에게

프롤로그

우리는 어디쯤 서있는가

시간이 훌쩍 흘러 5년차를 맞이했다. 돌이켜보면 이 자리에 있다는 것 자체가 기적이고 은혜다. 어떻게 이 자리까지 왔는지 모르겠다. 언제 이 시간까지 이곳에 서 있을 수 있었는지 모르겠다. 돌아가는 필름을 멈춰 놓고 자르고 붙일 수 있는 것이 아니기에 아쉬움과 죄송함을 따로 빼놓지는 못한다. 다만 그 순간조차 하나님 앞에서 나의 모습이기에 기꺼이 기억하려 한다.

이 책은 한국 교계나 개척,미자립교회의 분석과 대안을 말하지 않는다. 거대 담론을 담거나 치밀하고 정확한 통계를 통한 분석도 하지 않는다. 나로서는 그만한 일을 할 수도 없고 그럴 자격도 안 된다. 다만 21세기의 한국, 그중에서도 중소도시의 작은 개척교회를 담임하면서 비루하고 비참해 보이는 개척 사역의 현장을 소소하게 담으려 한다. 실제 현장의 상황과 이야기를 담담하게 나누는 것이 이 글의 목적이다.

나의 이야기를 일반화시킬 수도 없고 개척,미자립교회 전체를 대표할 수도 없다. 그저 실제 현장에서 느끼고 충돌하고 고민했던 작은 사례에 불과하다. 절망하고 낙담하며 시대의 현장을 감내하던 작고 작은 한 영혼의 목회자가 바닥에 철퍼덕 주저앉아 흐느끼는 이야기를 나누고 싶을 뿐이다. 정말 그렇다. 시커먼 현실과 처지 앞에서 하나님의 은혜가 아니고는 살아갈 수 없는 개척 현장의 이야기를 그저 두런두런 나누고 싶을 뿐이다.

ㅤ나의 사역은 시대의 단편이다. 대표성을 갖진 않지만 보편성을 띤다. 나만의 특별한 사역을 하고 있는 것이 아니라, 이미 많은 개척자들이 걸어가는 길의 일부 사례일 뿐이다. 그렇기에 보편적인 개척 상황의 이야기를 담담히 담았을 뿐이다. 이런 이야기가 많이 쓰이길 소망한다. 무언가 특별하고 성공한 이야기는 우리의 이야기가 아니다. 그들을 축복하지만 그 길을 굳이 억지로 쫓지는 않을 것이다. 이상과 현실의 간극을 줄일 수는 있겠지만 누군가의 길이 완전하다 여겨 무작정 동경하고 따르지는 않는다. 우리는 각자에게 주어진 길을 걷는다. 동시에 그것이 우리가 처한 시대이고 우리를 담은 이야기이고 우리의 솔직한 마음이다.

ㅤ누적된 목회자들의 사역 방향은 대략 세 가지다. 선교, 청빙, 개척. 선교는 국내의 다양한 계층과 해외라는 공간적 영역에서 감당하는 것이고, 청빙은 기존 교회의 담임목회자의 은퇴와 사건 등에 의한 요청으로 하는 사역이다. 그리고 개척은 새로운 사역과 지역 속에 처음부터 시작하는 사역이다. 당연히 모든 영역이 포화 상태다. 이미 많은 교회가 곳곳에 포진되어 있다.

ㅤ7~80년도의 폭발적 부흥과 함께 은혜 받은 이들은 교단의 교세 확장과 맞물려 목회자들이 봇물같이 쏟아져 나왔다. 누군가의 잘못을 말

하기보다는 하나의 거대한 현상이고 흐름이었다. 쏟아진 목회자들이 주로 바라볼 수 있는 곳은 청빙이다. 그러나 청빙은 한 목회자가 3~40년을 사역하기 때문에 자리가 나기 어렵다. 은퇴 연령도 늘어났기에 더욱 힘들어졌다. 경쟁도 심해서 서류심사가 통과되더라도 동기와 선후배와 면접장에서 만나게 된다. 담임으로 가야 하는 시기가 거의 비슷하기 때문이다. 지인이 청빙되면 자신은 사역을 할 수 없고 자신이 청빙되면 지인들이 사역을 할 수 없는 아이러니한 구조다. 선교는 중국과 같이 정치와 종교의 탄압으로 발생하는 선교 금지의 어려움이나 타문화권에서 공간적, 문화적 분리로 인한 어려움이 발생한다. 많은 곳에 한국 선교사분들이 정책해 있고, 생활이 어렵고 힘들지만 땅 끝까지 복음을 전할 수 있는 귀한 방향이다.

한국 교회 안에서 개척교회의 눈물과 아픔은 부인할 수 없는 큰 영역이다. 전체 교회 수에서 50명 미만의 교회가 7~80%인 개척-미자립교회의 처절한 현장 이야기는 눈물을 흘리지 않으면 들을 수 없다. 북치고 동네 한 바퀴 돌면 2~300명이 따라서 교회로 향했다는 7~80년대의 개척 상황은 이미 호랑이 담배피던 옛날 이야기이고, 찬양집회와 연예인 간증집회, 단기선교로 이어지는 90~2000년대 초의 이야기도 지금은 중대형교회에 국한되어 있는 이야기다. 이런 현실 속에서 개척 5년 차의 이야기를 함께 나누고자 한다.

2020년을 맞이하는 시대 속에서 기독교 중에서도 개척교회의 현장은 이미 판이하게 다른 영역이다. 급변하는 시대와 문화 같이 한치의 상황도 쉽사리 이해하거나 분석할 수 없다. 대부분 기성교회의 형태로 개척을 하지만 새로운 형태로 실험하며 시도하는 선교적 교회의 형태도 있다. 빠르게 변하는 세상만큼이나 개척교회의 현실도 빠르게 변하고 있다. 이 글을 쓰는 이 순간의 나도 이미 퇴물과 같은 꼰대로 분류될 수도 있다.

개척교회를 준비하는 이들에게 공통적으로 던져진 질문은 '많은 교회가 있는데 또 개척교회가 필요한가'다. 거의 대부분의 개척 목회자들이 이 질문을 한다. 그러나 조금 주의 깊게 살펴보면 약간의 결이 다른 '개척교회는 왜 존재하는가'라는 질문을 던져야 한다. 비슷해 보이지만 전혀 다른 의미를 갖고 있다.

'개척교회가 필요한가'는 교회의 존재 유무에 관한 질문이다. 즉 교회의 존재가 필요한가, 필요하지 않은가의 질문이다. 이는 엄밀하게 하나님의 주권과 말씀에서 빗나간 질문이다. 교회의 존재는 단순히 물리적인 공간과 숫자적인 추가를 의미하지 않는다. 하나님의 말씀하심 안에서 교회는 분명히 존재해야 한다. 세포와 같이 세워지고 사라지는 것이다.

'개척교회는 왜 존재하는가'라는 질문 존재 자체보다는 존재의 의미와 목적을 질문하는 것이다. 존재하는 것은 기정사실이고 '왜?'(Why)라는 질문 속에 존재하는 이유가 담겨 있기 때문이다. 이 이유가 존재하지 않으면 소용이 없는 것이다. 즉 개척교회는 '교회의 존재 의미'를 명확히 안고 있어야 한다. 이것은 그리스도인, 성도, 믿음의 사람들에 대해 질문하는 것과도 같다. 당신은 왜 그리스도인(성도, 믿음의 사람)으로 존재하는가?

특별히 '개척교회의 상징성'은 크게 3가지로 볼 수 있다. 그것은 시의성, 현장성, 방향성이다. '시의성'은 시대 상황과 정신을 담는 것을 말하는데 결과적으로 '표본'이 될 수 있다. 각 시대마다 교회가 존재했지만 변하는 시대와 현장 속에서 변하지 않는 진리를 담은 교회는 함께 변화하고 있다. 6~70년대에는 구제와 교육에 집중했고 80년대에는 찬양과 문화가 주를 이루었다. 90년대에는 단기선교를 비롯한 선교와 집회가 주를 이루었다. 2000년대에 들어서는 소그룹과 양육의 흐름을 볼 수 있다. 지금은 다양한 형태의 선교적 교회가 존재하는 것을 보게 된다. 물론 이러한 흐름 자체가 본질은 아니다. 교회는 각 시대 안에 있는 세대들의 아픔과 슬픔, 고민들을 함께 나누며 복음을 전했기 때문이다. 특히 개척교회는 이러한 변화 안에서 세워지고 자라났다. 즉 개척교회를 통해 새로운 변화를 발견하고 적용하며 시도했다는 것이다. 환경은 변해도 방향은 변하지 않는다.

'현장성'은 직접적으로 사람들의 삶으로 들어가서 나누는 '생명'과 연결된다. 개척교회는 한 영혼이 천하보다 귀하다는 것을 온몸으로 체험하고 경험한다. 그렇기에 한 영혼을 전도하고 양육하고 예수 그리스도의 제자로 세우는 일에 생명을 다한다. 생명의 소중함을 아는 이들이 생명을 다하게 된다. 또한 불신자들과 더욱 깊은 교제와 나눔을 할 수 있다. 목회자가 불신자들을 전도하며 그들과 관계를 맺고 각자가 당하고 있는 아픔을 함께 나눈다. 실제로 개척교회에서 전도하고 양육한 성도들이 근처의 대형교회로 옮기는 경우들도 많이 발생한다. 대형교회의 구조에 의해 수평 전도를 하는 경우도 있고, 대형교회가 갖고 있는 다양한 외적 환경에 이끌려 옮기는 경우도 있다. 물론 역으로 훈련된 성도들이 개척미자립교회를 섬기기 위해 이동하기도 한다. 그러나 불신자가 전도되고 양육되는 과정에서는 개척교회가 많은 역할을 한다.

'방향성'은 어렵고 힘든 개척교회 상황에서도 교회가 추구하는 '본질'

을 담는 것을 말한다. 교회가 작기 때문에 본질을 담는 것은 아니다. 그러나 부유함과 넉넉함 속에서 도리어 본질을 붙잡기 힘든 경우가 많이 발생한다. 돈과 명예, 물질이 없다 할지라도 '본질'을 놓치지 않으려고 하는 개척교회가 많이 있다. 특히 한국 교회의 역사 속에서 기복주의와 번영주의를 통해 외적 성장에 매몰되어 있는 흐름들에 휩쓸리지 않는 교회가 된다. 다만 '아직 성장하지 않은 작은 교회' 정도로 인식하고 사역하는 개척교회가 있다면 존재 자체를 고민해야 할 것이다. 우리의 존재 목적은 이제 곧 성장할 교회가 아니라 방향을 놓치지 않고 본질을 담는 내적 능력을 지닌 규모와 상관없는 교회여야 한다. 당연히 중대형 교회에서도 본질을 놓치지 않기 위해 애쓰며 씨름하는 곳이 있을 수 있다. 하지만 기존 교회의 구조와 행태에 신물을 느낀 이들도 적지 않다.

사실 광의적 의미에서 개척교회는 규모와 관련이 없다. 시대와 현장, 그리고 방향과 관련해서 표본이 되고 생명을 붙잡으며 본질을 놓치지 않으려고 하는 모든 교회가 개척교회다. 개척교회라는 것은 단순히 시기적으로 새롭게 시작하는 교회이거나 새로운 형태와 구조만을 말하는 것이 아니기 때문이다. 기성교회 또한 시대와 현장, 방향을 놓치지 않고 변화하고 씨름하면 개척교회인 것이다. 다만 이 시대의 개척교회가 겪는 어려움과 고통 속에서 개척미자립교회가 떠밀려가듯 사역을 하는 것이 아님을 전하고 싶다.

개척교회의 현장은 눈을 가리고 롤러코스터를 타는 것과 같다. 놀이동산의 롤러코스터는 그나마 앞의 상황을 예측할 수 있기에 조금은 대비할 수 있다. 그러나 개척교회 상황은 갑자기 올라갔다가 내려가는 상황 속에서 끝을 모르는 레일을 달리고 있는 기분이다. 나락으로 떨어질 때는 그 끝을 모르는 블랙홀에 빠져 다시는 올라갈 수 없을 것만 같다. 마음이 무너지고 몸이 아파오기 시작한다.

그러나 이것 또한 은혜라고 고백할 수밖에 없다. 철저히 하나님만을 의지할 수밖에 없기 때문이다. 전혀 예측할 수 없기에 대비하고 준비할 수도 없다. 그저 지금 내게 주어진 일을 성실히 감당할 뿐이다. 마치 광야를 걷는 이스라엘 백성들이 아무것도 없는 그곳에서 하나님의 입히심과 먹이심을 경험하는 것과 같다. 현실적으로는 '절대 불평'이 있어도 절대 옳은 그 현장에서 하나님이 함께 하시는 것만으로도 '절대 감사'를 외칠 수 있기 때문이다.

'광야는 아무것도 없지만 하나님 한 분 만으로 모든 것이 있는 곳이다.' 개척을 준비하며 하나님 앞에 드렸던 고백이다. 다시 내게 허락된 광야 같은 사역의 현장에서 오직 하나님 한 분 만으로 만족하는 인생과 사역으로 나아갈 수 있기를 소망한다. 어찌할 수 없는 인생을 부르시어 구원하시고 자녀 삼으시고 영생의 소망을 허락하신 은혜만을 누리며 살아갈 것이다. 그것이 광야 같은 이 세상을 살아가는 나에게 '오직 하나님만이 산성이요 방패입니다'를 고백하게 하시는 하나님의 강력한 은혜이기 때문이다.

광야로 향합니다.
광야는 척박합니다.
광야는 막막합니다.
광야는 고통입니다.
광야는 두려움입니다.
광야는 외로움입니다.

그러나 하나님께서!!

아브라함과 모세와 세례 요한,

그리고 예수님을 광야의 길로 이끄셨을 때,

광야는 기적이 되었습니다.

광야는 기쁨과 감격입니다.

광야는 믿음의 풍요로움입니다.

광야는 선명한 믿음의 역사입니다.

광야는 살아계신 하나님과의 만남입니다.

광야는 말씀과 영광의 선포입니다.

광야는 임재와 충만의 현장입니다.

광야로 향합니다.

광야를 기대합니다.

기쁨과 감사로 나아갑니다.

그곳은,

아무것도 없는 것 같지만,

동시에 하나님의 함께하심으로

모든 것이 있는 곳입니다.

모든 것 되시는 하나님과

동행하는 곳입니다.

1

초기

광야에서 만난 은혜

설렘과 기대를 바탕으로 열정을 탑재한 신입 개척교회 목사가 나타났다. '알 수 없는 근자감(근거 없는 자신감)'과 '내가 하면 무언가 다를 것이라는 이상한 논리'가 심연의 한쪽 자리에 안착한 것도 모른 채 뛰어들었다. '하나님의 부르심'이라는 거룩한 명제를 무수히 쏟아냈지만 정작 그것이 어떤 것인지조차 제대로 알지 못한 신빙이었다.

그나마 다행인 것은 자신의 부족함과 미련함을 알아차리는 데 그리 오랜 시간이 걸리지는 않았다는 점이다. 정신없이 개척을 준비하는 시간과 초기 상황들, 그리고 성도가 없던 일 년여의 시간을 보내면서 간헐적인 기대와 소망은 사그리 깨져 버렸다. 당시에는 몰랐지만 그것이 도리어 은혜인 것을 고백할 수밖에 없었다.

준비 과정에서 일어난 일들

개척 생각도 있어?

개척예배를 드리기 1년 반 전쯤 목회자 회의 시간 중이었다. 담임목사님은 여러 이야기 중에 '개척'에 대한 생각을 물어보셨다. 순간 어떻게 대답해야 할지 막막했지만, 개척에 대한 부정적인 인식이 없었기에 개척에 대한 마음도 있음을 말씀드렸다. '하나님께서 이끄시는 대로 순종하겠습니다.'라는 상투적일 수 있는 답변을 내놓고 마음속에서는 설렘과 떨림이 동시에 마음을 휘저었다.

막연했지만 간헐적으로 개척에 대한 생각이 있었다. 이유는 두 가지였던 것 같다. 일단 한 교회에서 굉장히 오랫동안 신앙생활과 사역을 했다. 청년시절부터 집사, 간사, 전도사, 강도사, 목사의 모든 과정을 거치는 동안 20년의 시간이 지났다. 이 시간 동안 결혼과 함께 아이들 3명도 태어났고 자라났으며 나이도 40대 중반이 되었다. 또한 시기적으로도 목사 안수를 받고 3년 정도의 시간이 지난 시점이었다. 자연스레 앞으로의 사역에 대해 문득 떠오르는 시기였다.

다른 하나는 함께 사역하다가 개척을 하신 분이 간혹 방문했었기 때문이다. 개척 예배와 전도 모임, 노회 등을 가끔 참여하면서 자연스레 그 개척교회가 눈에 들어왔다. 갈 때마다 구석구석을 살펴보며 단독목회에 대한 꿈(?)을 갖게 되었다. 사역에 대한 이런저런 생각들이 꿈틀꿈틀 일어날 때에 개척 현장과 상황, 그리고 환경을 접하게 되면서 나도 모르게 익숙해진 듯하다.

그럼, 이제 어떻게 하지??

쿨하게 개척을 받아들였지만 마음으로는 막막함이 몰려왔다. 어디서부터 어떻게 손을 대야 할지를 몰랐다. 현실을 자각하기 시작하면서 개척이 정말 옳은 결정인가에 대해서도 질문했다. 기존의 사역들로 인해 생각을 하거나 준비를 할 수 있는 시간은 많지 않았다. 아직은 오픈할 단계는 아니었기에 교회 안에서 다른 이들과 함께 나누기도 쉽지 않았다. 그럼에도 마음 한편에는 쉬지 않고 떠오르고 질문하는 시간들이 이어졌다.

그러던 중 여름 사역을 마치고 가을에 접어들면서 기도하는 시간 속에서 부르심에 대한 확신을 얻을 수 있었다. 머릿속을 때리듯 에스더 말씀이 떠올랐고 마음의 평강과 기쁨이 흘렀다. 에스더 4:16 말씀이었다. "당신은 가서 수산에 있는 유다인을 다 모으고 나를 위하여 금식하되 밤낮 삼 일을 먹지도 말고 마시지도 마소서 나도 나의 시녀와 더불어 이렇게 금식한 후에 규례를 어기고 왕에게 나아가리니 죽으면 죽으리이다 하니라." 이 말씀이 그냥 마음속에 계속 떠올랐다. 특별히 말씀을 찾아보거나 다른 이들의 개척 이야기를 들은 것도 아니었다. 포로된 이들의 구원을 위해 '죽으면 죽으리라'는 자세로 나아가라는 개척의 부르심으로 확증했다.

지금 돌아보면 그때는 하나님께서 내게 위대한 일을 맡기시고 엄청난 일들을 일으키실 것이라고 생각했다. 즉 이러한 특별한 부르심을 통해 외적인 부흥과 성장을 동반해 수많은 일들을 감당할 수 있도록 주님께서 이끄실 것이라는 착각 속에 있었다. 마치 풍선에 헬륨가스를 가득 넣으면서 떠오르는 것처럼 부풀어 올랐다. 착각했던 부분은 하나님께서는 역사하시고 주관하시지만 내 생각처럼 엄청난 일들과 수많은 사람이 따르는 외적 현상으로만 역사하지 않으신다는 점이다. 여하튼 하나님의 작전은 성공하셨다. 마음의 기쁨과 함께 겁도 없이 개척의 광야에 뛰어들도록 이끄셨으니, 하나님은 정말 대단하시다.

더욱 더 존재와 태도

연말과 연초의 정리 및 계획의 시간들이 또다시 바쁘게 지나갔다. 몇 개월의 시간이 순삭(순식간에 삭제)되었다. 정말 빠르게 지나갔다. 틈나는 대로 개척교회에 대한 구상과 계획도 진행했다. 교회의 사역을 감당하면서 개척을 준비한다는 것이 쉽지만은 않았지만 설레는 마음과 기대가 나를 이끌어갔다. 특히 문화선교부(방송, 출판, 인터넷) 인수인계를 위한 자료 정리가 쉽지 않았다. 워낙 오랫동안 담당한 것들이라 익숙해져서 어느 정도로 정리해야 할지 애매했다. 그럼에도 개척 직전까지 정리해야만 했다. 다른 누가 시킨 것보다는 유종의 미를 거두고 싶은 생각이었다.

바쁜 시간을 보내다 보니 개척이 다가올수록 점차 마음이 조급해졌다. 준비된 것보다 준비되지 않은 것이 많아 보였다. 중간중간 장소를 알아보기 위해 돌아다녔고 다른 목회자의 조언을 듣기도 했다. 하지만 왠지 모를 아쉬움의 송곳이 마음속을 구멍낸 것처럼 채워지지 않은 허전함이 있었다. 지금 생각해보면 개인적으로 조용히 묵상하며 깊이 돌아보고 살피며 엎드리는 시간이 많지 않았던 것 같다. 올곧이 하나님 앞에서 더 깊이 엎드리며 정리할 수 있는 시간이 필요했던 듯하다.

하루는 피곤한 몸을 이불에 맡기고 잠이 들었다. 그런데 새벽 1시쯤 잠에서 깼다. 신기할 정도로 맑은 정신으로 잠에서 깬 나는 순간 십자가를 발견했다. 당시 사택이 탄천 근처에 있어서 모기장을 쳤었는데, 그 모기장과 베란다 쪽 문 틀이 정확하게 교차하면서 십자가를 그린 것이다. 늘 있었던 일이었음에도 그날따라 더 마음이 무너져내렸다. 곧바로 무릎을 꿇었다. 그렇게 해야만 할 것 같았다. 그리고 무릎 사이에 머리를 처박고 엎드렸다.

마음의 감동 가운데 두 가지가 떠올랐다. '네가 무엇을 어떻게 할까보다 네가 누구이고 무엇인지를 더 깊이 생각해라'는 것과 '네가 어디를 가든지 내가 너와 함께할 것이다'라는 것이었다. 기도하면 할수록 마음에 더욱 깊이 새겨지는 듯했다. 무엇인가를 행하는 것보다 더 중요한 것은 내가 누구인지를 더욱 명확히 아는 것이다. 즉 어떤 행위에 집중하지 말고 내가 어떤 존재인지를 더 깊이 집중하라는 것이었다. 또한 어떤 상황 속에서도 보이는 환경과 상황에 매몰되지 말고 그 모든 것을 주관하시는 하나님만을 바라보라는 것이었다.

지극히 개인적인 경험 앞에서 조급함과 두려움이 사라졌다. 편두통처럼 관자놀이를 쿡쿡 찌르며 다가온 조급함과 두려움이 사라지는 듯했다. 지금 생각해보면 이런 경험은 어떤 신비한 현상이거나 환상이라기보다는 이미 하나님께서 성경을 통해 말씀하셨던 것을 상기시키는 사건이었다. 하나님의 섭리 안에서 나의 위치와 역할에 대한 이끄심이 일어나는 순간이었다.

누구에게나 서로 다른 방식으로 하나님의 부르심은 지금도 일어나고 있다. 그러나 어떤 현상이나 사인이 외적 결과를 위한 이끄심은 아니라는 사실이다. 그저 하나님은 우리의 위치와 역할에 대한 태도를 요구하시는 분이시다. 실로 우리는 아무런 변화와 결과가 없다 하더라도 하나님 한분만으로 만족하는 인생으로 세우시는 은혜 안에 살아가는 자들이 아닌가. 이 땅에서의 어떤 명성과 부귀가 우리의 목적이 아님을 드러내고 우리로 하여금 거룩함의 기쁨을 누리도록 하시는 목적이 드러나는 과정이었던 것이다.

결국 나는 개척을 했고 개척을 통해 외적 부흥과 성장을 뒤로하고 더욱더 하나님 앞으로 나아가 기쁨을 누리는 은혜 가운데 거하게 되었다. 또한 수많은 사람들을 관리, 감독하며 큰 교회를 이끄는 것을 뒤로하고, 아프고 병들고 슬픈 영혼들 몇 명을 붙잡고 삶을 나누며 말씀의 위로를 전하고 있다. 예수 그리스도의 십자가 구원의 기쁨과 은혜가 이미 내게 가장 큰 부흥과 성장임을 강력하게 깨달아 묵묵히 걸어가게 되었다. 간혹 불쑥불쑥 올라오는 외적 성장에 대한 욕구도 이제는 잘 다스려서 마음 밖으로 내쫓는 여유도 누리면서 말이다.

지금의 장소로 결정하기까지

어디로 갈 것인가

개척을 시작할 것이 확정되고 나서 가장 많은 시간을 할애한 것은 방향과 계획이었다. 그러나 가장 어려운 결정 중 하나는 장소를 정하는 것이었다. 어디로 가야 할지 막막했다. 어디부터 가야 할지 혼란스러웠다. 어느 지역으로 가야 할지, 어느 건물을 임대해야 할지 알 수 없었다. 하나님께서 갑자기 음성을 들려주시거나 무언가를 보여주시지 않았다. 그저 하나님 앞에 엎드릴 수밖에 없었다.

그리고 기도하며 시간을 내서 지역을 돌아보았다. 기도하며 떠오르는 지역으로 향했다. 주로 수원과 화성, 오산 부근이었다. 초기에는 일단 돌아다녔다. 각 지역마다 특징이 있었고 외적으로 달라 보이는 분위기가 있었다. 운전을 하면서 주변을 살펴봄과 동시에 마음으로는 계속 기도했다. '하나님, 어디로 가야 합니까!'

약 30여 군데의 장소를 돌아본 듯하다. 몇 시간을 차를 타고 가다가 마음이 움직이면 멈춰 서고 부동산이나 건물로 들어갔다. 간혹 '주인이 직접'이라는 글귀와 함께 연락처가 있으면 길가에 차를 세워놓고 전화를 걸었다. 주변 지인의 소개로 특정 지역을 찾아가 보기도 했다. 무언가 특별한 방법이나 기술이 있는 것이 아니다. 항상 그렇지만 주어진 자리에서 엎드리면서 자신이 할 수 있는 일을 감당하는 자세가 필요하다.

장소에 관한 다양한 관점

알아보는 과정 중에 다양한 에피소드가 있었다. 한번은 차로 이동하다가 마을이 너무 마음에 들어서 가까운 공인중개사에 불쑥 들어갔다. 가까운 곳에 상가가 있는지 지역이 어떤 분위기인지 이런저런 이야기를 나누었다. 예상했던 대로 동네가 너무 좋았다. 학교도 가까운 곳에 있었고 시장도 멀지 않았고 공원도 있었으며 대낮인데도 사람들도 많았다. 그렇다 보니 상대적으로 교회도 엄청 많았다. 한 건물 건너 교회가 있었다. 주변을 둘러보니 근방 300m 정도 내에 약 20여 개의 교회가 있었다. 공인중개사가 소개해준 곳도 교회였던 곳이었다. 이미 충분히 교회가 많았기에 그곳에 대한 마음을 일단 내려놓았다.

또 다른 일도 있었다. 장소를 알아보는 중에 '임대 주인 직접'가 창문에 붙어있는 곳에 차를 세웠다. 눈에 보이는 연락처로 전화를 했다. 연세가 있으신 남자분이 중후한 목소리로 전화를 받았다. 자초지종을 설명드리며 교회로 임대하고 싶다고 말씀드렸다. 하지만 이내 교회는 안된다는 서늘한 대답이 돌아왔다. 대면한 것도 아니고 거절도 당한 상황이기도 해서 교회는 왜 안 되는지 추가 질문을 드렸다. '교회는 시끄럽고 관리가 잘 안 된다.'는 이유였다. 모두 수긍할 수는 없었지만 더 이상의 통화는 어려웠다.

중형 교회에서 20여년 신앙생활과 사역을 했던 나로서는 새로운 상황과 뜻밖의 태도 때문에 충격을 받았다. 평소에는 관심이 그리 많지 않아서인지 교회가 많다는 소리는 들었지만 그리 피부에 와 닿지 않았다. 기독교에 대한 부정적인 인식이 많다는 사실은 알았지만 내 귀로 직접 들으니 더욱 실감 있게 다가왔다. 개인적으로는 개척을 준비하는 과정에서 많은 지역을 다니면서 사람들을 만나볼 것을 권유한다. 지금 교회의 현실을 실제적으로 경험할 수 있기도 하고 다양한 문제가 발생하는 개척 현장을 직면하는 법을 배우기도 한다. 물론 가장 기본은 하나님께 엎드리며 기도하고 하나님께서 이끄시는 최종 결정에 순종하는 것이어야 한다.

#최종 결정의 과정

개척예배를 두 달여 남겨놓고 3곳으로 축소됐다. 수원과 향남, 그리고 오산이었다. 각각 특징이 있었다. 수원은 주택가를 비롯한 환경이 좋았지만 교회가 이미 많이 있었다. 향남은 떨어져 있는 기획 도시였지만 보증금을 비롯한 재정을 감당할 수 없었다. 오산은 재정은 맞출 수 있었지만 주변 환경이 좋지 않았다. 어느 곳이나 각각의 장단점이 있다. 좋은 점이 있으면 나쁜 점도 있다. 결국은 장소에 관한 부분은 성실히 알아보면서도 기도하는 가운데 최종적으로 결정해야 한다.

세 곳을 놓고 아내와 가까운 지인들이 함께 기도했다. 결국은 마음의 감동 가운데 오산으로 결정했다. 이곳은 신도시가 아니다. 풍요롭거나 안정된 지역이거나 미래적으로 발전 가능성이 많은 곳도 아니다. 도리어 힘들고 어려운 이들이 지친 어깨를 잠시 쉬었다 가거나 건설 현장과 같이 일시적으로 일거리를 찾아 이동하는 이들이 많은 곳이다. 이러한 세부 상황까지는 자세히 알지 못했지만 마음 가운데 영혼을 향한 긍휼의 마음이 일어났다.

개척 사역을 시작하고 나서 더욱 뼈저리게 느낀 것은 개척 전까지 사역했던 곳과는 전혀 다른 분위기였다는 것이다. 분당, 수지 지역의 환경적인 특성들, 잘 조성된 탄천과 안정되고 풍요로운 생활권과는 판이하게 달랐다. 특히 앞뒤로 펼쳐져 있는 원룸촌은 생소한 장소였다. 힘들고 어려운 삶의 과정을 거쳤던 나로서도 적응이 힘들었다. 지금 돌이켜보면 나를 더욱 낮추시고 겸손케 하려는 하나님의 목적이 있지 않았나 싶다. 최종 결정에 어려움은 있었지만 나를 빚어 가시는 은혜의 능력 안에서 기뻐할 수 있었다.

하나님께서는 우리를 예기치 않은 길로 이끄실 때가 있다. 전혀 예측할 수 없는 하나님의 목적과 뜻 안에서 어찌할 수 없이 우리는 그 길을 걸어갈 때가 있다는 것이다. 고등학교 2학년, 하나님을 만나고 은혜 충만했던 나는 고등학교를 졸업한 후에 신학교에 가고 싶었다. 그러나

아버지와 형님의 병환으로 가족 전체가 선택의 여지없이 서울로 올라오게 되었고, 가족의 생계를 책임지기 위해 나는 직장에 다니기 시작했다. 문과였던 나는 특별한 기술이 없었기에 인쇄소를 소개받아 가게 되었고 이어서 컴퓨터 관련 업체, 네트워크 관련 대기업과 벤처기업으로 이어졌다. 이 과정들을 통해 세상을 알게 되었고 사람들을 이해할 수 있었다. 오히려 이런 과정 없이 신학교를 가고 목회자가 되었다면 나의 부족함과 미련함은 더욱 충만해졌을 것 같아 감사한 마음이 들었다.

뜻하지 않은 이끄심이 매번 순탄하거나 형통하거나 부요하지 않다. 아니, 도리어 내가 원치 않는 길로 나를 이끌어가시며 내가 미처 보지 못한 나의 본성과 죄성, 그리고 비루함을 발견케 하신다. 그리고 영적으로 더욱 견고하게 세워가신다. 하나님께서는 죄로 말미암아 타락한 우리가 유보된 육신의 인생을 통해 하나님을 찾게 하시고 언약의 신실함 속에서 완성하신 예수 그리스도를 통해 하나님의 영광으로 이끄신다. 거부할 수 없는 섭리와 개입이 당시에는 부당하게 느껴지고 부정하고 싶어질지라도 도리어 은혜의 자리임을 발견케 하신다. 하나님의 경륜은 가히 상상할 수 없으며 신묘막측하신 은혜 안에서 이끄신다. 그저 겸손히 엎드리며 순종할 따름이다.

수많은 계획에 대한 검증

개척 전 상황

개척 전까지 나는 바쁘게 살아왔다. 20여 년 청년 시절부터 섬기던 교회에서 청년, 교사, 집사, 간사, 전도사, 강도사, 목사까지의 모든 과정을 거치다 보니 은근슬쩍 다리를 걸치고 있던 영역이 많았다. 특히 문화선교부 전임간사를 맡으면서 인터넷, 방송, 출판 업무를 주로 맡았다. 대부분의 오래된 부사역자가 그렇듯이 교구와 청년부, 그리고 기획과 홍보 부분에도 일정 부분씩 담당하고 있었다.

그렇기에 자료를 정리하는 것과 인수인계, 기존에 하던 사역의 연장과 내년도 기획이 함께 진행되었다. 개척을 앞두고서는 유종의 미를 거둔다는 의미에서 마지막 불꽃을 태우면서도 개척교회에 대한 고민이 병행되었다. 개척 이야기가 나오면서 내부적으로 1년여의 시간이 있었기에 틈틈이 고민할 수 있었다. '교회는 무엇인가'에 대한 포괄적 개념으로부터 양육과 전도, 운영에 관한 구체적인 방안들도 함께 고민했다.

한 교회에서 오랫동안 사역했던 상황이라 여러 교회의 사역들을 비교하거나 연구하기보다는 교회의 기본 사역을 기초로 나만의 로드맵을 작성했다. 11년간의 직장 생활 경험과 학부로 다녔던 기독교문화학과의 과정이 뭔가 다른 퀄리티를 담고 있었다고 보았다. 고민과 기도 가운데 다양한 각도로 사역의 방향과 실제를 정리할 수 있었다.

사역의 방향과 계획을 정하다

사역의 큰 방향으로는 '일평생 선언'이라는 개념을 두고 '하나님을 기뻐합니다. 하나님을 예배합니다. 하나님을 선포합니다. 하나님을 경외합니다.'의 네 영역을 구축했다. 일평생 선언은 어느 한 과정의 수료나 성취로 끝나는 것이 아닌 죽음을 맞이하는 그 순간까지 놓치지 말아야 할 핵심 방향이었다. 당연히 완전히 기뻐하고 예배하고 선포하고 경외할 수 없는 인간의 연약함을 바탕에 둔다. 우리의 상태를 인정하고 거룩하고 존귀한 존재로 부르신 은혜 앞에 서기 위해 몸부림치면서도 즐거워하는 방향성이다.

이 네 개의 방향성을 바탕으로 각각 사역적 비전도 담았다. 구체적이고 실제적인 사역들을 연결시킨 것이다. '기뻐합니다'에는 '교제, 섬김, 가정'을 두었고, '예배합니다'에는 '말씀, 기도, 찬양'을 두었다. 그리고 '선포합니다'에는 '전도, 선교, 문화'를 두었고, '경외합니다'에는 '일상, 일터, 세대'를 두었다. 이를 통해 교회의 방향성과 실제성을 나름 균형 있게 기획하고 정리했다고 생각했다. 하나님의 은혜 안에서 기뻐하며 서로를 섬기고 교제하는 교회, 말씀과 기도 그리고 찬양 가운데 날마다 주님을 예배하는 교회, 주님의 지상 명령으로 하나님 나라를 감동과 감격으로 선포하며 살아가는 교회, 살아가는 모든 순간 속에서 '하나님 앞에서(코람데오)'의 신앙으로 동행하는 교회를 꿈꾸었던 것이다.

이외에도 각각의 사역들 속에 지속, 반복적으로 함께 나누고 참여케하는 활동들을 주간, 월간, 연간 계획을 준비했다. 구체적인 방안들이 일정표를 가득 채웠다. 준비 단계와 진행 단계, 그리고 결과 단계의 분류를 통해 휘발성 사역이 되지 않도록 꼼꼼히 일정을 잡았다. 그뿐 아니라 각각의 준비와 진행, 결과에 대한 세부적인 안건도 마련하였다. 예를 들어 홍보를 어떻게 할지, 내용은 어떻게 할지, 대상은 어떻게 할지 나름 많은 고민을 하며 정리했다.

길을 안다는 것과 길을 걷는다는 것

길을 아는 것과 길을 걷는다는 것은 다르다. 내가 잘 알고 있다고 생각하는 것도 실제 그 현장에 있을 때는 당혹스러워하게 마련이다. 철저한 준비 가운데 가슴 벅찬 감격으로 그렸던 이상은 현실을 만나면 물거품이 된다. 목회는 말씀(신학)을 바탕으로 관계(사람)를 향해 나아가는 과정이다. 대부분의 목회자는 신학이 준비되었지만 사람에 대해서는 준비되지 않았다. 그렇기에 가끔 떠오르는 마이크 타이슨의 말이 뒤통수를 때리며 떠오른다. '누구나 그럴싸한 계획을 갖고 있다. 쳐 맞기 전까지는'.

엎드리고 고민하는 과정을 통해 정리한 것이라 할지라도 너무 맹신하면 안 된다. 나도 그럴싸한 계획이 담긴 A4 용지를 들고는 흐뭇한 미소를 지은 적이 있다. 머릿속에 그렸던 이상에서는 우리가 하늘 높이 날 것 같지만, 진흙탕 같은 현실의 링에 올라가 몇 대 얻어터지고 나면 '이게 뭔가?' 싶다. 결국 사태 파악이 안 되는 지경까지 이른다. 잘나고 높은 콧대와 깁스 한 목덜미가 꺾이고 나면 그제야 자신을 더 깊이 돌아본다.

그렇다고 계획과 이상을 버리라는 뜻이 아니다. 준비하는 기간 동안 치열하게 고민하고 정리하고 수정해야 한다. 자신이 할 수 있는 최선의 범주에서 사역의 방향과 실제가 그려져야 한다. 다만 이 글을 통해 이야기하고 싶은 것은 준비의 결과물이 개척 현장에서 그대로 구현될 것이라는 기대를 내려놓으라는 것이다. 현장은 불가분의 전쟁터다. 총알이 날아오는 방향과 속도를 알 수 없다. 대포를 쏠지 미사일을 쏠지 칼로 찌를지 알 수 없다. 한 치 앞도 알 수 없는 어두운 밤길 속에서 하나님의 은혜만을 바라볼 뿐이다.

너무 막막할 것 같아서 몇 가지 제안을 하고 싶다. 물론 이것도 정답이 아니다. 그저 태풍 속 표류하는 배 한 척처럼 아직도 흔들리는 개척 5년 차 목사의 작은 방향이다.

1) 개척 전에 말씀에 대한 철저한 연구가 준비되어야 한다. 날마다 말씀을 씨름하는 태도가 있어야 한다.

2) 기도의 삶이 일상과 습관이 되어야 한다. 물론 형식적인 습관이 아니라 전인격적인 은혜의 습관이어야 한다.

3) 예수 그리스도를 본받아 섬김과 희생의 삶을 살아야 한다. 이미 받은 은혜의 감격에 따라 아무것도 바라지 않고 섬겨야 한다.

4) 한 영혼에 대해 천하보다 귀한 존재로 대하는 삶을 살아야 한다. 수많은 사람들 중 하나이거나 관리의 대상 정도로 인식하면 안 된다.

5) 영원한 구원의 기쁨 안에서 예배의 감격을 누려야 한다. 철저히 예배가 생명이 되는 삶이어야 한다.

6) 나를 부르신 그 부르심에 대한 소명이 명확해야 한다. 하나님 앞에서 소명을 철저히 객관화해야 한다.

7) 하나님 한 분 만으로 만족하는 삶이어야 한다. 사람도 환경도 우리를 일으켜 세울 수 없음을 알아야 한다. 하나님만이 우리의 기쁨임을 고백할 수 있어야 한다.

마지막으로 위의 7가지가 견고히 뿌리 박혀 흔들리지 않을 것이라는 환상을 내려놓아야 한다. 매일 넘어지고 쓰러지면서 위의 7가지도 자꾸 놓치게 될 것이다. 결국은 하나님을 의지할 수밖에 없음을 자각하게 될 것이다. 다른 하나는 위의 7가지를 지켰다고 외적 부흥과 성장이 곧바로 이어질 것이라는 착각을 버려야 한다. 외적 부흥과 성장 자체가 목적이 될 수 없을뿐더러 하나님이 원하시는 것도 아님을 성경은 말하고 있다.

얻어터진다는 것은 오히려 은혜다. 그것은 살아있다는 것이고 쓰임 받기 위해 교정하는 기회가 된다. 처맞아 봐야 자신의 위치와 상태를 알 수 있다. 수많은 계획들을 검증하게 된다. 그러나 이런 고통 속에서도 하나님의 살아계심과 역사하심을 경험하기에 이 길이 외롭지만은 않다. 구원받지 못한 영혼의 비참함에서 벗어나 영원한 생명의 기쁨을 안고 있는 것만으로도 즐거워하며 기뻐하는 인생으로 사역을 감당할 수 있기를 기도하면서 오늘도 걸어간다.

다시금, 순례자의 삶

이사, 그리고 버릴 것들

이사를 하고 정리를 하면서 다시금 순례자의 삶을 묵상하게 된다. 이전에 살던 14평 정도의 집에서 이제는 10여 평의 집으로 이사를 왔기 때문이다. 버려도 버려도 짐들이 남아서 한 구석에 쌓여 있다. 장롱이나 서랍장도 부족해서 아직도 정리가 필요하다. 버리려고 구분해 놓은 책들도 다시 옮겨 놓기를 반복한다.

버리자니 '다음에 필요하지는 않을까' 고민되고, 남기자니 '지금 당장은 크게 필요하지 않다'는 것이 이유다. 이런 고민은 다른 여러 물품들에도 적용된다. 한참을 고민하다가 아쉬움을 뒤로하고 간신히 한두 개를 버리는 식이다. 아예 버렸다가 다시 들고 들어오기를 반복하는 것들도 있었다. 아이들도 고민에 빠졌다. 버리기 싫은 물건들을 끌어 안다보니 정작 버리는 것은 거의 없는 눈치다. 그나마 아이들은 빨리 자라면서 필요 없는 것들이 생겼으니 정리가 수월하다.

이런 상황이다 보니 '집이 넓었으면 좋겠다든가, 장이 더 있었으면 좋겠다든가, 오래된 것을 더 실용적인 것으로 바꾸었으면 좋겠다'라는 생각들이 불쑥불쑥 떠오른다. 지금의 현실에 대해 아쉽고 서운한 생각이 머릿속을 꽉 채워간다. 아이들에게 필요한 것들도 생각나면서 괜히 미안해진다.

소망을 품은 순례자의 시선

정리를 해나가던 중에 마음속에 솟구치며 떠오르는 생각은 이내 은혜가 되었다. 이 세상은 잠시 머물다가는 곳임을, 우리는 순례자의 길을 걷는 자들임을, 더 정리하고 버리고 나누어야 됨을, 검소하고 깨끗하게 오랫동안 사용하며 짐을 늘리지 않는 것이 지혜임을 배우게 하셨다. 아이러니하게도 공간이 좁아서 정리해야 하는 상황 속에서 순례자의 삶을 묵상케 하신 것이다.

지팡이와 신발, 최소한의 물품만을 가지고 떠나는 순례자를 생각하니 오히려 갖고 있는 것이 너무 많아 보였다. 지금 갖고 있는 것들이 얼마나 풍족한 것인지도 깨닫게 되었다. 우리의 소망되신 예수 그리스도 안에서 영원한 본향을 향해 나아가는 자로서 더 많은 것들을 정리하고 버릴 수 있었다. 영원한 집을 향한 발걸음은 지금도 끊임없이 순간순간 계속되고 있다. 우리가 걸어가는 삶의 방향 속에 하나님께서 허락하신 영원한 소망이 있기 때문이다. 이렇게 알아가고 깨달아가고 경험하는 것이 이 세상의 삶임을 다시금 고백하게 된다.

> 우리는 우리 조상들과 같이 주님 앞에서 이방 나그네와 거류민들이라. 세상에 있는 날이 그림자 같아서 희망이 없나이다. (대상 29:15)

#내가 하면 잘할 거야~

개척을 할 당시에 문득 문득 머릿속을 괴롭히며 떠오르는 것들 중 하나는 '내가 하면 잘할 거야'라는 막연한 생각이었다. 불현 듯 떠오르는 그런 생각에 머리를 흔들며 '훠이~ 훠이~' 헤쳐 버리려고 애쓰지만 쉽지 않다. 그런데 개척 후에 개척교회 목회자들과 대화를 나누다 보니, 정도의 차이는 있지만 비슷한 생각을 갖고 있는 분들이 의외로 많았다. '아, 나만 그런 건 아니었구나'라는 위로를 스스로에게 내리면서도, 다른 한편으로는 마음이 무거워지는 것이 사실이었다.

우리 스스로 부족함을 느끼면서도 자신이 감당하면 잘할 것이라는 '근자감'(근거 없는 자신감)은 어디로부터 오는지 아리송했다. 결국 개척교회의 사역 속에서 이런 근자감은 거의(?) 사라졌고, 억지로 이끌어가는 의지가 아니라 사역 현장의 훈련을 통한 자연스러운 변화와 성숙이 일어났다. 이러한 변화 속에서 다양한 고민을 하던 중, 마음을 치며 깨달은 것은 '훈수 두는 사역을 잘하고 있었구나'라는 것이었다.

#실수할 수 있는 존재

개척을 해보니, 부목회자로 사역하면서 다른 사람을 나의 눈으로 바라보고 생각으로 판단했던 것들이 '훈수 두는 사역'임을 알게 되었다. 남들이 잘 하는 것은 질투로 인해 눈이 멀어서 잘 안보이고, 남들이 잘 못하는 것은 자만의 돋보기로 크게 확대해서 보게 된다. 간혹 담임을 비롯한 다른 사람들의 사역을 보면서 '나는 저렇게 하지 말아야지'라고 생각한다. 이럴 때, 자신을 돌아보며 훈련하고 준비하는 데 집중하기보다는 상대에 대한 판단과 정죄 가운데 그것을 발견한 자신의 시선을 으스대기 일쑤다. 결국 훈수 두는 것으로 멈추고 만다. 훈수 두는 것으로 더 이상 성장하거나 변화할 수 없게 된다.

사실 조금만 돌아보면 누구나 '실수할 수 있는 존재'라는 것을 쉽게 알 수 있다. 그중 하나가 '바로 나 자신'이라는 것은 너무나 자명한 사실이다. 자신은 절대 그렇지 않을 것이라는 생각 자체가 이미 교만이다. 누구나 부족하고 누구나 연약하다. 인간의 존재 자체가 이미 불완전하고 가시적이고 가변적이기 때문이다. 그렇기에 부족함과 연약함 속에서 자신을 자학하거나 다른 이에 대해서는 정죄하려는 자세를 멈춰야 한다.

객관화시키는 자리

동시에 다른 이의 사역 속에는 자신이 미처 알지 못하는 부분이 있다는 것을 인정해야 한다. 훈수를 두면 직접 대전을 치르는 사람이 보지 못하는 부분을 보게 된다. 이것을 발견하는 순간, 온몸에 희열이 느껴지면서 '왜 저것도 못 보지?'라는 생각을 하게 된다. 그러나 막상 내가 대전을 치르기 시작하면 문제는 달라진다. 실전에 내몰리면 달라진다. 이겨야한다는 압박과 함께 긴장감이 흐른다. 한 수 한 수가 엄청 중요하고 그렇다보니 쉽게 놓을 수가 없다. 그러다가 외통수에라도 빠지게 되면 다른 수가 잘 안 보인다. 드디어 흔들리기 시작하고 정신없이 원투 펀치를 맞게 된다.

개척을 하기 전, '타인에 의해, 맡겨진 일만, 협력자와 함께'할 수 있는 상황 속에서 자신을 객관적으로 볼 수 있어야 한다. 그래야 '스스로에 의해, 전체를 다 감당하고, 협력자가 없는' 개척의 상황 속에서도 잘 감당할 수 있다. 지금 주어진 사역을 철저히 씨름할 수 있어야 한다. 가능한 현재 처해있는 상황 속에서 사역을 잘 감당하고 다른 사람의 사역 속에서 몽학선생과 반면교사의 관점으로 객관화시키는 것이 필요하다. 할 수만 있다면 이러한 것들을 기록해 두는 것도 좋다. 다른 이의 사역을 보면서 순간적으로 떠오르는 생각들은 그리 오래 가지 않는다. 잠깐 동안만 사역에 대해 평가하거나 그것을 감당하는 사람을 판단하고 있을 뿐이다.

훈수 두는 사역은 당신 것이 아니다. 훈수 두는 것은 당신의 진정한 실력과 능력이 아니다. 실전으로 들어갔을 때에 나의 부족함과 미련함은 더 많이 드러난다. 훈수 두는 즐거움에서 벗어나와 정직하게 자신을 객관화시키고 겸손히 협력하고 도우면서 감당해야 한다. 하나님의 은혜 안에서 기쁨으로 감당하되 자신의 일처럼 해야 한다. 이제 훈수 두는 사역을 멈춰야 한다.

급하진 않지만 중요한 일

#눈코 뜰 새 없는 부사역자의 위치

부사역자의 위치는 시간이 없다. 수많은 사역의 현장 속에서 어떻게 시간이 가는지 알 수가 없다. 모든 예배의 참석과 함께 차량 운행, 기획안 마련, 홍보용 포스터 및 현수막 제작, 심방과 찬양 준비, 방송과 음향, 전기와 같은 건물 관리, 차량 점검 등등 불시에 일어나는 일들이 많다. 기본적으로 부서를 담당하고 있으며 문서를 비롯한 행정도 기본적으로 할 수 있어야 한다. 특히 장례가 터지는 상황에서 장거리 운전은 기본이고 기존 일정을 잘 조절하지 못하면 다 꼬여 버린다.

교회마다 다르겠지만 상대적으로 대형교회는 사역이 분업화되어서 큰 영향을 받지 않고, 작은 교회는 부사역자가 없거나 전임 사역자가 많지 않을 수도 있다. 하지만 중형교회에서는 재정의 애매함으로 최소한의 부사역자를 부임시키고 성장하는 과정이기에 많은 사역들이 진행되기도 한다. 파트 사역이나 준전임 사역은 시간의 조정이 가능하지만 가정 경제를 책임져야 하는 경우, 시간적인 여유가 많지 않다. 이런저런 상황 속에서 시간이 많지 않은 것은 어쩔 수 없다.

바쁜 사역 속에서 많은 경험을 하기도 했고 성취감이나 기쁨을 맛보기도 했다. 하나님의 일을 감당한다는 사실 앞에서 쓰임 받는 은혜를 누리며 정말 열심히 감당했다. 누군가에게 도움이 되고 영향을 줄 수 있다는 사실은 상당히 흥미롭다. 다양한 부분에서 많은 결과들이 주는 성취감이 있었다. 영상 편집이나 포스터 제작과 같은 경우에는 밤을 새가면서까지 진행했고 예배 광고 시간에 상영되거나 벽에 부착되어 있는 포스터를 누군가 칭찬해주면 뿌듯해하기도 했다.

#더 중요히 여겨야 할 것

스티븐 코비 박사는 일의 시급성과 중요성에 대해 4가지로 나누고 있다. '급하고 중요한 일, 급하진 않지만 중요한 일, 급하지만 중요하지 않은 일, 급하지도 중요하지도 않은 일.' 이런 상황에서 나는 많은 시간을 '급하고 중요한 일'에 집중했던 것 같다. 지금 당장 처리해야 할 일들을 우선적으로 진행한 것이다. 이것은 지극히 정상적인 자세이고 반응이다. 시급성과 중요성이 모두 충족되는 일이 가장 먼저 처리되어야 하기 때문이다.

지금 돌이켜보면 '급하진 않지만 중요한 일'이 가장 최우선되어야 하지 않았나 싶다. 여러 가지로 바쁜 상황 속에서도 자신이 어떤 존재이며 어떤 길을 갈 것인가에 대한 질문 속에서 당장 급하지는 않지만 중요한 일들을 위해 시간을 할애할 수 있어야 한다. 그렇다고 지금 당장 해야 할 사역을 내팽개치고 급하진 않지만 중요한 일에 매진하라는 것은 아니다. 우선적으로 급하고 중요한 일들을 처리해 나가야 하지만 마음의 우선순위로는 급하진 않지만 중요한 일을 염두에 두어야 한다는 것이다.

　　의사가 만약 착하고 성실하고 병원 건물에 대해 돌아보고 홍보를 하는데, 환자를 만나서 병을 파악하고 치료 방법을 제시하지 못한다면 아무 소용이 없다. 마음에 우선순위를 두면 시간을 만들 수 있다. 너무 피곤해서 도저히 시간을 낼 수 없을 것 같아도 다른 일들을 하면서 중첩시킬 수도 있다. 여기서 중요한 것은 급하지는 않지만 중요한 일에 대해 생각을 하고 정리를 하면서 시간을 확보해야만 한다는 것이다. 다른 이로부터 배려를 받는 것이 가장 좋겠지만 자신의 일이기에 그것을 기대하는 것은 옳지 않다.

급하진 않지만 중요한 일의 진행

　　가장 먼저 할 일은 '급하진 않지만 중요한 일'에 대해 생각하는 것이다. 일단 그것이 무엇인지를 정리할 수 있어야 한다. 여기서 핵심 기점은 '나는 누구인가'로부터 시작된다. 자신의 존재와 위치에 따른 정리가 확고할수록 빠르게 정리된다. 우선적으로 목회자도 성도로 부르심을 받았다. 하나님의 말씀 안에서 성령의 인도하심에 따라 하나님 나라를 살아가는 인생이 성도의 삶이다. 말씀과 기도의 삶을 살아야 한다. 단순한 것 같지만 쉽지 않은 우선순위이다.

동시에 목회자로 부르심을 받았다. 목회자의 기본은 가르치는 일과 섬기는 일이다. 성경 연구와 인격의 성숙이 함께 이루어져야 한다. 성경은 묵상하는 정도를 말하지 않고 말씀의 깊은 뜻과 의미를 신학적으로 정립할 수 있어야 한다. 자신이 속한 교단의 표준 신앙(교리)에 대해 온전히 소화할 수 있어야 한다. 가능하다면 어렵지 않은 책부터 신학교에서 추천한 책들과 기준이 될 수 있는 인물의 책들을 꾸준히 읽는 것이 중요하다. 그리고 자신의 인격을 살펴야 한다. 막연하고 선명하지 않지만 자신이 어떤 사람인지를 살피고 자신의 부족함을 돌아보아야 한다. 자신이 별로 고칠 것이 없는 괜찮은 사람이라고 인식하고 있는 것은 교만병을 상당히 심각하게 앓고 있는 것이다.

다음으로는 마음을 쏟아 놓아야 한다. 이는 마음에 갈급함이 있어야 한다는 것이다. 성경을 읽고 기도의 시간을 갖고 신학서적을 읽고 자신을 살피는 것을 사모하는 마음이다. 다른 급하고 중요한 일들을 감당하면서도 한편으로는 그것들에 마음을 두고 있어야 한다. 마음을 둔다는 것을 다른 표현으로 하면 뜻을 정하는 것이다. 성경에서는 이를 중요시 여기는데, 그것은 하나님을 향한 태도이기 때문이다. 마음이 무너지면 잘 되는 것 같아도 다 무너진다.

다음으로는 완전하지 않더라도 행동으로 옮겨야 한다. 특정 결과를 도출하기 위해 애쓸 필요는 없다. 하루하루 일정한 시간을 실제로 살아낸다는 사실이 중요하다. 너무 바빠서 도무지 시간이 안날 것 같은 때에라도 분량을 줄여서라도 실행해야 한다. 혹시라도 책의 내용이 이해가 가지 않거나 자신을 깊이 돌아보지 못한다 할지라도 괜찮다. 마음을 쏟아 붓고 행동으로 옮겼다는 것만으로도 잘한 것이다. 아무리 계획이 좋다 하더라도 실행하지 않으면 아무 소용이 없다.

위 사항을 꼭 하기를 간곡히 부탁드린다. 지금 당장 급하지는 않지만 매우 중요한 일이기 때문이다. 목회자로서 준비되어야할 중요한 사항이기 때문이다. 지금 당장은 못 느낀다 할지라도 이러한 모든 과정이 개척 후 실제 상황 속에서 더욱 선명하게 일어난다. 급하게 필요한 대로 땜질하듯이 채워가면서 사역하다보면 들통이 금방 난다. 내면 깊이 체화된 성경과 기도의 은혜, 그리고 말씀에 대한 통찰과 인격의 풍성함은 하루아침에 이루어지는 것이 아니기 때문이다. 목사가 된다는 것은 매우 중요한 사건이며, 중요한 위치를 감당하기 위해서는 잘 훈련되고 준비되어 있어야 한다.

지금, 당장 '급하진 않지만 중요한 일'을 하라!

개척 초기에
겪은 상황들

금요일 밤의 하모니

\# 무반주 찬양

'우당탕, 쿵, 딱따닥, 둥둥, 칭쳉~젱~'

금요은혜집회를 드리는 데 완전 난리가 났다. 각자 악기를 하나씩 잡고 두드리고 흔드는데, 이건 뭐 시장 통이 따로 없다. 박자도 맞지 않거니와 음도 전혀 맞지 않는다. 자세히 보니 찬양이 뭔지도 관심이 없다. 아무렇게나 쳐대는 탓에 개판 5분전이 되어 버렸다.

사실 그동안 반주자나 연주자가 아직 없어서 무반주로 예배를 드리고 있었다. 물론 주일과 수요일에는 찬송가를 부르기에 '미카엘반주 어플'에 의지(?)해서 찬송을 드렸었다(몇십만원 하는 미카엘반주를 주변에서는 추천했지만 간단히 저렴한 가격으로 어플을 구입한 것도 너무 감사했다). 하지만 복음성가를 함께 부르는 금요은혜집회는 조금 달랐다. 어플을 사용할 수 없었다.

그동안은 무반주로 박수치며 찬양을 드렸다. 나는 인도자이기에 괜찮았다. 하지만 아이들이 적응하지 못하고 있었다. 결국 아내가 의견을 냈다. 아이들을 위해서라도 금요은혜집회에는 간단한 악기들이라도 사용하자는 것이었다. 순간 당황스러웠다. 후원받은 디지털 피아노와 통기타도 있었지만 다룰 수 있는 사람이 없었기에 무용지물이었다.

#찬양 중 직면한 허무함

결국 집안에 있는 악기들을 전부 꺼내왔다. 심벌, 장난감 북, 플라스틱 소고, 막대기 두 개. 아내와 아이들은 하나씩 집어 들었다. 나도 하나 잡았다. 통기타. 어설프게 배우다가 말았던 그 기타. 코드도 잘 모르고 튜닝도 할 줄 몰랐다. 제대로 못 잡고 음도 정확히 못 들으니 당연히 불협화음이 울려 퍼진다. 아이들은 어떤가. 자기가 치고 싶은 대로 친다. 상대방을 배려하거나 찬양을 배려하지 않는다. 아니, 하고 싶어도 잘 안 된다.

이건 아니다 싶었지만 시도해 볼 수밖에 없었다. 그래도 아이들이 즐거워하니 신나게 때려 부수며(?) 두들기고 흔들고 쳤다. 빠른 찬양은 낄낄거리며 어떻게 잘 넘어갔다. 그런데 느린 찬양이 문제였다. 말씀 전에 부른 느린 곡의 찬양이 아이들의 열정을 사그라지게 했다. 빠른 찬양은 곡의 흐름상 어떻게든 잘 넘어갔는데, 느린 찬양을 부를 때는 자신들의 연주(?)가 얼마나 형편없고 황당한지를 목도하는 시간이 되었기 때문이다.

히쭉히쭉거리며 웃던 아이들도 슬픔 아닌 고통이 드리워졌다. 자신들이 두드렸던 소리가 얼마나 듣기 싫은 것인지를 알아버렸다. 전도서에 나타난 솔로몬의 고백은 저리가라였다. 허무한 표정은 허무한 손짓으로 바뀌어버려서 슬픈 장송곡이 되어가고 있었다. 결국 막내는 흔들고 있던 핸드벨을 던져 버렸다. 이쯤하면 말 다했다. 그래도 예배를 드려야 했기에 간신히 기도하고 말씀을 전했다. 다행히 아이들은 30분이 넘는 시간을 잘 버텨(?)줬다. 고마웠다. 그리고 말씀이 끝난 후에 다시 찬양을 했다.

#아름다운 하모니

다시 시장이 됐고 난장판이 됐다. 그런데 아내와 내가 열심히 찬양하자 아이들이 변하기 시작했다. 여전히 악기 사용은 태어나서 생전 처음 보는 물건을 들고 흔들고 두드리고 치고 있었지만 행복하고 즐거워했다. 함께 예배하고 하나님께 집중하며 그 은혜의 중심으로 들어가는 것을 눈치챈 듯 했다. 물론 막내는 아니다. 당시 6살 된 녀석은 조용히 엄마의 품으로 들어가서 웅크리고 잠이 들었다. 그렇게 금요은혜집회의 대서사가 막을 내렸다. 한 시간 반이 어떻게 흘러갔는지 알 수가 없었다.

하지만 어이없는 상황으로 시작했던 예배는 은혜로 마쳤다. 대상, 상태, 나이와 상관없이 찬양과 말씀과 기도로 회복되는 것을 경험했다. 아이들은 웃고 장난치며 찬양했지만 나중에는 기쁨으로 찬양했다. 그것이 행복이고 감사다. 오직 하나님으로 인한 행복한 인생은 그 무엇과도 바꿀 수 없는 보물을 얻은 것이다. 앞으로 더욱더 예배의 본질을 잘 회복하는 신앙생활을 할 수 있기를 기대한다.

우리의 모든 것을 아시는 주님 앞에 예수 그리스도의 십자가 사랑을 의지하며 우리의 중심을 기쁨으로 드리는 예배의 삶을 살고 싶다. 예배의 형식과 진행이 무의미한 것이 아니라, 마음 중심에서 감격으로 담겨진 의미가 살아 움직이며 활어처럼 튀어 오르는 그런 예배, 그저 하나님께 감사하다. 진심으로.

교회 한켠의 사택 상황

개척 초기, 별도의 사택을 얻기 힘든 상황에서 교회와 같은 층 한켠에 사택을 마련했다. 기다랗게 7~8평 되는 공간에 방들을 만든 것이다. 폭이 60cm 정도 되는 복도를 기준으로 가로세로 2m가 살짝 넘는 안방과 가로 1.5m, 세로 2m 정도의 작은 방 두 개였다. 막내와 우리 부부는 안방에서, 작은 방 두 개는 큰 아들과 둘째 딸이 사용했다.

공간을 활용해 사택을 구성한 것은 큰 문제가 없었다. 하지만 교회와 함께 쓰는 공용화장실이 문밖에 있어서 늦은 밤이나 새벽에 화장실을 갈때 불편했다. 그리고 아래층이 술을 팔 수 있는 노래방이었기에 담배 냄새가 올라와서 밤에 화장실에 갈 때는 그 냄새를 맡아야 했다. 그리고 샤워실이 너무 좁았다. 원래 있던 샤워실이 아니라 난간이 있던 작은 공간을 샤워실로 만들었기 때문이다. 폭이 약 70cm, 길이가 1.5m 정도 되는 공간이었다. 한 사람이 들어가면 폭은 거의 틈이 없었고 앞뒤로만 약간의 공간이 있었다. 겨울에는 추위를 막을 수 없어서 덜덜 떨 수밖에 없었다.

피곤을 부르는 소음 같은 소리들

가장 큰 문제는 다른 것에 있었다. 아래층이 노래방이었기에 노랫소리와 음향 소리가 위로 올라온 것이다. 술을 파는 청소년 입장 불가 노래방이었기에 새벽까지 이어졌다. 저녁을 먹고 술 한 잔을 한 다음에 3차나 4차에 방문하는 곳이기에 손님들이 거의 다 만취가 상태였다. 가끔 늦은 밤 편의점이라도 갈라치면 엘리베이터에 가득 찬 진한 알코올 냄새에 코를 막아야 했다.

또한 이 노래방은 주변 지역에서 가장 잘되는 업소였다. 영업은 저녁 7시부터 하지만 주로 사람들은 밤 9시를 넘어서부터 찾기 시작한다. 밤 12시 경 가장 큰 울림으로 영업을 하고 그 이후 조금씩 사그라지지만 보통은 새벽까지 이어진다. 새벽 3~4시까지 노랫소리가 들려왔고 잘될 때에는 새벽예배가 끝나는 6~7시까지 노랫소리가 끊어지지를 않았다. 다들 체력이 너무 좋다.

그중에서도 가장 견디기 힘든 것은 하이힐 소리다. 안방의 머릿맡이 노래방에서는 화장실을 가는 통로와 일치한다. 한번은 전기 문제로 노래방 점검을 할 때 들어가 봤는데, 정확하게 동일한 위치였다. 원래 바깥쪽으로 통로가 있어서 정문 밖으로 나가서 화장실을 갈 수 있는데 노래방은 술손님이 많아서 그런지 밖의 통로를 막고 안쪽에서 화장실을 갔다올 수 있는 구조로 되어 있었다.

예상하기는 도우미들이 매상을 높이기 위해서 노래방 손님들이 시키는 술을 많이 먹을 것이고 화장실에 자주 가는 듯했다. 그리고 한두 명이 아니라 필요에 따라서 각 방으로 도우미들이 들어가기에 인원도 많은 듯했다. 새벽까지 이어지는 영업 속에서 하이힐 소리가 또각또각 거리며 벽을 타고 올라왔다. 음향의 우퍼 소리도 크고 술 취한 손님들의 고성방가 같은 노랫소리도 크지만 하이힐 소리가 가장 크게 들렸다.

개척 초기에는 적응이 안 되어 밤새 이어지는 소리들 때문에 피곤이 쌓여갔다. 저녁에 일찍 잠자리에 든다 해도 한참 피크가 올라가는 12시를 기점으로 깨는 경우가 많았다. 베이스 음이 가득 담긴 우퍼의 둥둥거리는 소리는 심장을 두근거리게 만들었다. 특히 하이힐 소리는 귓속을 정확하게 콕콕 찌르듯이 들려왔다. 꿈속에서 무서운 귀신이 복도 끝에서 또각거리며 확 다가오는 듯한 꿈을 꾸기도 했다.

새벽예배를 위해 일어날 때쯤에는 이미 피골이 상접해 있었다. 눈은 반쯤 감겨있고 눈 밑에는 다크서클이 검게 드리워져 있다. 어깨는 밤새 무엇인가에 눌린 듯 무겁게 피곤이 쌓여있다. 푹 쉬고 충전한 상태에서 새롭게 시작한다는 기분보다는 힘든 하루를 보내고 모든 에너지를 다 쏟아놓은 야근한 날의 밤 같았다.

우리는 어떤 소리를 담을 것인가

인생의 허무함 속에서 쾌락을 위해 달려가는 소리에는 생명이 없다. 자신의 영혼과 마음에 담긴 허탄함을 쏟아놓기에는 좋을지 몰라도 영혼의 비참함을 쏟아놓기에는 역부족이다. 하나님을 떠나 살아가는 인생의 순간들 속에 도저히 해결할 수 없는 고통을 담을 수는 없는 것이다. 수많은 소리들 속에서 생명을 살리는 소리는 찾아볼 수 없었다. 그저 살려달라고 외치는 슬픔의 울부짖음뿐이었다.

우리는 수많은 소리를 들으며 살아간다. 새 소리, 바람 소리, 천둥번개 소리와 같은 자연의 소리와 함께 사람들 사이에 오가는 수많은 대화의 소리들이 그것이다. 좋아하는 음악과 영화를 듣는 문화의 소리와 함께 노래방과 술집의 고성방가와 같은 외침의 소리도 있다. 원하든 원치 않든 수많은 소리의 울림 속에서 우리는 살아간다.

이러한 소리들 가운데 우리를 살리는 위로와 평안의 소리가 있는가 하면, 귀를 틀어막고 싶은 시끄럽고 짜증나는 소리들도 있다. 살아가다 보면 겪게 되는 상황들 속에서 우리는 소리와 함께한다. 소리를 단순히 들리는 것으로만 여기지 않고 하나의 메시지로 이해한다면 다양한 이야기와 메시지가 우리 인생 가운데 들어오는 것이다. 때리는 것, 어깨를 두들기는 것, 안아주는 것, 눈살을 찌푸리는 것, 수화로 이야기하는 것, 미소로 대하는 것도 소리, 즉 메시지에 속한다.

우리는 어떤 소리를 전하고 있을까? 가장 먼저 하나님께서 이 땅 가운데 드러내신 복음을 전한다. 이것은 단순히 어떤 소리를 전하는 것이 아니라 삶 전체로 드러나는 메시지를 전하는 것이다. 하나님 나라의 모형으로서 하나님의 가치와 성품을 드러내는 삶이다. 이는 섬김과 희생, 사랑과 용서, 그리고 진리와 자유에 관한 나타남이다. 사람을 살리고 영혼을 살리는 생명의 메시지다.

바람이 분다. 하나님께서 창조하신 세계 사이로 주님의 충만함이 드러난다. 성경의 진리가 가득 담긴 교회를 통해, 그 교회 자체로 이끄신 우리 자신을 통해 예수 그리스도의 충만함이 만물 가운데 드러난다. 우리의 걸음걸음이 하나의 아름다운 소리가 되어 사람들에게 들리길 소망한다. 아픔과 고통 가운데 비참함의 늪에 있는 이들에게 생명과 진리의 구조 끈이 되어 던져지길 간절히 소망한다.

아래층도 교회인가 봐요

#매일 밤마다 울리는 소리

3년 정도는 시간 동안 교회가 있는 상가 층 한쪽에 사택이 있었고 아래층에 청소년 입장 불가 노래방이 있었다. 이런 상황에서 노래방에서 밤마다 울리는 노랫소리에 적응하기 힘들었다. 술에 만취된 상태에서 부르는 노래이기에 가사 전달도 거의 되지 않았다. 언뜻 들으면 그냥 소리를 지르고 있는 듯했다. 너무 크게 소리가 울렸기 때문에 건물을 타고 위까지 소리가 올라왔다. 손님들의 노랫소리, 노래방 기계의 우퍼 소리, 도우미들의 하이힐 소리가 한 뒤섞여서 시장 통같이 북적거렸다. '그건 아마도 전쟁 같은 사랑'이라는 가사는 고막에 인이 박힐 정도로 들었다. 진짜 전쟁 같다.

개척 초기에 하루는 막내아들이 아내와 나에게 와서 조심스럽게 물어봤다. '혹시 아래층도 교회야?' 뜬금없는 질문에 처음에는 의아해하면서 다시 질문했다. '왜? 그렇게 생각했어?' 그러자 아이의 대답은 이러했다. '아니, 노랫소리에 통성 기도하는 것 같아서….' 그 대답에 우리 부부는 폭소를 터트렸다. 아이의 엉뚱한 생각이 너무 재미있었고 이런 대화를 하고 있는 현실이 너무 재미있었다.

아이가 개척 이전과 이후에 경험했던 찬양과 통성기도의 분위기, 악기 소리와 노랫소리가 섞인 교회의 철야예배 소리가 노래방에서 울리는 노래방 기계와 술기운을 빌려서 마이크에 쏟아놓는 노랫소리와 비슷했던 모양이다. 막내아들이 아직 초등학교에 들어가기 전이었던 시기라 더욱 구분하기 힘들었을 수도 있다.

#외치며 통곡하는

웃음으로 넘겼던 아이의 질문이 어찌된 일인지 마음속에서 떠나지 않았다. 마음 한 곳에서 계속 생각나면서 묵상 아닌 묵상을 하게 되었다. 단순히 표면적으로 비슷하다는 점이 아니라, 아이의 질문을 통해 인생과 사람의 상태와 우리가 향해야 할 대상에 대한 고민을 하게 된 것이다. 아이는 단순히 소리에 반응한 것이지만 나는 그 속에 담긴 우리의 존재에 대해 생각하게 되었다. 노래방 소리와 찬양 소리에는 분명

차이가 있었다.

노래방에서 큰 소리로 노래 부르는 이들은 단순한 즐거움, 쾌락, 스트레스 해소 등의 이유지만 근본적으로는 허무함과 허탄함을 조금이나마 떨쳐볼 심산이다. 자신의 답답한 마음을 외침을 통해 털어놓는다. 힘써 외치는 사이, 자신의 감정과 기분이 조금이나마 위로를 받는 듯하다. 하지만 교회의 찬양은 자신을 구원하신 하나님의 은혜 안에서 자유를 누리는 기쁨을 곡조에 담긴 찬양으로 고백하는 것이다. 외적으로 비슷해 보이지만 내용은 다르다.

또한 대상이 분명히 다르다. 노래방에서 부르는 노래의 외침은 자신이 중심이다. 자신의 문제, 자신의 즐거움, 자신의 행복을 위해 쏟아놓는 소리이다. 특히 만취 상태에서 부르는 노랫소리는 한이 맺힌 듯 속에 있는 것들을 쏟아놓는다. 자신의 아픔, 슬픔, 외로움, 두려움 등의 감정이 노랫소리를 타고 쏟아진다. 그나마 이렇게라도 토해놓으며 조금이라도 자신의 답답함을 털어버릴 수 있을지도 모른다. 하지만 이내 술이 깨었을 때 허무함은 다시 몰려온다.

이와는 반대로 찬양과 기도는 우리의 마음을 아시는 하나님이 중심이다. 우리의 고백이 드러날 때 우리가 듣는 것과 동시에 하나님께서 우리의 소리를 들으신다. 하나님과 우리는 우리 마음 가운데 존재하는 걱정과 슬픔뿐만 아니라 하나님께서 부어주시는 기쁨과 평안을 모두 쏟아놓는 관계가 된다. 자유와 소망 안에서 믿음으로 선포하는 시간인 것이다.

#교회의 소리는 무엇인가

사람마다 노래방에 가면 자신이 좋아하는 18번 노래가 있다. 과거에

나는 '개똥벌레'와 '세월이 가면'을 많이 불렀었다. 음률에 따른 취향저격의 노래도 있겠지만 대부분 그 노래가 담고 있는 가사에 많은 공감을 한다. 즉 자신이 부르고 있는 노래 속에 자신의 마음을 담고 있는 것이다. 자신의 이별, 사랑, 성공, 가치, 일상, 삶이 묻어나게 되어 있다. 흥겨운 노래에 많이 공감하며 반응하면서도 그렇기에 각자의 취향과 선곡이 달라지게 마련이다.

노래방과 교회의 소리가 비슷한 것처럼 보이지만 내면 가운데 담겨 있는 것은 완전히 다르다는 사실을 알게 되면서 곧 교회의 소리가 취해야 할 본질을 점검할 수 있는 계기가 되었다. 무엇을 담아서 전달할 것인가를 고민하게 되는 기점이다. 우리가 전하며 외치는 것이 세상과 별반 다르지 않다면 진리를 담고 있지 않는 것이다. 우리는 하나님의 은혜 안에서 진리를 선포할 수 있는 자격이 주어졌다.

교회의 소리는 하나님의 말씀이다. 또한 개인의 안위와 즐거움을 넘어서 하나님 나라의 은혜이고 영광이다. 이는 우리를 통해 우리의 안식을 중심으로 드러나기보다 하나님의 절대 주권 안에서 이루어지는 진리의 선포가 드러난다. 이는 교회의 소리는 마치 세례 요한이 광야의 외치는 자의 소리와 같이 자신을 드러내지 않고 예수 그리스도를 드러내는 온전한 선포, 자신의 의와 자신의 영광이 아니라 오직 우리를 살리신 예수 그리스도의 영광을 드러내는 소리가 되어야 한다.

성경을 통해 드러난 하나님 나라와 창조, 타락, 구속, 회복의 중심 진리들이 온 세상에 선포되어야 한다. 입술, 악기, 마이크와 시스템을 통해 온전히 전달되어야 한다. 외적으로 아무리 비슷해 보여도 하나님께서 허락하신 진리의 은혜 만큼은 오직 교회를 통해서만 전달되어야 한다. 그것이 교회의 존재 목적이다. 그것이 교회가 이 땅에 쏟아놓아야 할 내용이다. 그것이 사람이 아닌 하나님을 향한 온전한 고백으로 드러나는 것이다.

구석구석 끼어있는 담배꽁초들

#원룸이 많은 지역

교회가 있는 지역은 원룸이 많은 것이 특징이다. 간혹 투룸이나 단독주택도 보이지만 가뭄에 콩 나듯 보이고 거의 대부분 원룸촌이다. 대부분 현장 근로자나 단기 이동 직종에 있는 분들, 그리고 간혹 독거노인 분들이나 청년들이 거주하고 있다. 물론 위쪽으로 아주 조금만 올라가면 아파트 단지가 하나 있지만 왠지 모르게 투명 유리가 가로막고 있는 느낌이다. 아파트 앞쪽에 있는 상가들은 거의 원룸에 사는 이들의 공간이고 아파트에 있는 분들은 차를 타고 나가서 교육이나 문화생활을 한다.

그렇다 보니 교회가 있는 지역 부근에는 노래방이나 치킨집, 술집, 배달 전문집 등으로 채워져 있다. 낮에는 평범한 길목처럼 보이지만 밤이 되면 화려한 네온사인이 가득한 곳이다. 그리 길지 않은 거리에는 양편으로 많은 음식점들과 노래방, 편의점 등이 자리를 잡고 있다. 양쪽으로 하나씩 인형 뽑기 전문점도 있다. 저녁에는 남녀 상관없이 식사를 하고 술을 마시고 치킨을 먹지만 밤이 조금 더 깊어지면 거의 술 취한 남자들이 거리를 누빈다.

밤의 풍경이 지나고 새벽이 되면 거리를 청소하시는 분께서 눈에 보이는 쓰레기들은 거의 치워주신다. 아침의 거리 풍경은 다시 일상을 찾은 것처럼 보인다. 하지만 큰 도로 양쪽으로 들어가면 길목마다 쓰레기와 담배꽁초를 쉽게 만날 수 있다. 큰 길가에도 환경미화원의 눈에 보이지 않는 작은 담배꽁초가 나무 밑 사이나 거리의 틈바구니 속에 많이 발견된다.

거리에 흩어 버려진 담배꽁초

자주는 아니지만 길거리 청소를 할 때가 있다. 새벽예배 후 또는 오전 시간에 1시간 남짓 거리를 청소한다. 개인적으로 주변 지역을 깨끗하게 하고 싶은 마음도 있었고 지역사회에 도움이 될 수 있기를 바라는 마음도 있었다. 처음에는 눈치가 좀 보였지만 몇 번 하다 보니 마음이 뿌듯하고 기분이 좋았다.

담배꽁초를 줍다보면 눈에 보이는 것보다 눈에 띄지 않는 것들이 더 많았다. 나무 밑 틈사이나 인도와 도로 사이에 있는 층 사이, 그리고 건물과 건물 사이 한 사람 남짓 들어갈 수 있는 공간 안쪽 등 많은 곳에 담배꽁초들이 널브러져 있었다. 때로는 하수구 틈 사이로 빠지지 않은 것들도 있었다. 치우고 나더라도 하루 이틀이거나 다시 곳곳에서 발견되었다.

처음에는 담배꽁초를 버리는 이들의 생활 태도에 대해 불만을 가졌다. 아무 곳에 담배꽁초를 던져서 버리고 발로 비비는 행태는 옳지 않다고 봤다. 하지만 밤늦게 예배나 모임을 마치고 돌아가는 길에 담배 피우는 이들은 고의라기보다는 습관처럼 또는 술에 취해 정신이 혼미한 가운데 담배꽁초를 버리고 있었다.

담배를 필요로 하는 인생

수차례 술에 취해 담배를 피우고 버리는 이들과 부딪치고는 생각이 조금씩 바뀌기 시작했다. 흔들거리는 그들의 삶과 인생이 보이기 시작한 것이다. 취미로든 반강제적으로든 환경적으로든 담배를 피울 수밖에 없었던 그들의 삶에는 고단함이 묻어났다. 자신이 처한 인생의 노곤함 때문에 그들에게는 잠시나마 정신과 마음의 위로가 필요했던 것이다.

누구나 힘든 인생의 현장 속에 있다. 아담으로부터 부여된 인류의 타락은 죄의 본성 안에서 피할 수 없는 사망을 끌어안게 되었다. 믿는 이든 믿지 않는 이든, 이 땅에서의 삶은 비참함 그 자체다. 이미 선고된 실형이기 때문이다. 죽음을 향해 달려가는 우리네 인생에게 던져진 참혹한 삶의 과정이다. 허무함과 허탄함 속에 있는 이들이 결국 택할 수밖에 없는 비상탈출구 같은 환상이다. 아픔으로 인한 고통을 덜어주는 모르핀과 같은 역할인 것이다.

이러한 시선이 내 마음을 이끌어가기 시작하면서 담배꽁초를 줍는 것이 어렵지 않게 되었다. 단순히 쓰레기를 줍는 정도를 넘어서 고단하고 힘든 이들의 아픔과 슬픔을 주워 담는 것이기 때문이다. 또한 이들을 위해 잠시나마 기도하며 하나님의 긍휼을 구할 수 있기 때문이다. 나는 이들을 직접적으로 도울 수 없지만 이들이 하나님의 은혜를 누리며 영생을 소망으로 품을 수 있게 할 수 있기 때문이다.

오늘도 거리의 틈 사이에 낀 담배꽁초를 꺼내기 위해 씨름한다. 아슬아슬하게 잡은 담배꽁초가 끊어질 때는 아쉬움 섞인 소리를 내며 미간이 찌푸려진다. 그래도 괜찮다. 그래도 감사하다. 이들이 안고 있는 깊은 생채기의 아픔들은 모든 사람이 끌어안고 있는 통증이기 때문이다. 허탄하고 허무했던 나의 인생을 영원한 소망으로 이끄신 은혜에 감사하며 이들을 위해 기도할 것이다. 담배를 피우던 손과 입술들이 하나님을 경배하며 기뻐할 수 있는 손과 입술로 뒤바뀔 수 있기를 간절히 소망하면서 말이다.

첫 성도, 첫 등록 심방

#성도가등록하다

개척 후 1년여의 시간이 지난 어느 날, 한 성도가 방문했다. 지속적으로 전도를 했었지만 전도가 되지 않는 상황이었기에 너무나 기쁨이 컸다. 가까운 지역의 아파트에 사시는 분이신데 인터넷을 보고 교회를 찾아오셨다. 주일 예배도 아닌 저녁 예배에 참석하셔서 더욱 당황했다. 왜냐면 저녁 예배에는 아내와 나만 예배를 드리고 있었기 때문이다.

교회에 대한 소개와 주보를 가져가신 이후에 교회에 등록하셔서 함께 예배를 드리기 시작하셨다. 그 성도님을 보면서 천하보다 귀한 한 영혼의 은혜가 있었다. 더욱이 1년 가까운 시간 동안 새로운 등록자가 없었기 때문에 더욱 그랬다. 중형교회의 부사역자로 있었을 때에는 이렇게까지 한 영혼에 대한 갈망이 없었던 것 같다. 그러나 개척 이후에 한 사람을 전도하기가 얼마나 어려운지를 알게 되면서 한 영혼에 대한 갈급함과 소중함을 더욱 느끼고 있었다.

중형교회에서 청년부와 교구를 맡았지만 외적으로 열심히 하는 것과는 다르게 마음 자세에서 책임을 지고 온전히 감당하는 것은 부족했다. 그것을 그때에는 알지 못했다. 최선을 다하고 있었고 내가 할 수 있는 범주에서는 정말 열심히 했기 때문이었다. 그러나 개척을 한 이후에 1년여의 시간 동안 전도가 되지 않는 현실을 보면서 정말 한 영혼을 구원하는 일이 얼마나 어려운지를 뼈저리게 경험하게 되었다.

#등록 심방을 준비하다

얼마 지나지 않아 등록심방을 조심스럽게 제안했다. 등록심방을 처음 말한 것이라서 이야기를 하는 시점도 잘 몰랐다. 혹시라도 아직은 등록하지 않겠다라든지 등록심방은 받지 않겠다는 반응이 오면 난처할 수 있기 때문이다. 또한 등록이라는 것으로 인해 부담을 느껴서 교회에 나오지 않을 수도 있기 때문이었다. 이러한 여러 고민들은 직접적으로 교회 등록에 대한 경험이 없었기 때문이다. 다행히 등록심방에 대해 긍정적으로 말씀하셔서 안도의 한숨을 쉬었다.

이제 등록심방을 위한 준비가 필요했다. 등록심방을 어떻게 하는지 순서에 대한 부분과 과정 속에서 조심해야 할 부분들을 알아보았다. 기본적으로 이러한 정보는 공식적으로 특별히 나온 것이 없다. 인터넷이나 총회 자료 등에 몇 가지가 있을 수 있지만 기본적인 형태 안에서 제안하는 형식이었다. 나름 이런저런 고민을 통해 정리할 수 있었다.

등록심방의 예배 순서는 가정예배와 비슷하다. 방문을 하고 인사를 나눈 이후에 사도신경으로 신앙고백을 드리고 찬송가를 부른다. 그리고 사모인 아내가 기도를 하고 찬송 한 장을 더 부른 후 말씀을 본다. 특히 목사에게 가장 중요한 것은 성경 본문과 말씀 내용이다. 등록하신 지 오래되지 않았고 많은 것을 알 수 없는 상황에서 정말 필요한 말씀이 무엇인지를 판단하기 어렵기 때문이다. 그렇기에 기도하면서 등록한 이들에 대한 깊은 이해가 필요하다.

말씀의 준비와 함께 성도 가정에 대한 상황 이해가 필요하다. 가족 구성원이나 특별한 상황들, 그리고 평소에 고민하는 것들이나 바라는 것들에 대한 관심이 있어야 한다. 사실 이러한 모든 내용들은 인격적인 교제와 관심, 그리고 그리스도의 사랑으로 대하는 과정 속에서 드러나는 것이다. 편하고 즐거운 소통이 있어야 하지만 성도를 위해 깊이 기도하고 관심을 갖는 것을 통해 알 수 있는 것들이다. 특별히 여자 성도의 경우에는 아내와의 대화를 통해 이해의 폭을 넓히는 것이 좋다.

첫 등록심방을 가다

어느 영역에서도 동일하지만 첫 만남, 첫사랑, 첫 직장 등등 첫 번째로 대하게 되는 모든 것이 설렌다. 특별히 어려운 과정이 있거나 풀기 어려운 문제가 있어서도 아니다. 처음 접하는 상황과 대상들에 대한 미지의 부분이 있기 때문이다. 아직 경험해보지 않아도 다다르지 않은 것에 대한 두려움과 설렘이 우선한다. 그렇기에 첫 등록 심방도 특별히 어려운 부분이 없었음에도 긴장하게 된다.

등록심방에서 몇 가지 챙겨야 할 부분이 있지만 그중에 교패가 있다. 등록을 상징적으로 표현할 수 있는 것이 교패이기 때문이다. 등록 심방 이전이든 이후든 교패를 붙이고 환영의 박수를 치는 시간이 필요하다. 그리고 다른 하나는 일상에서 이용할 수 있는 말씀상이나 성경구절을 준비한다. 이 외에도 각 성도에게 맞는 선물들을 준비해도 좋다. 다만 매번 다른 것을 준비하기에는 개척교회 상황이나 여력이 좋지만은 않다.

자녀들은 바쁜 상황에서 두 분 내외와 함께 예배를 드렸다. 간단하게 차려진 다과를 나누면서 담소를 먼저 나누었다. 서로가 살아온 시간과 여정이 다르기에 서로를 알아가는 시간이 된다. 특히 자녀들에 대해서나 부모님에 대한 이야기들은 아직은 조심스럽지만 새롭게 알 수 있는 영역이다. 이런 담소의 시간들은 예배와 말씀으로 이어지면서 자연스럽게 서로가 더욱 연합하게 되는 시간이 된다.

심방예배의 순서는 가정예배나 구역(곁) 모임과 별반 다르지는 않다. 다만 새로운 가정의 등록이기에 성도와 목회자의 관계 안에서 예수 그리스도께 더욱 나아갈 수 있는 말씀을 함께 나누게 된다. 특히 앞으로의 신앙과 삶 속에 교회의 역할과 성도의 자세에 대한 부분들이 함께 나눠지면 좋다. 우리는 모두 예수 그리스도를 통해 구원받은 이들이기에 온전한 신앙의 고백과 나눔이 이루어질 수 있는 좋은 계기가 된다.

한 사람이 오는 것은 인생 전체가 오는 것이다. 이제 첫 등록심방이기에 이것으로 모든 것을 이루었거나 끝났다고 생각하면 안 된다. 오히려 등록 심방이 시작이라고 생각하여 차근차근 서로에 대해 알아가며 섬기고 나누는 순간이 되어야 한다. 첫 성도와 첫 등록심방의 떨림과 설렘을 내팽개치지 말고 더욱더 관심과 사랑으로 다가가며 떨림을 유지해야 한다.

가장 먼저, 개척자의 변화

#못을 빼내다

개척을 하기 전에 교회 인테리어 공사에 함께 참여했다. 물론 내가 할 수 있는 거의 없었기에 주로 보조하는 일, 즉 잔심부름을 비롯해 청소와 분리수거, 그리고 연장을 들어 드리거나 한 쪽을 붙잡고 있는 등의 일들을 맡았다. 그중 가장 많이 했던 것은 못을 빼는 일이었다. 기존의 것을 철거하면서 나무와 쇠를 분리하기 위한 것이었다. 못을 빼내는 작업을 하면서 내게 있는 습성과 습관의 빼냄과 버림을 묵상하게 되었다. 옛것을 빼내어 버리고 새것을 세우는 일은 개척에서 절대적으로 필요한 과정이다.

못을 빼내는 작업은 단순히 못 자체를 뺀 것에 대한 의미만으로 국한되지 않는다. 내게 남은 습성과 습관 속에 빼내고 버려야 하는 것들이 너무 많다는 사실을 발견하도록 돕는다. 주님 앞에 부족하고 연약한 나의 모습을 발견케 하시고 더욱 주님을 의지할 수밖에 없는 그런 존재임을 발견케 하신다. 옛것을 빼어버리고 새것을 세우시는 과정이 교회 인테리어뿐만 아니라, 내 생명에도 지속되고 있다.

가장 먼저 목회자의 변화

현실적으로 개척교회에서 가장 먼저 시행되어지는 것은 개척자의 꿈이나 이상이 아니다. 많은 성도가 오거나 다른 사람에게 변화가 일어나는 것도 아니다. 하나님께서 가장 먼저 시행하시는 것은 바로 '개척교회의 목회자를 변화시키는 것'이다. 어떤 상황이나 대상이 아니라 하나님이 세우신 목회자를 먼저 변화시키신다. 이스라엘 백성들을 출애굽시키기 위해 모세를 변화시키고 훈련시키시듯 말이다.

이러한 마음은 사역의 현장 속에서 더욱 절감하게 되었다. 경제적으로 어려운 상황, 쉽지 않은 한 영혼의 초청과 결신, 기대했던 분들에 대한 실망감, 생각한대로 마음대로 이루어지지 않는 사역들, 수많은 실패 속에 주어지는 좌절들 속에서 목회자 자신의 연약함과 부족함을 발견하게 된다. 결국 '성숙한 목회자'가 되는 과정 속에 수많은 시련이 존재하고, 이러한 과정을 통해 '원숙한 인격과 신앙의 소유자'로 조금씩 서게 된다. 개척 현장의 일차적 변화는 사역자로부터 시작된다. 사역자가 변하지 않으면 다른 사람도 변하지 않는다.

사역의 기초이자 시작점

이는 어느 곳에서 어떤 사역을 하든지 사역의 1차적 변화는 사역자 자신으로부터 시작되어야 함을 말한다. 사역자가 변하지 않으면 전도 대상자나 성도들도 변하지 않는다. 사역자가 기도하지 않으면 성도들도 기도하지 않는다. 사역자가 말씀을 깊이 연구하며 사모하지 않으면 성도들도 말씀을 소홀히 여긴다. 결국 사역자가 모든 사역의 시발점이 된다.

사역자 자신의 게으름과 나태함, 편협함을 버려야 한다. 또한 한 생명에 대한 무감각한 심령과 말씀에 대한 무지함, 전도대상자들 및 성도들에 대한 주먹구구식 이해, 형식적인 예배와 반복적인 사역 매너리즘, 성령에 대한 잘못된 오용과 비본질적인 것들에 대한 애착, 그리고 그에 따른 불순종을 버려야 한다. 이스라엘 백성들은 하나님의 선택을 받았지만 하나님 앞에서 불순종과 우상 숭배, 형식적인 신앙생활로 인해 철저히 심판과 징계 앞에 서야만 했다.

사역자의 주님과 영혼에 대한 사랑과 열정은 사역의 도화선이다. 말씀에 대한 간절한 사모와 성령의 인도하심에 대한 섬세하고 민감한 인식, 그리고 대상들에 대한 깊은 이해와 따뜻한 관심이 드러나는 사역자여야 한다. 모든 일에 게으르지 않고 기쁨으로 열심을 내는 사역자여야 한다. 사역자의 변화는 모든 사역의 기초이자 시작점이다.

#나름 괜찮은 목회자

개척 전, 나는 나 자신이 괜찮은 목회자인 줄 알았다. 얼굴도 부담스럽지 않게 편안해 보이고 목소리도 중저음을 왔다 갔다 하는 안정된 목소리에 키도 평균 키를 살짝 넘는다. 사람들을 대할 때에도 나름 상대에 대해 이해하려고 노력하면서 편안하게 대했다고 생각했다.

상담을 하거나 대화를 할 때도 상대의 눈을 보며 최선을 다해 들었다. 설교도 말의 속도가 약간 빠를 뿐 막히지 않고 술술 나왔다. 성경에 대해서도 개혁주의 신학을 한 사람으로서 하나님에 대해 바르게 전하고 있다 생각했다. 성경에 관해 질문을 받으면 상대가 충분히 받아들였다고 판단될 정도로 풀어서 전했다.

주어진 사역도 최선을 다해 감당했다. 잠을 줄이면서도 해놓아야 할 것들에 대해 책임감을 갖고 마무리했다. 조금 더 희생하고 섬기고 나누기를 기뻐했다. 청년들과도 무난하게 소통하며 서로에 대해 이해하며 다양한 문화로 쌍방 커뮤니케이션을 이루었다. 권위의식을 버리고 임원들의 말을 듣고 수용하고 허용했다.

#단기 집중 속성 훈련 과정

교만이라고 생각도 못한 강력한 왕자병은 개척 후 얼마 지나지 않아 하염없이 무너졌다. 광야 같은 곳에서 예측할 수 없는 상황 가운데 다양한 이들을 만나면서 한계를 맛본 것이다. 하나님께서는 새로운 상황과 관계 속에서 밑바닥에 깔려있던 내 자신의 민낯을 발견하도록 이끄셨다. 나도 모르는 나 자신에 대한 실망감과 미련하고 부족한 모습에 대한 빈약함을 드러내는 데는 많은 시간이 걸리지 않았다.

개척교회의 특징 중 하나는 어느 정도의 거리나 예식을 차리는 관계를 넘어서 들이닥치듯이 훅 들어오는 경우가 많다는 점이다. 나의 입장이나 위치를 이해하고 배려하는 태도가 없는 경우도 많다. 작은 교회의 목회자이기 때문이기도 하겠지만 사람이 많지 않기에 다른 이를 크게 신경 쓰지 않고 다가오는 점과 직접적으로 감정과 상황을 피력하는 것에 익숙한 분들을 만나기 때문이다. 다양한 사람들의 다양한 반응과 관계가 나로 하여금 민낯을 보게 하였고 한계를 맛보게 하였다.

한번은 동네에 길거리를 배회하시며 잘 씻지 않으시는 분이 갑자기 교회로 들어오셔서는 '천원만, 천원만'을 중얼거리시며 돈을 요구했다. 교회와 사택이 함께 붙어 있었던 초기에 오신 분이기에 교회뿐만 아니라 사택 쪽까지 물어보지 않고 들어가기 일쑤였다. 콧속으로 들어오는 냄새를 막기 위해 연신 콧바람을 불었고 입으로 숨을 쉬었다. 정신적으로 조금은 아픈 분이었기에 이해를 하기 위해 노력했지만 내심 다시는 안 오시길 바라는 마음이 수면 위로 올라왔다.

이외에도 겉옷은 있는데 속옷이 없으니 속옷을 달라고 하시는 분, 갑자기 오셔서 교회에서 잠을 잘 수 있게 해 달라는 분, 자녀가 희귀병에 걸려서 고쳐야 하는데 돈을 달라고 하시는 분, 사기를 당해서 갈 곳이 없는데 고향에 가도록 차비를 요구하는 분, 한 말 또하고 한 말 또하며 많은 시간을 함께 보내길 바라는 분, 다른 사람에 대해 부정적으로 말들을 계속 쏟아놓는 분 등등 정말 다양한 분들을 만나게 되었다.

이러한 만남 속에서 동일하게 나타난 나의 모습은 일단 경계하고 의심하는 것이었다. 거부하고 밀어내고 피하려하고 가르치려 하고 억지로 대하는 모습을 보게 하셨다. 정말 다양한 분들을 통해 나의 추악하고 더러운 치부를 들여다 볼 수 있도록 이끄셨다. 그렇게 하나님께서는 나의 문제를 발견케 하셨고 그것을 들고 하나님께 나아가 회개케 하셨다. 또한 내가 경계하던 이들보다 더 형편없는 존재가 나임을 알게 하셨다.

교만 덩어리를 뜯어고치시다

나름 괜찮은 사역자라고 느꼈던 내가 한없이 부끄러워졌다. 예수님을 쫓아 진심으로 영혼을 사랑하고 영혼을 향해 온전히 생명을 다하겠다고 고백하던 입술도 부끄러웠다. 하나님께서는 말뿐인 사역자의 모습을 적나라하게 드러내셨다. 어느 정도 받아들여야 한다는 의무감으로 노력하고 선을 넘으면 눈치 채지 못하도록 밀어내고 있던 내 모습을 발견했다. 이전에 내가 그래도 괜찮은 사역자라는 생각의 포장지를 걷어내게 하셨다. 괜찮은 것이 아니라 괜찮은 척하고 있었던 것이다. 내가 감당할 수 있고 나의 위치를 인정받을 수 있고 무언가 해내고 있다는 느낌이 있던 자리에서 생각했던 나에 대한 관점을 산산조각내셨다. 나는 괜찮은 사역자가 아니었다. 아니, 절대 사역자라 말할 수 없는 비참하고 미련한 사람이었다.

일정한 울타리에서 보호받고 인정받는 과정에서는 발견할 수 없는 내 모습을 보게 하셨다. 어쩌면 최선을 다해 사역했던 것조차 내가 인정받고 높임 받았기에 감당할 수 있었다는 사실을 발견했다. 진심으로 사랑하고 감사하고 열심히 감당했지만 나에게 주는 유익이 나를 덮고 있었던 것 같았다. 나도 모르던 나의 모습에 흠칫 놀라며 돌아보게 하셨다.

문득 개척하기 한두 해 전에 있었던 일이 기억났다. 우리 가정을 너무 사랑해주시는 권사님 한분이 가끔 아이들에게 용돈도 주시고 선물과 식사도 베풀어 주셨다. 너무 감사한 분이었다. 그런데 어느 날 여느 때와 동일하게 전화를 주셨고 전화기에 번호가 떴다. 그 짧은 순간에 머릿속 '또 어떤 걸 해주시려고 연락하셨지?'라는 생각이 스쳐 지나갔다. 온몸에 소름이 돋으며 소스라치게 놀랐다. 성도에 대해 한 영혼으로 바라보지 못하고 무언가를 해주시는 분으로 무의식 가운데 인식한 내 모습에 소스라치게 놀란 것이다.

그 뒤로 조금씩 의도적으로 조심스럽게 거리를 두었었다. 그분의 순수한 섬김과 관심에는 너무나 죄송한 마음이다. 그러나 이마저도 얼마의 시간이 지나면서 나의 의(義)가 되었다. 내가 그렇게 인식하고 절제한 사역자라는 의식이 스멀스멀 올라와 머리를 감싸기 시작했다. 개척을 하고 몇 년의 시간이 지난 후 권사님께 죄송하다는 말씀을 전했다.

이렇듯 죽을 때까지 미련할 나 자신에 대해 철저히 직면하게 하시고 밝히 보게 하셨다. 얼마나 껍데기만 붙잡고 자랑스러워하고 있는지를 발견케 하셨다. 지금도 날마다 나의 죄악된 모습을 발견하며 충격을 받는다. 하나님 앞에서 얼마나 교만한 자인지를 더욱 깊이 깨닫게 하신다. 하나님께서는 끊임없이 거룩함으로 이끄시기 위해 열심히 이끄시지만 죄의 뿌리는 쉽게 뽑히지 않고 있다. 그나마 다행인 것은 민낯을 보게 하시는 하나님의 의도를 아주 조금이나마 알게 되었다는 사실 뿐이다.

오늘도 사도 바울의 고백 앞에서 눈물로 나아갈 뿐이다.

오호라 나는 곤고한 사람이로다. 이 사망의 몸에서 누가 나를 건져내랴
(롬 7:24).

개척노트 1

개척 전, 준비에 관한 실제적 고민

: 4개의 방향을 기준으로 점검 /
개척 준비를 위한 질문 리스트

우리는 나무를 통해 열매를 얻기 원할 때 가장 먼저 풍성한 과일의 수확을 상상한다. 그러나 실제로 과일을 따기 위해서는 가장 먼저 씨앗을 뿌려야 한다. 그리고 그 씨앗이 뿌려진 토양을 점검해야 한다. 모든 것을 주관하시고 자라게 하시는 하나님이시지만, 그분께서 우리를 함께 사역하는 동역자로 부르셨다. 우리는 가장 먼저 씨앗을 점검하고 뿌려지는 환경을 점검해야 한다. 결국 열매가 맺히게 하시는 하나님의 은혜와 섭리를 신뢰하며, 지금 현재는 씨앗을 점검하고 땅을 일궈야 한다. 분석에서 가장 중요한 것은 사역자의 자신에 대한 이해와 개척교회의 현장을 충분히 소화하고 있는가다.

이제 실행 사역으로 들어가기 전에 사역자 자신과 사역을 위해 현실적으로 확실하게 점검하고 넘어가야 할 것이 있다. 마음의 열정이 현실적으로 사역 현장에 나타나기 이전에 갖추고 점검해야 할 것들이다. '기독교 핵심 가치'와 '개척사역의 방향 및 사명'이 내적 점검이라면 '상황 및 문화, 그리고 공간'과 '개척교회들과의 관계 및 이해'는 외적 점검이라고 할 수 있다. 이러한 부분이 견고하게 준비되어야 하는 이유는 각각의 개척사역지가 모두 다르게 때문이다. 다른 교회의 개척교회에서 아무리 잘 진행되었던 기획이나 프로그램이라 할지라도 그대로 적용할 수 는 없다. 그것은 각 개척교회의 토양이 다르기 때문이다. 각자의 개척교회 안에서 실제적인 전략이 이루어지기 위해서는 씨앗의 분석이 절대적으로 필요하다.

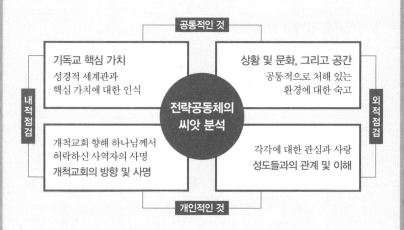

1. 기독교 핵심 가치

기독교는 메시지의 종교다. 특히 개척교회들은 감정적인 부분과 함께 깊은 관계 안에서 지적 호기심과 열정도 뛰어나다. 다양한 계층이 쉽고 바르게 이해할 수 있는 깊은 진리의 내용을 원하고 있다. 인간과 우주, 삶과 죽음, 그리고 죽음 이후의 모든 영역에서 섭리하시며 운행하시는 하나님의 놀라운 진리의 메시지를 듣기 원한다. 개척 사역자들은 이러한 부분에 본질적으로 명확한 기초를 갖추고 있어야 한다. 각각의 주제에 대해 명확하고 분명하게 숙지하고 있어야 한다. 일반적으로 '하나님의 계시(일반계시, 특별계시), 하나님의 본질과 속성, 하나님의 뜻(창조와 섭리), 인간의 타락과 본질, 언약과 예수 그리스도, 성령 하나님의 역사, 구원의 원리와 믿음, 교회와 삶의 열매, 하나님 나라, 사랑(하나님 사랑과 이웃 사랑) 등에 대해 확실하게 알고 있어야 한다. 지식적으로만이 아닌 전인격적인 내적, 외적 성장과 성숙에 직결된다.

2.개척교회 사역의 방향 및 사명

기독교의 핵심 가치 안에서 각각의 사역자에게 주신 목회의 방향과 사명이 존재한다. 특히 사회의 구성원으로 존재하는 사람들의 특성이 세분화되면서 통합적으로 모든 것을 적용할 수 없는 시대에 살고 있다. 각각의 연령층과 생활 영역, 그리고 영적 상태에 따라 섬세하고 세부적으로 점검해 주어야 하는 상황이다. 이런 상황에서 개척 사역자로서 개척교회들을 향한 분명한 목회 방향과 사명을 갖는 것은 매우 중요하다. 왜 이 사역을 감당하는지에 대한 분명한 인식과 고백이 따라야 한다는 것이다. '개척 사역을 왜 하는가?'하는 질문 앞에서 분명하고 확실하게 대답할 수 있는 사명 선언이 있어야 한다. 이를 위해 자신을 부르신 하나님 앞에서 개척 사역의 사명을 명확하게 정리할 필요가 있다. 이전의 상황에는 대부분의 인식이 담임목회를 하기 전에 경험하는 한 과정으로밖에 인식하지 못했었다. 그러나 이제는 사역의 세분화와 각 세대 간의 차별된 특성으로 인해 분명한 개척 사역에 대한 사명과 그에 따른 선명한 비전이 없이는 감당할 수 없는 시대에 살고 있다. 즉 개척이라는 현실에 대한 이해와 전도와 양육의 과정들이 너무나 특별하기에 많은 준비와 각오가 필요한 것이다. 개척 사역자로서 자신의 사명을 고백할 수 있어야 한다.

3. 상황 및 문화, 그리고 공간

외적 점검의 첫 번째로 '상황 및 문화, 그리고 공간'을 들 수 있다. 즉 개 개인이 아닌 개척교회들이 공통적으로 처해 있는 것들에 대해 이해가 필요하다. 개척교회는 시대의 가치관과 사회와 문화 속에서 분별 능력 이 있지만, 반면에 지속적으로 외적인 영향을 받고 있는 곳이기도 하다. 개척교회들이 세상에서 속해 있는 다양한 영역들로 인해 그들의 가치관 과 세계관은 지속적으로 도전을 받고 있다. 이러한 영향들은 좋은 것들 도 있지만, 오히려 좋지 않은 영향들이 더욱 많이 존재한다. 이러한 상 황과 문화, 공간들에 대해 이해함으로써 바른 대안을 세울 수 있다.

'상황'으로는 교회가 위치한 지역에 사는 이들의 교육여건과 문화, 환경 을 볼 수 있다. 복음을 전할 이들이 처한 상황을 이해함으로써 복음을 전 할 수 있는 통로가 된다. 전반적으로 지역 주민이 처한 상황을 이해하며 소통하고 이를 통해 복음을 전할 수 있다. 가능한 피상적인 현실보다는 실제적인 현실을 이해하고 공감할 수 있어야 한다. 개척교회는 작은 공 간과 인원으로 인해 많은 사람들을 초청하기는 어려울 수도 있다. 그러 나 유기적인 관계 안에서 인격적이고 깊이 있는 교제를 할 수 있다는 장 점이 있다.

'문화'는 더욱 폭넓게 드러나게 되는데, 개척교회가 있는 지역의 사람들 이 오랫동안 생활하면서 형성한 문화를 이해할 수 있어야 한다. 또한 한 국 사회 전체적으로 공유되고 있는 문화의 흐름을 인지할 수 있어야 한 다. 시대의 변화에 따라 사람들 사이에서 공감되어지는 문화의 스펙트 럼이 더욱 다양해졌기 때문이다. 무조건 수용하는 것도 아니고 무조건 거부하는 것도 아닌 입장에서, 각 문화에 대한 개척교회의 관점과 개척 사역자의 이해가 잘 정리되어야 한다. 사람들이 속한 문화를 이해함으로서 그에 대한 대안문화를 형성할 수 있다.

'공간'에 대한 부분은 두 가지로 나눌 수 있다. 하나는 개척교회 성도나 주변 사람들이 주로 생활하고 있는 일반적인 공간들과 교회 안이나 신앙과 관련된 공간들을 파악해야 한다. 일반적인 공간은 개척교회 성도들의 비전이나 세상 속의 그리스도인으로 살아가는 곳으로서의 공간을 말하고, 신앙적인 공간은 말씀을 배우거나 기도와 교제의 모임이 형성될 수 있는 공간에 대한 파악이다. 일반적인 공간은 학교나 카페와 같은 공부와 관련된 곳이나, 교회 주변 지역에 개척교회 성도들의 모임이 주로 있는 번화가에 대한 이해가 필요하다. 또한 함께 말씀과 기도를 할 수 있는 공간을 확보함으로써 개척교회들이 자유롭게 신앙생활하고 영적으로 성숙할 수 있도록 도울 필요가 있다. 또한 지역 카페나 교회 안의 공간 조성을 통해 함께 교제할 수 있는 최적의 공간들을 찾고 확보할 필요도 있다. 인원이나 활동의 변화에 따라 공간에 대한 이해도 적절하게 필요하다.

4. 개척교회들과의 관계 및 이해

세 번째의 '상황과 문화, 그리고 공간'이 개척교회 전도대상자들의 공통적인 이해에 관련된 부분이라면, 네 번째인 '개척교회들과의 관계 및 이해'는 개척 개개인에 대한 이해라고 할 수 있다. 각각의 개척교회 성도(주변 주민)들은 자신만이 갖고 있는 고민과 아픔, 그리고 비전이 있기 때문이다. 또한 사역자와의 관계 정도에 따라 자신의 마음을 열 수 있는 영역도 달라지기 때문에 조금 더 적극적이고 지혜롭게 다가갈 필요가 있다. 개척교회 성도(주변 주민)들과의 관계 속에서 가장 먼저 필요한 것은 객관화된 사역자의 신뢰성을 드러내는 것에 대해 일관적이어야 한다는 것이다. 사역자로서 정직과 성실, 그리고 약속과 비밀에 대한 철저한 이행, 말씀에 대한 신실함, 경건에 대한 훈련, 진리 안에서의 자유 등과 같은 부분을 실현해 나가야 한다. 즉 바울이 디모데에게 부탁하였던 '말과 행실과 사랑과 믿음과 정절에 있어서 믿는 자에게 본이 되는 삶'(딤전 12~13장)이 나타나야 한다는 것이다. 사역자의 객관적 자질이 있는 상태에서 개척교회 성도(주변 주민)들의 공통적 상황과 문화를 이해하고 동시에 개인이 겪고 있는 아픔과 슬픔에 대해 깊이 공감하는 능력이 필요하다. 다른 사람의 이야기가 아니라 바로 내게 맡겨진 영혼들의 이야기이기 때문이다. 예수 그리스도 안에서 연결된 지체의 이야기이기 때문이다. 함께 아파하고 고민하고 울고 웃는 과정들을 통해 개척교회들과의 관계가 회복되고 연합된 개척교회로 성장할 수 있다.

이렇게 개개인의 외부 환경과 내적 마음을 알게 되면, 각각의 상황을 포함한 개척교회의 방향을 설정하고 사역의 세부적인 것들을 기획하는 데 큰 도움이 된다. 현재 처한 환경과 마음을 알아야 그에 따른 문제 해결과 영적 성장의 방향을 제시할 수 있기 때문이다. 개척교회 사역을 통해 개척교회 성도(주변 주민)들 각자의 문제나 아픔을 해결할 수 있는 연결고리를 형성할 수 있게 된다.

개척

막연한 두려움의
개척필패를 넘어

개척이라는 현장은 예측할 수 없는 상황이다. 이 시대에는 더욱더 외롭고 막막한
자리가 척박한 개척의 자리다. 하지만 외적으로 보이는 고통들을 뒤로하고 하나
님의 역사와 인도를 더욱 뼈저리게 경험할 수 있는 현장이다.
중소 도시에 연고가 없는 지역에서 개척했다. 힘들고 어렵게 살아가는 이들이 있
는 원룸 지역이다. 이 지역을 자세히 알지 못했던 나는 마음의 감동이 있어 이곳
으로 결정을 하게 되었다. 그러나 현실은 처참했다. 어찌할 수 없는 막막함에 높
디높은 담벼락 앞에서 울고 있는 것만 같았다. 그러나 그곳에서 하나님의 일하심
을 만났다.

좌충우돌 부딪히는 개척현장

자동차 사기를 당했다

#자동차가 멈춰 섰다

개척 2년 차를 맞이할 때쯤 늦은 밤 아는 지인의 장례에 다녀오다가 고속도로에서 자동차가 멈춰 버렸다. 비가 오는 캄캄한 도로 한편에서 자동차가 오바이트를 했다. 억수 같이 비는 쏟아지고 차의 엔진은 불덩어리같이 뜨거웠다. 한두 번 시동이 걸리면서 조금 가나 싶더니 이내 다시 멈춰 섰다. 일단 마지막 시동이 걸렸을 때 최대한 갓길에 세우고 보험회사 서비스를 불렀다.

개척 일 년 전 즈음, 지인으로부터 무상으로 타던 차를 받았었다. 기름 먹는 하마라는 별명이 있었지만 자동차 구입비가 안 들어간 것만으로도 감사할 일이었다. 그러나 연식이 오래되고 차체가 무거워서 자주 고장 나고 기름은 많이 먹었다. 결국 장례식장에 갔다 온 날, 아이러니하게도 자동차의 장례를 치렀다. 그렇게 갑자기 자동차를 보냈다.

자동차를 알아보고 찾아가다

자동차를 알아보기 시작했다. 인터넷과 지인, 그리고 중고 자동차 매매단지였다. 자동차에 대해 문외한이었던 나는 알아볼 수 있는 영역에 한계가 있었다. 최대한 알아보았지만 새 차는 너무 비쌌고 중고차는 연식이 오래되거나 운행거리가 너무 많았다. 지금처럼 차량 매매가 안전하게 이루어지는 어플들도 많지 않았다. 쉽게 찾을 수가 없었다.

그러던 중에 인터넷을 통해 저렴한 차량을 찾았다. 스타렉스였고 연식도 얼마 되지 않은 좋은 차였다. 그런데 가격은 새 차의 약 1/4 가격 정도로 저렴했다. 침수차량(물에 잠겼던 차량)도 아니었고 사이트에서 보았을 때도 아무 문제가 없었다. 그래도 워낙 중고 시장에 많은 문제들이 있다는 주변 소리에 친구를 데리고 갔다.

도착한 곳에서 자동차를 확인하고 기쁜 마음으로 계약서를 작성했다. 인터넷에서 보았던 차번호와 동일했고 새 차같이 좋은 차였다. 왜 이렇게 저렴한지를 물어봤더니 회사가 망하면서 경매로 나온 차여서 그렇다고 했다. 이런 경우는 많지 않은데 좋은 기회를 잘 만나셨다고 했다. 검색을 통해 중고차 사기 사례에도 없었던 이야기라 큰 의심을 하지 않았다. 계약서를 작성하고 보험도 가입하고 모든 처리가 끝났다.

사기를 당하다

모든 계약을 마친 후 차량 등록증을 받으러 가야 한다고 했다. 아무 의심 없이 함께 이동했다. 승용차에는 친구와 나, 그리고 계약을 진행한 과장과 일을 배우고 있다는 젊은 청년이 함께 했다. 차를 타고 나와서 이동을 하던 중에 이상한 낌새를 눈치챌 수 있었다. 차주와 통화한다는 대화 중에 '이제 계약금을 받았으니 잔금은 조만간 입금하겠습니다'라는 내용을 듣게 된 것이다.

친구와 나는 뒷자리에서 눈짓으로 이상함을 나누고 스마트폰으로 검색하기 시작했다. 친구가 확인한 내용을 보여주며 사기임을 확인시켜주었다. 손이 떨리고 심장이 쿵쾅거렸다. 머리가 하얗게 되면서 어떻게 해야 할지 도통 모르는 상황이 되었다. 말로만 듣던 사기를 당한다는 사실이 믿기지 않았다. 그래도 용기를 내어 전화 통화를 마친 담당 과장에게 계약과 내용이 다르다는 말을 어렵게 꺼냈다.

과장이라는 사람은 도리어 이렇게 저렴한 가격으로 어떻게 차를 사냐고 반문하며 적반하장으로 나왔다. 어이가 없었다. 말로 실랑이를 벌이다가 길가 한적한 곳에 차를 세웠다. 사이트에도 이런 내용은 없었고 계약 때도 이런 이야기가 없었다고 하자, 사이트에 설명이 있었고 다 알고 있을 것 같아 계약 때는 별도의 설명을 안 했다는 것이다. 황당하고 어이없어서 사이트에 다시 들어가 보니 설명이 작은 글씨로 쓰여 있었다. 그 사이 내용을 추가해 놓은 것이다. 다행히 사이트를 캡처해 놓았었기에 명확하게 말할 수 있었다.

한참 실랑이를 벌이던 우리가 계약을 해지를 하겠다고 하자, 그건 이미 차주에게 돈이 전달되었고 자신들이 손해를 봐서 안 된다고 했다. 그래도 전혀 다르다고 항의를 하자 입금 금액과 비슷한 다른 승용차를 사라고 종용했다. 우리는 승합차가 필요하기에 그럴 수 없다고 해도 계속 권유하며 도리어 화를 냈다.

특이한 점은 과장이 통화를 해야 한다고 자리를 비웠을 때도 배운다고 했던 청년은 자리를 뜨지 않았다. 우리가 전화를 해봐야겠다고 자리를 옮겨도 청년은 따라왔다. 나중에 알고 보니 그 청년은 배우고 있는 청년이 아니라 손님들이 어떤 대화를 하는지, 어떤 통화를 하는지 감시하고 전달하는 역할을 하고 있었다.

통화하기 위해 자리를 옮겨도 자꾸 쫓아오기에 순간 기지를 발휘했다. 주변 지인과 통화하면서 경찰서에 지인이 있는 것처럼 통화했다. 이런저런 이야기 중에 중고차 허위매물이나 사기에 대한 조언을 듣는 것처럼 하면서 통화를 한 것이다. 그런 후 아는 지인이 형사인데 지금 같은 상황이 많이 신고된다고 전했다. 극구 자신들은 사기를 치는 게 아니라는 담당 과장을 향해 잘해주려고 하는 건 아는데, 비슷한 사례가 경찰서에 신고되고 있지 않냐고 반문했다.

계약 후 2시간 가까이 차로 이동하고 길가에서 실랑이를 하고 나서야 문제가 해결되었다. 결국 회사에 다시 확인해보겠다고 하고는 최종적으로 돌려받게 되었다. 지금은 웃으면서 이야기할 수 있지만 당시에는 등골이 오싹하고 온몸에 소름이 돋았었다. 실제로 경험해보니 정말 별별 상상이 다 되었다. 그렇게 끌려가는 것은 아닌지, 돈을 못 받는 것은 아닌지, 건달들이 들이닥치는 것은 아닌지, 그 후 가까운 분의 소개로 중고차를 잘 매입하게 되었고 3년 10개월 정도를 잘 탔다. 최근에 다시 폐차하게 되었고 이번에는 순탄히 다른 중고차를 구입하게 되었다.

#급한 마음, 좁아지는 시야

생각해보면 정말 미련하고 어수룩했다. 상황을 살피지 않고 의심없이 너무 믿어 버렸다. 하지만 개척 상황에서 이런 일들은 충분히 일어날 수 있다. 목회자들은 특히 세상 물정을 잘 모르기에 더욱 그렇다. 개척 상황은 점점 더 힘들어지고 마음은 더 급해진다. 시야가 좁아지고 판단력은 흐려진다. 지금 당장 필요를 느낄수록 더 그렇다.

그렇기에 섣부른 결정을 내리지 않기 위해 잠시 멈춰 조용히 기도하며 생각을 정리할 시간이 필요하다. 충분히 주변 사람들과 대화를 나누고 잘 모르는 분야에 대해서는 더 알아보아야 한다. 요즘에는 비교하거나 분석할 수 있는 플랫폼들이 많이 있다. 정보를 얻을 수 있는 유튜브와 공신력 있는 매매 어플들이 잘 구축되어 있다. 그렇다 하더라도 급한 마음으로 쉽게 결정하지 않도록 노력해야 한다.

차량뿐만 아니라 건물 임대와 물건 구매, 금융 대출과 같은 많은 영역에서 실제 필요를 느끼지만 조심해야 할 부분이 많이 있다. 지식보다도 지혜가 필요하다. 실제적으로 일어나는 일들에 대한 협소한 부분을 넘어서 전체 흐름에서 올바르고 명확하게 결정하는 지혜가 더 필요하다. 목회의 영역에서도 일어난 일들에 일희일비보다는 하나님의 인도하심을 구하며 묵묵히 지혜롭게 걸어가는 길이 필요하다.

사역의 과정에서 좋은 분들도 많이 있지만 실제적인 면에서 조심해야 할 부분들이 있다. 특히 신자본주의 관점에서 맘모니즘이 가득한 우리네 삶 속에서, 무언가 거저 얻거나 상당히 많은 이익을 손에 쥐는 경우가 발생한다면 더욱더 한번쯤 다시 돌아보며 고민해야 한다. 세상에 공짜는 없다. 뿌린 대로 거둔다.

무슨 향기를 풍기는가

#코를 막게 하는 냄새

교회 건물에는 여러 가게들이 입주해 있다. 교회는 4층에 위치해있는데 바로 밑 3층은 노래방이다. 그리고 그 아래층은 여직원들이 많은 조그만 회사가 있다. 1층에는 작은 가게들이 있는데 건물 입구와 출구의 앞뒤로는 주변 사람들이 오고 가는 통로로 사용되고 있다. 이런 환경의 특징은 다양한 사람들이 어우러져 생활하게 된다는 점이다.

이런 어우러짐 속에서 갖가지 냄새가 건물에 혼재했다. 1층 통로로 오고가는 이들이 피는 담배 냄새와 2층에서는 여직원들이 식사 후에 피우는 담배 냄새가 위로 올라왔다. 아직은 밖에서 자유롭게 담배를 피지 못하기 때문인지, 점심식사를 하고 돌아온 시간에는 어김없이 담배냄새가 위로 올라왔다. 옥상으로 올라가는 문을 열어 놓으면 그나마 빠르게 냄새가 빠지지만 그렇지 않은 경우에는 가장 위쪽부터 채워진 담배 냄새가 4층까지 가득 차 있어서 질식할 것 같다.

3층에 있는 노래방은 더 심하다. 저녁만 되면 술 취한 이들의 술 냄새와 도우미들의 진한 화장품 냄새가 난다. 저녁 시간이 되면 3층으로 올라가기 위해 타는 엘리베이터에는 술 냄새와 향수 냄새가 섞인 애매모호한 냄새가 가득 차 있다. 가끔은 속이 울렁거릴 정도로 그 냄새가 코를 찔렀다. 영업 준비를 하면서 엘리베이터에 락스를 뿌려 청소를 한 경우에는 화장품과 담배 냄새가 섞여서 감당할 수 없기도 했다. 결국은 손으로 코를 막거나 옷소매로 가리기도 했다.

냄새는 영역이 없다

냄새는 눈에 보이지 않지만 영역을 넘나든다. 밀폐된 공간이 아니고는 모든 틈으로 빠져나가 흘러간다. 식당이 있다면 그 식당 앞을 지나갈 때에 냄새가 코를 지른다. 무슨 음식을 하고 있는지 너무나 쉽게 맞출 수 있다. 분식집이라면 떡볶이 냄새가 코를 찌르고 부대찌개 집에서는 부대찌개 냄새가 흘러나온다.

실제로 교회 주변에는 치킨집이 많아서 교회 앞 사거리를 지날 때면 가게 앞이 아닌데도 불구하고 치킨 냄새가 코를 찌른다. 고소하고 향기로운 치킨 냄새가 정신을 혼미하게 만든다. 코를 통해 들어온 냄새가 뇌신경의 말초신경을 자극하고 곧이어 뱃속을 건드려 허기진 느낌을 받는다. 치킨의 유혹을 받을 때가 참 많이 있었고 어느새 양손에 치킨이 들려져 있는 모습에 깜짝 놀라기도 한다.

이처럼 냄새는 공간의 영역을 넘어 사람들의 말초신경을 건드린다. 최근에 오스카 6관왕을 차지한 「기생충」이라는 영화에서 가난한 가족과 부자 가족의 가장 큰 차이점은 냄새였다. 자신들 스스로는 느끼지 못하는 사이, 자신들만의 냄새가 존재하고 있음을 볼 수 있다. 이는 계단을 오르고 내려가는 외적인 계층 차이보다 더 심오한 의미를 담고 있다. 계단은 넘어갈 수 있었지만 냄새는 그렇지 않았다. 결국 마지막 장면에 주인공 가족이 욱하고 충동적으로 살인을 저지르는 원인이 냄새임을 보여주고 있다.

우리의 향기는 어떠한가

사람마다 전부 다른 향기가 난다. 비슷한 로션이나 향수를 쓴다 해도 각 사람은 자신이 갖고 있는 향기와 함께 새로운 향기를 만들어 낸다. 세탁을 위해 사용했던 세제에 따라서도 향기가 달라진다. 이러한 향기도 각 가정의 냄새와 결합되면서 새로운 향기를 낸다. 이런 향기의 원인을 들여다보면 일상생활의 삶이 배어 나오고 있음을 알 수 있다..

어떻게 살아가고 무엇을 하면서 살아가느냐에 따라서 우리는 다양한 냄새와 향기를 뿜어낸다. 마치 고등어를 구워 먹고 집을 나서면 생선구운 냄새가 베어 나오고 고기를 구워먹고 나오면 고기 냄새를 풍기는 것과 같다. 씻지 않는 생활이면 씻지 않은 냄새가 나고 향수를 뿌리는 습관이 있으면 향기가 끊어지지 않는다. 이러한 냄새와 향기의 나타남은 그 밑바닥에 각자의 생활과 삶이 베어 나오게 되는 것이다.

이는 곧 그리스도인의 삶에도 적용된다. 예수 그리스도를 믿는 이들의 삶에는 자연스레 그리스도인의 향기가 난다. 단순히 코에서 느끼는 향기를 말하는 것을 넘어 마음과 영혼에게 전달되는 냄새와 향기가 된다. 인생과 일생의 관계와 흐름이 자연스럽게 드러나게 되고 이는 곧 다른 이들에게 흘러가는 향기가 된다.

무색무취인 것 같은 그리스도인의 향기는 오직 예수 그리스도를 통해 드러나는 은혜의 향기다. 세상에서는 맡을 수 없는 예수 그리스도의 향기가 흘러넘친다. 오직 하나님만을 바라보며 기쁨으로 순종하는 삶의 향기가 흐른다. 우리의 노력과 애씀 이전에 이미 받은 은혜가 우리의 삶을 이끌기 때문이다. 하나님께서 선물과 같이 부어주신 기쁨은 우리 삶을 이끌어가는 동력이다. 아무것도 아닌 우리에게 영생의 소망을 품게 하시고 하나님 나라를 살아갈 수 있도록 이끄신 은혜 안에서 그리스도인만의 향기가 가득 흘러넘치게 된다.

어머니와 형님

#삶의 아픈 큰 축

나에게는 마음의 큰 축을 차지하는 분들이 있다. 잊고 살아도 잊히지 않는 이들은 불쑥불쑥 심장을 도려내듯 아프다. 어머니와 형님이 그렇다. 내가 돌이 지나기 전 무렵 아버지는 작은 사고로 뇌를 다치셨다. 결국은 좌반신 불구로 깊은 상실감 속에서 술과 담배로 하루하루를 사셨다. 술을 드시고 오신 날은 초긴장이 된다. 어머니를 비롯해 할아버지, 할머니, 그리고 우리 삼남매까지 숨죽이며 이불속으로 숨어들었다. 그렇다고 그냥 넘어가지는 않으셨다. 물건을 부수고 소리를 지르고 우리들을 깨워서 불러 세웠다. 어머니의 만류에도 어떠하든 꼬투리를 잡아서 폭언과 폭행을 하셨다.

그렇게 십여 년이 지나면서 형이 조금 이상해졌다. 점점 말수도 없어지고 학교생활도 제대로 적응을 못했다. 결국은 중학교를 간신히 졸업하고 교육 과정을 그만두었다. 상태는 점점 악화되어서 일상적인 관계를 전혀 할 수 없게 되었다. 절 시주, 무당 굿, 정신병원, 치유사역, 기도원, 신유집회, 쉼 센터 등 백방으로 뛰어다니며 고치려고 했지만 소용이 없었다. 돌이켜보면 고등학교 3년을 외지로 나와 있었던 나는 그나마 극단적인 환경에서 분리되어 있었지만 형님은 그렇지 못했던 것 같다. 결국 정신분열의 증상을 안고 사신다.

그런 형님을 끌어안고 사신 분이 어머니시다. 내가 어렸을 적에는 여타 상의하고 의지할 이가 없었기에 혼자서 다 감당하셔야 했다. 쉽지 않은 농사일을 하면서도 아버지의 뒷수발과 형님의 병을 감당하신 것이다. 내가 중3 되던 해에 형님을 고칠 수 있는 방법들을 찾다가 시골교회를 다니기 시작했고 내가 고등학교를 졸업하기 직전, 신유은사가 있다던 서울의 한 교회를 소개받아 시골생활을 다 정리하고 올라왔다. 나도 자연스럽게 고등학교를 졸업하자마자 서울로 올라왔다. 어려운 시기였기에 자연스럽게 직장생활을 시작했고 그렇게 11년을 보냈다. 당시 당뇨에 합병증까지 있으셨던 아버지셨지만 가족을 향해서는 끝까지 독설을 날리셨다.

#함께 하게 된 사연

직장생활 중간에 결혼을 했고 부모님과는 떨어져 지냈다. 그 사이 아버지는 돌아가셨고, 여동생도 결혼했고, 형님과 어머니는 임대아파트에서 두 분이 사시게 되었다. 한가지 더 힘든 상황은 어머니께서 뇌경색이 발병하셔서 한쪽 팔과 다리가 불편하시게 된 것이었다. 이런 상황에서 나도 직장생활을 그만두고 교회 사역을 하게 되면서 학교를 다니게 되었다. 고등학교를 졸업하고 바로 생활전선에 뛰어들었던 나는 학부부터 공부하기 시작했고 원부까지 7년을 공부했다. 사역과 가정, 학교로 인해 어머니와 형님을 자주 돌아볼 수 없었다. 다행히 여동생의 가정이 멀지 않은 곳에 살아서 자주 살펴 드렸다.

한 가지 마음에 걸렸던 것은 이웃의 초청으로 귀신론을 다루는 잘못된 교회에 다니시게 된 것이다. 전도하신 분이 어머니 또래셨는데 지극 정성으로 어머니와 형님을 대하셨다. 어머니 댁에 갔을 때에 한두번 뵈었었는데 인상이 좋으시고 성품도 좋았었다. 그렇게 이웃의 따뜻한 다가옴이 마음을 붙잡은 것 같았다. 그 사실을 알고 난 이후로 다른 교회에 다니실 것을 권면하며 알아봐드렸지만 소용이 없었다. 서로 잘 아는 사이가 되었고 마음을 두실 수 있으셨던 것 같았다.

개척을 하고 2년이 지날 때쯤 어머니와 형님이 출석하던 교회에 사건이 터졌다. 담임목사의 비리가 언론에 공개되고 여러 가지 문제가 발생한 것이다. 이러한 사실을 간접적으로 알고 있었던 어머니도 많이 속상해하셨지만 믿지 않으려고 하셨다. 우리 가정과 여동생은 여러 가지 말씀을 통해 교회에 출석하지 않으시길 부탁드렸다. 하지만 다른 교회에는 가지 못하셨다. 지금까지의 여정 속에서 형님과 자신을 받아 줄 곳이 많지 않다고 느끼신 듯 했다. 정신적으로는 어머니께서 챙기셔야 했고 육체적으로는 형님이 챙기시는 관계였다. 그런 상황 속에서 어머니는 목사 아들의 교회에 출석하기를 원하셨다.

멀고 먼 여정과 동행

어머니의 단호함과 아내가 기꺼이 동의해줌 덕분에 함께 신앙생활을 하게 되었다. 다른 여타 상황들보다는 거리가 너무 멀었기에 조심스러웠다. 김포공항에서 오산으로 매주 리무진 버스를 타고 토요일에 오셨다가 주일 오후에 다시 집으로 돌아가셨다. 불편한 몸을 이끌고 먼 거리를 다니셨음에도 즐거워하셨다. 오실 때나 돌아가실 때 터미널로 모셔다 드리는데, 그때마다 어머니와 형님이 함께 서 계시는 모습을 보면서 참 많이 울었다. 심장을 찌르는 아픔이 눈동자부터 시작해서 온 몸의 세포들을 하나하나 찌르는 듯 했다.

사실 함께 신앙생활했던 성도들에게도 많이 감사하다. 어머니와 형님이 정상적인 몸과 마음이 아니었기에 신경도 쓰이고 마음도 써야 하는 상황 속에서도 잘 받아주셨다. 한번은 주일에 집사님 한분이 급하게 아내를 찾았다. 아내가 급히 가보니 어머니께서 화장실에 가시면서 실수를 하신 것이다. 화장실로 가는 복도와 화장실 안에 여기저기 떨어져 있는 변을 치워야 했다. 이후로 이런 상황들이 자주 생겼다. 몸이 점점 안 좋아지시면서 몸이 마음대로 가누기 어려워지신 것이다. 지금은 어머니를 모시면서 미리 대처해 놓기에 급박한 상황은 피할 수 있게 되었다.

형님은 생소한 분위기와 사람에게 적응하기 힘들어 하신다. 새로운 사람을 만나거나 새로운 상황으로 들어가면 유독 긴장을 하신다. 이러한 긴장 상황들이 여러 상황에서 다양하게 분출된다. 혼자 중얼거리기도 하고 소리를 지르시기도 하고 히죽히죽 웃으시기도 한다. 남자 화장실에서 변을 보실 때도 남자 화장실의 좌변기실 문을 열어놓고 변을 보신다. 특히 예배 시간에는 몸을 좌우로 크게 움직이거나 찬양을 아주 큰 소리로 부르시거나 뒤쪽 여자성도를 바라보면서 히죽히죽 웃으신다. 설교하는 시간에 이런 반응을 보게 되면 식은땀이 흐르고 머리가 하얗게 된다.

지금도 우리와 함께 계신다. 어머니는 우리 가정에서 모시면서 주중에도 함께 계시고 형님은 주말에 왔다갔다 하신다. 어머니께서 뇌경색과 모야모야병, 그리고 치매 증상도 발병했기 때문이다. 형님은 여동생이 버스를 태워 보내면 터미널에서 픽업한다. 이 모든 상황에 함께하고 있는 아내가 정말 대단하고 귀하다. 나야 부모님이고 형님이지만 아내에게는 어쩌면 남남과 같은 이들을 극진히 모시고 살피고 있는 것이다.

생각해보면 어머니와 형님은 내 삶에 무거운 축이다. 늘 마음 한편에 묵직하게 자리 잡고 있다. 어린 시절부터 지금까지의 어려운 삶을 함께 통과해온 이들이다. 한때는 약간의 공간과 시간의 거리감이 더 필요하다고 생각했다. 내 자신도 이들을 감당할 수 없을 것 같았기 때문이다. 하지만 지금은 주어진 관계에 집중하기로 했다. 힘들고 어렵고 고통스럽더라도 나에게 주신 길이다. 이 과정에서 부흥을 이루고 성장하는 것들이 얼마나 부질없는가도 깨달았다. 생명의 주인이신 하나님께서는 한 생명을 위해 모든 것을 다 버리시는 분이시다. 우리가 원하고 바라는 것들이 얼마나 이기적인가를 알 수 있었다.

고향을 향한 가상 드라이브

#함께하시게 된 어머니

어머니께서 뇌경색을 앓으신지 10여 년이 지난 지금, 우리 집으로 모시게 되었다. 형님과 단둘이 지내셨지만 건강이 점차 안좋아지시면서 형님이 챙길 수 없게 되었다. 형님은 정신분열이 있어 육체적인 것은 형님이, 정신적인 것은 어머니께서 책임지시면서 서로 도우며 사셨다. 도우미를 부를 수도 있었지만 아침, 저녁으로 갑작스러운 일이 생기게 되면 대응할 수 없기에 옮길 수밖에 없었다.

아내가 먼저 어머니를 선뜻 모시기로 결정해 주었다. 미안함과 감사함이 교차했다. 아내가 아침 저녁으로 힘써 어머니를 모시고 돌보아서 어머니의 건강은 조금씩 호전되었다. 하지만 뇌경색, 모야모야병, 치매 초기, 당뇨, 고혈압 등 복합적으로 앓고 계셨기에 쉽지 않은 상황이었다. 특히 치매 증상은 갑작스럽게 불쑥 튀어나온다. 예기치 못한 상황에서 어머니는 자신이 누구인지, 여기가 어디인지를 인지하지 못하시고 옛 기억만을 소환하신다.

다행히 아직은 자녀들이나 손주들은 다 기억하신다. 하지만 이름이나 주소를 착각하거나 얼굴을 잘 기억하지 못하는 경우도 있다. 가장 많은 현상은 처음 가본 길에 대해서는 전에 와봤다고 하시면서도 자주 다니는 곳은 오히려 잘 모르시겠다고 하신다. 기억의 시간대도 약간 다르다. 20여년 전의 기억으로 시골 고향집을 자신의 집으로 생각하시면서 자꾸 가시겠다고 말씀하신다. 약을 드시면서 아내가 지극정성으로 섬겨주기에 그나마 속도가 늦춰진 것은 아닌가 생각해본다.

94 개척 5년 차입니다

#난리치신 어머니

어머니께서는 주간보호센터를 다니신다. 아침 9시에 가셨다가 오후 5시나 7시에 돌아오신다. 아내는 아침 8시쯤 어머니를 씻겨드리고 옷을 입혀드린다. 이어서 식사를 차려 드리고 약을 드신다. 식사를 다 드시고 잠시 있으면 9시쯤 차가 도착할 것이라는 연락을 받는다. 가족들이 각자 준비하는 시간이기에 시간이 맞는 이가 어머니를 모시고 내려간다. 다리가 좀 불편하시지만 열심히 즐겁게 가시는 편이시다.

주간보호센터에 다니신 이후로 아침에 가셨다가 저녁에 잘 돌아오셨다. 주간보호센터에서 있었던 일들에 대해서는 선생님이나 원장님을 통해 부수적으로 아내가 연락을 받고 반대로 필요한 것을 요청하기도 한다. 보호센터에서도 운동도 하고 TV도 보시고 식사와 교제도 하시면서 잘 지내시는 편이었다. 연배가 많으신 분들이 더 많으시지만 좋은 분들이 많아서 그런지, 선생님들이 잘해주셔서 그런지 잘 적응하셨다.

그런데 얼마 전부터 오후가 되면 고향집에 가시겠다고 난리를 치신다는 연락을 받았다. 이전에는 가신다고 하실 때 잘 설명드리고 나머지 시간을 보내고 오셨는데 최근에는 너무 간곡하게 말씀하신다고 하셨다. 화를 거의 안 내시는 분이신데도 역정을 내며 항의를 하신다는 것이다. 몇 번의 통화가 있고 난 이후 혹시라도 반복되는 일이 생기면 연락을 해달라고 말씀드렸다. 시간이 딱 맞아 떨어지지는 않겠지만 어머니를 직접 모시러 가기로 한 것이다.

#고향을 향한 가상 드라이브

그렇게 비정기적으로 어머니를 모시고 드라이브를 하기 시작했다. 급한 일들만 빨리 처리하고 어머니를 모시러 갔다. 여타 다른 일들은 드라이브 이후로 시간을 조정했다. 도저히 시간이 안 될 때에는 주간보호센터에 부탁드리거나 집으로 일찍 돌아오시기도 했다. 집에서 그러실 때에는 고향에 가자고 나와서는 그냥 동네 주변을 걷기도 했다. 하지만 거의 대부분은 직접 모시고 고향을 향해 떠나는 가상 드라이브를 간다.

처음에는 여기가 어머니께서 계시는 곳이고 둘째 아들이랑 살게 되었다는 점을 자세히 설명드렸었지만 소용없었다. 들을 때도 아니라고 말씀하시며 부인하시다가 화를 내시곤 하셨다. 처음에 이런 일을 겪었을 때에는 참담했다. 마음이 너무 아팠다. 어렵고 힘든 인생을 살아오신 어머니의 지난날들이 주마등처럼 지나갔다. 마음이 절이고 슬퍼졌다. 편안하게 잘 모실 수 없다는 죄송함이 폭풍처럼 나를 휘감았다. 이제는 치매 증상으로 말씀하시는 것에 대해서는 자연스럽게 공감하면서 드라이브를 떠나는 것으로 대신한다.

차를 타고 이곳저곳을 돌아다닌다. 때를 따라 해야 할 일들이 있으면 그곳으로 이동하면서 드라이브를 한다. 차를 타고 가시는 동안 어머니는 차창 밖으로 보이는 풍경에서 눈을 떼지 못하신다. 잠시 쉬실 만도 한데 다녀오는 내내 풍경에 눈을 맡기신다. 그러면 나는 어린 시절의 이야기나 지난날에 있었던 다양한 기억들을 소환하며 대화를 나눈다. 콧소리로 애교를 부리기도 하고 장난 섞인 말을 건네기도 한다. 어머니는 환하게 웃으셨다가도 추억을 회상하듯 촉촉한 눈빛을 띄기도 하신다. 그렇게 1~2시간 내외를 돌다 보면 어머니는 기억이 돌아오면서 지금 살고 있는 집으로 가자고 하신다.

누구나 자신만의 노스탤지어(향수, 그리움)가 있다. 살아오면서 가장 행복했거나 많은 시간을 보냈거나 아무 걱정 없이 웃었던 때가 있다.

크로노스의 시간으로 과거와 현재, 미래가 흘러가는 것이 아니라 카이로스의 시간으로 특정 기억과 시간으로 돌아가고 싶은 것이다. 아프고 힘들 때 우리는 아름답고 행복했던 기억들을 떠올린다. 아주 짧은 시간이라 할지라도 인생의 깊은 여운을 남긴 그때로 돌아가고 싶은 것이다.

인생의 최종 노스탤지어는 사실 영원에 대한 소망이다. 인생은 태어나면서부터 영원을 향한다. 자신이 어디로부터 와서 어디로 가는지 알지 못한다 하더라도 자신이 돌아갈 길을 소망한다. 그것은 지난날의 다양한 추억과 그리움을 넘어 자신의 존재 자체를 떠올릴 수 있는 의미로 부여된다. 즉 영원한 세계로부터 이 땅으로 온 우리 인생은 영원한 세상을 향한 갈망으로 채워지기 때문이다. 그렇기에 가장 힘들고 고통스러울 때에 아이러니하게도 가장 행복하고 소중한 그때를 떠올리게 되는 것이다.

다른 하나는 가상으로 고향을 향해 떠나는 드라이브지만 그 시간을 통해 자신 스스로 회복을 이루어내고 있다는 점이다. 이는 그 마음의 소원을 들어 주는 관계 안에서 회복되는 은혜라고 볼 수 있다. 사람마다 자신 안에 담고 있는 갈증은 간접적으로 그것에 대한 채움으로 해소된다. 겪어보지 않았기에 공감하기 힘들고 내가 겪은 것이 더 커보여서 상대의 일이 아무것도 아닌 것 같아 보일 수도 있다. 문제 자체가 해결되지 않더라도 자신의 고통과 문제에 공감하며 소통하고 동참하는 것으로 어느 정도 해소된다는 것이다.

개척을 하고 주변에 있는 이들에게 다가가 보니, 자신의 삶에 만족하는 이들이 없었다. 힘들고 고통스럽고 슬프고 아픈 삶을 살아간다. 어찌할 수 없는 처지 앞에서 아픔을 호소한다. 이들이 곧 우리 사역의 방향이고 의미다. 죄와 사망 가운데 비참한 인생을 향해 긍휼로 다가오신 예수 그리스도의 십자가 은혜를 입어야 하는 이들이다. 그저 다가가 들어야 한다. 문제를 해결하고 안하고는 그다지 중요하지 않을 수도 있다. 그들의 입장과 마음으로 그들과 마주하고 옆자리에 앉아 들어주고 함께 울고 웃는 시간이 필요할 뿐이다.

한 달에 한번, 매직

#다양한 날들 중에서

개척 현장에서 일어나는 일들은 수없이 많다. 실제적인 부분에서는 기본적으로 예배, 성경공부, 심방, 기도회, 전도 등이 있지만 이외에도 많은 일들이 일어난다. 전구를 갈아 끼는 일, 작은 외관 고치는 일, 음향과 영상을 정비하는 일, 하수구가 고장나는 일, 상가 관련된 일, 상가 주변을 청소하는 일, 성도 이사 돕는 일 등등 수없는 일들이 우연찮게 발생한다. 점점 만능이 되어가는 분위기지만 실제로는 신변잡기다. 일차적으로는 외부에 맡길 재정이 없기도 하고 시간적인 부분을 조정할수 있기 때문이기도 하다.

그중에서도 가장 어려운 부분이 재정이다. 재정 부분은 경험이 전무하고 복잡하기 때문이기도 하다. 액셀이라든가 재정관리 무료 프로그램을 사용해보지만 새롭게 배우는 것과 복잡한 것이 나의 접근을 자꾸만 밀쳐낸다. 그럼에도 빼놓을 수 없는 가장 중요한 부분 중 하나기에 집중해야 한다. 재정이 잘못 관리되다 보면 투명성을 확인할 수 있는 방법이 점점 사라진다. 성도들도 다른 여타 부분보다 재정을 중요하게 여긴다. 가능한 혼자만이라도 매월 기록된 재정을 정리하고 점검해야 한다. 전반적인 재정 수입과 지출의 흐름을 알기 위한 것도 있지만 교회 사역에서 재정이 투명하게 이루어져야 하는 근거가 되기 때문이다. 물론 개척 초기에는 성도들이 재정에 대해 공개하고 공유하는 것을 오히려 약간 부담스러워한다. 재정의 부족이 불을 보듯 뻔하기 때문이다. 재정이 남아 넘쳐서 그것을 여유 있게 사용할 수 있는 구조가 아니라는 사실을 알고 있다. 그렇다 하더라도 정직하게 투명하게 기록으로는 남겨 놓아야 한다.

유난히 민감한 시기

교회와 가정의 재정에 관해서는 목사가 감당하다보니 이런저런 에피소드가 발생한다. 그중에서도 매월 월세와 카드 값이 나오는 월말, 월초에는 유독 예민해지는 내 모습을 발견하게 된다. 나도 느끼지 못하는 사이에 민감하거나 예민해져서 그리 큰일이 아님에도 불구하고 반응이 불같이 일어날 때가 있었다. 재정과 직접적인 관계가 없음에도 일상의 여러 상황 속에서 민감한 반응을 보일 때가 있었다.

한번은 아내와 살짝 의견이 맞지 않는 일이 있었는데 유독 예민하게 반응했나 보다. 아내가 갑자기 '혹시, 오늘이 매직하는 날이야?'라고 질문했다. 순간 '그게 무슨 소리냐?!'라고 반문했다. 그러자 아내는 '아니, 카드 값 내야 하는 날이 다가 오냐고?!'라고 다시 질문했다. 그렇다. 생각해보니 카드 결제일이 며칠 남지 않았다. 며칠간 부족한 카드 값에 민감해 있었던 내 모습을 아내는 '매직'으로 표현한 것이다.

그래서인지 매달 정기적으로 돌아오는 카드 결제일과 대출 상환일이 나도 모르는 사이에 엄청 신경이 쓰인다. 의식적으로는 어느 정도 달관한 것처럼 '괜찮다, 하나님께서 책임져 주신다'고 말하고 있었지만,

무의식적으로는 불안감이 팽배해진 것이다. 이는 실로 실제적인 것이어서 결제와 상환을 하지 못하면 일상생활에 치명적인 영향을 주기도 한다. 실제로 연체가 되거나 신용등급이 떨어지는 일들을 겪으며 어려움에 처하기도 했었다. 그렇기에 더욱 민감할 수밖에 없었다.

내 영역을 넘는 일에 대해

내가 감당할 수 있거나 예측할 수 있는 상황에서는 유연한 모습을 보이지만, 아직 준비되지 않은 카드값 같은 불확실한 일에 대해서는 민감한 모습을 보였다. 목사이면서도 순간순간 나도 모르게 튀어나오는 불안한 요소들이 온몸에 두드러기가 일어나는 것처럼 반응하고 있었다. 예측 불가한 일들에 대해 불안감과 두려움을 내포하고 있었다. 나의 무의식은 불안감으로 인해 어느 순간인가 다른 일들 속에서도 민감하게 작동하고 있었던 것이다.

사실 믿음의 영역은 끝이 없다. 우리가 살아가는 실제적인 상황으로부터 의식하지 못하며 살아가는 무의식의 세계, 그리고 영혼의 궁핍함과 비참함을 끌어안는 영역까지 많은 영역 속에 존재한다. 이는 우리의 능력으로부터가 아닌 하나님의 은혜로부터 주어진 선물이기 때문이다. 그럼에도 불구하고 영원한 생명의 은혜를 베푸신 절대 주권의 이끄심 속에서도 나의 의지와 결단을 들어서 사용하시는 영역 속에서는 나의 미련함이 드러난다. 우리 존재는 하나님의 영원한 백성으로서 선포해 주신 은혜를 누리지만 우리의 상태는 아직도 죄와 사망의 본성을 버리지 못하고 있다.

생각해보면 두려움과 걱정에 휩싸이는 것은 지극히 당연한 것이다. 인간이라는 유한한 존재성은 당장 내일 일을 알 수 없기 때문이다. 그러나 반대로 생각해보면 믿음의 사람들이 선택할 것은 눈에 보이는 현실이 아니라 살아 역사하시며 우리와 동행하시는 하나님이다. 우리가 보지 못하는 세계까지도 주관하시며 주장하시는 분이 하나님이시기에 믿음 안에서 승리할 수 있는 것이다. 그렇기에 원망과 불평을 내려놓고 간구와 기도로 하나님께 나아가야 한다. 또한 우리가 감당할 수 있는 영역에 대해서는 성실로 감당해야 한다.

개척교회는 현실적으로 힘들기에 갈등과 고민 속에 하루하루를 보낸다. 하지만 다른 한편으로는 전적으로 하나님만 의지하며 감사할 수 있는 영역으로 이끄셨다는 사실도 발견한다. 믿음으로 내딛는 발걸음 속에서 하나님께서 기뻐하시는 일과 말씀하신 명령대로 순종하는 이들을 책임져 주시기 때문이다. 현재의 상황들을 바라보면 걱정하며 불안한 일들뿐이었는데, 돌이켜 보면 기적같이 지나온 걸음들이었다. 죽을 것 같은 순간들도 나를 세우시고 이끄시는 은혜 안에서 흔들리고 있었다. 도무지 일어나지 못할 것 같은 현실 속에서도 피할 길을 주시고 나로 하여금 믿음의 성숙과 성장으로 이끄시는 은혜를 입혀 주셨다. 도저히 감당할 수 없는 그 괴로움 속에서도 우리에게 믿음으로 더욱 견고히 세워 가신다.

월세와의 전쟁

재계약, 30% 인상

개척 후 2년 정도 지났을 때 건물주에게 연락이 왔다. 조물주 위에 있다는 건물주의 재계약 관련 연락이었다. 간혹 안부를 묻거나 건물을 돌아보긴 했지만 직접 만나자고 한적은 거의 없었다. 특히 자신의 집에서 보자고 한 것은 처음이었다. 시간이 맞지 않아 일정을 조정한 후 만나게 되었다. 받아 든 주소로 찾아간 곳에는 건물 주인 내외가 계셨다.

간단히 인사를 나누고 차 한 잔을 하며 안부를 나누던 중 한 장의 계약서를 내놓으셨다. 계약서에는 재계약과 관련된 대략의 내용들이 적혀 있었다. 그중 나의 시선을 확 사로잡는 것이 있었다. 30% 인상되어 적혀 있었던 월세 금액이었다. 순간 나도 모르게 '이건 뭐죠?'라는 질문과 함께 미간이 약간 찌그러졌다. 미리 언지가 없었던 터라 당황할 수밖에 없었다. 30%라니.

주인은 계약금과 관련해서 나름의 설명을 풀어 놓았다. 물가도 오르고 처음 계약 때 다른 곳에 비해 저렴하게 계약했다는 등의 이유였다. 하지만 나의 머릿속에서는 전혀 공감이 가질 않았다. 임대인 입장에서는 가능한 설명이었겠지만 임차인으로 개척교회 상황에서는 상당한 부담이 되었다. 머릿속이 복잡해졌다. 예상치 못한 내용에 뒤통수를 한 대 얻어맞은 기분이었다. 연세도 많으시고 인자하신 분이라 별생각 없이 찾아간 것도 한몫을 했다.

#상의하고 연락드리겠습니다

이미 계약서는 작성해 놓으셨고 열심히 자신의 입장을 설명도 하신 상태에서 나의 결정만 남았다. 아무래도 나를 세상 물정 모르는 어수룩한 사람으로 생각하셨나보다. 항변하고 싶은 마음이 목덜미를 향해 전력질주를 하고 있었지만 차마 그러지 못했다. 지금 생각해보면 목사라는 직책과 나이차가 많은 것에 대한 부담감이 있었던 것 같다. 다르게 보면 체면치레다. 불편한 관계가 되는 것에 대한 부담이 깔려 있었던 것이다.

'교회에 가서 성도들과 상의를 좀 해보고 연락드리겠습니다.' 간신히 모기 소리로 내뱉고는 힘겹게 자리를 일어섰다. 돌아와서는 많은 고민이 들었다. 건물주와 불편한 관계가 되는 건 그리 좋은 것은 아니다. 그래도 이건 너무 심했다. 갑자기 30% 인상이라니. 감당할 수 있으면 감당하겠지만 그럴 처지도 아니었다. 부당함 앞에서 그저 수긍하는 것도 옳지 않은 방법 같았다.

일단 기도하면서 방법을 찾기로 했다. 인터넷으로 부동산 관련된 것들을 찾아보기도 하고 가까운 공인중개사에 가서 상담도 했다. 알고 보니 임차인에게 좋은 제도들 몇 가지가 있었다. 먼저는 재계약에 관해 계약일을 기준으로 6개월에서 1개월 전에 이야기를 해야 한다. 만약에 재계약 요청이 없다면 자동 연장으로 서로 받아들일 수 있다는 내용이다. 다음은 계약금 인상에 관해 최대 5%가 기준이었다. 임대인과 임차인이 서로 쌍방 하에 5% 이상 인상할 수도 있겠지만 기준은 5%다. 마지막으로 임대인은 임차인을 특별한 이유가 없는 한 10년까지는 내쫓을 수 없었다. 원래 5년이었는데 이 시기쯤 10년으로 늘어났다. 이런 사실을 알고 나니 더 속이 상했다.

#월세와의 전쟁과 결론

며칠 후 건물주에게 연락을 드렸다. 먼저는 어려운 상황에 대한 설명과 함께 양해를 구했다. 가능한 이해를 구하고 서로 양보하는 것이 좋겠다는 생각이었다. 설명과 요청 이후에 다행히 조금은 조정이 되었다. 30%에서 20%로 약간 낮춰진 것이다. 하지만 5%를 알게 된 이상 이것도 받아들이기는 어려웠고 10% 인상을 제안했다. 하지만 20% 이하는 절대 안 된다는 입장을 내놓았다. 나중에 안 사실이었지만 건물주는 이런 내용들을 자주 찾는 공인중개사에 문의했었고 조언대로 실행한 것 같았다. 먼저 30%를 부르고 상대방이 10%를 이야기하면 합의, 조정하여 20%만 올리는 식이다. 보통 물건을 사고 팔 때 조정하는 상거래 방식과 비슷했다.

결국 가끔씩 전화하거나 방문해서 이야기를 더 나눴지만 3~4개월간 진척이 없었다. 가능하다면 20%든, 30%든 올려드리고 싶었지만 현실적으로 불가능했다. 일방적으로 인상을 한 부분도 쉽게 받아들이기 힘들었다. 그러던 중 편지 한통이 왔다. 갑자기 안부를 묻고 성장을 기원하시더니 주인의 입장에서 지금까지의 상황을 설명하는 내용이었다. 어르신이시다 보니 한자를 섞어서 쓰셨고 주인에게 필요한 부분들만 나열되어 있었다. 주변에 물어보니 내용증명서인 것 같다는 의견이 지배적이었다. 내용증명서를 확인해보니 법적 효력은 없지만 증거물이 될 수는 있었다.

어릴 적 천자문을 배웠던 경험을 되살려서 한자를 섞어 답장을 썼다. 최대한 객관적인 과정들과 우리의 어려운 입장을 써내려갔다. 우체국에 가서 발송을 하려다가 내용증명이 맞는지 확인했다. 내용증명이 아니었다. 보통 내용증명은 보내는 사람, 받는 사람, 우체국 이렇게 동일한 내용이 3부가 있고 내용증명 넘버가 있다는 것이다. 생각해보니 착각한 이유가 사택 이사 후 자동 주소 변경 신청을 해놓아서 편지봉투 '보내는 분'은 친필이었는데 '받는 분' 주소는 타이핑된 것이 덧붙여져 있었던 것이다. 순간 보낼까 말까 고민하다가 발송했다. 그 이후로 다시 논의되지 않고 넘어가게 되었다.

이 과정을 통해 교회가 하나님 나라의 백성으로 살아가는 은혜를 누리지만, 현실의 삶 또한 놓지 말아야 함을 더욱 확실히 알게 되었다. 이 문제는 단순히 손해를 보고 안 보고의 문제가 아니다. 우리 삶 속에 깊이 연결되어 있는 인간의 죄악된 모습은 우리에게도 충분히 일어날 수 있다. 그렇기에 정직하고 진실하게 대하면서도 공손히 행하는 것이 필요하다. 사람을 정죄하지 않고 잘못된 부분을 분별하며 고쳐나가는 지혜가 있어야 한다.

다른 이를 통해 내가 겪게 되는 부패한 모습도 존재하지만, 나 또한 온전히 주님을 의지하지 않으면 부패한 삶으로 다른 이에게 상처를 입힐 수도 있다. 예수 그리스도를 주로 고백하는 교회와 교계도 그런 일들이 실제로 있다. 건축을 하는 과정에서 돈을 아끼기 위해 불법을 저지르기도 하고, 전도라는 명목으로 인원만 채우는 데 급급해 하기도 한다. 세습을 위해 다양한 변칙을 사용하기도 하고, 성경을 문자적으로 해석하고 그것을 위해 상식을 넘는 행동들을 강요하기도 한다. 정치적 우위를 선점하기 위해 성경을 이용하기도 하고, 이권을 조금이라도 더 취하기 위해 상대방을 짓밟기도 한다. 어떤 목적을 가지고 다가가고 그 목적을 위해 수단과 방법을 가리지 않는 모습들 말이다. 자신이 세운 우상과 같은 목적을 위해 본질을 심하게 훼손하고 있다.

월세를 더 받기 위해 목표를 세우고 밀어 붙이려 했던 건물 주의 문제가 아니다. 우리도 여차하면 다른 상황 속에서 동일한 입장으로 다른 사람을 몰아붙일 수 있다. 이후로 시간이 지나면서 건물주에게도 여러 변화들이 있었다. 자세한 설명은 안 하시지만 여러 일들 속에서 유연해지셨다. 안부 연락도 주시고 코로나19로 어려울 때는 식사비용도 가끔 보내졌다. 이제는 도리어 주변인들을 돌아보시고 챙기신다. 월세도 기존 그대로 유지되고 있다.

변화를 감당하는 사랑

어머니가 오셨다

2019년 9월부터 어머니를 모셨다. 어머니께서 다니시던 보호센터도 오산으로 옮겼다. 형님이 혼자 생활해야 하는 것이 마음에 걸렸지만 다른 한편으로는 형님을 위해서도 떨어져 지내는 것도 좋을 듯하다. 뇌경색과 모야모야병, 그리고 치매 증상 등이 조금씩 더 진행되었기 때문이다. 간신히 걸음을 옮기실 수 있기에 옆에서 부축을 해드려야 한다. 병환 자체가 좋아지길 기대하기보다는 진행 속도가 빠르지 않기를 기도할 뿐이다.

사실 이런 결정에는 아내의 결단이 있었다.

개척교회의 현실 속에 심방과 전도, 기도와 일대일 양육 등으로 바쁜 상황임에도 어머니를 섬기기로 한 것이다. 아들의 입장에서 보면 너무나 고맙고 감사한 일이지만 다른 한편으로는 너무도 미안한 마음이다. 경제적 어려움들과 막연해 보이는 개척교회의 사역들 가운데 감당한다는 것은 쉬운 일이 아니다. 재정적으로 안정적이고 아무 걱정이 없는 상황에서 시어머니를 수발하는 것도 쉽지 않은데 말이다.

아내의 일상

다행이라면 다행인 것은 오전에 보호센터에 가셨다가 오후 늦게 오신다는 것이다. 하지만 아침, 저녁으로 씻기고 입히는 것과 식사를 대접하는 일, 그리고 어머니의 건강을 위해 산책을 하는 일들이 매일 진행된다. 사이사이 어머니의 대화 상대가 되어 드리기도 하고 실수를 하시는 경우라도 생기면 조용히 다 감당한다. 너무나 고맙고 감사하면서도 미안하다.

새로운 생활에 많은 변화도 뒤따랐다. 안방에 있는 우리 물건들을 정리하면서 최소화시키고 어머니가 편하시도록 공간을 마련했다. 장애등급이 있으시기에 병원용 침대를 지원받을 수 있었다. 일어나시거나 앉으시기 편하시도록 붙잡을 수 있는 고정봉도 설치했다. 화장실에는 미끄러지지 않도록 바닥에 매트를 깔았으며 변기에는 붙잡고 앉고 일어서실 수 있기 위한 기구를 설치했다. 이런저런 일들 속에서 새벽에 일을 하는(당시 새벽배송 중) 나를 배려해서 거의 대부분 아내가 감당했다.

#변화를 감당하는 사랑

이러한 변화들은 쉽게 받아들여지기 힘들다. 특히 힘들거나 어렵거나 고통스러운 상황이 닥치게 되는 변화는 더욱 그렇다. 깊은 고민과 쉽지 않은 결정이 뒤따른다. 일시적이거나 한시적이라면 몇 번의 어려움을 이겨내야 한다는 목표를 세우면서 감당할 수 있을 것이다. 그러나 지속적이고 반복적이면서도 언제까지가 될지 모르는 상황이라면 이야기가 달라진다. 때론 자신이 좋아하는 사람이나 가족, 친구를 위해서는 어느 정도 감당할 수 있을 것이다. 그러나 우리나라에서는 시월드라고 하는 전혀 다른 세계와 같은 이를 맞이하는 것은 쉽지 않다.

아내는 어쩌면 여러 가지 감당 못할 상황 속에 처해 있는지도 모른다. 편찮으신 시어머니를 비롯한 힘든 개척교회와 어려운 상황에 있는 이들과 함께 하고 있다. 현실만으로는 생소하며 당혹스러우며 막막하다. 그러나 주님을 신뢰하며 믿음으로 한걸음 한걸음 걸어가고 있다. 예수 그리스도께서 베푸신 놀라운 사랑 안에서 감당하고 있다. 낮고 낮은 곳에 오셔서 우리를 끝까지 놓지 않으시고 하나님의 사랑을 확증하신 그 사랑을 따라가고 있다.

　말로 메시지를 전하는 나로서는 삶으로 메시지를 전하며 말하는 아내에게 귀한 도전을 받는다. 언제까지 이어질지 모르는 이 순간에도 그저 함께하는 이들을 사랑하며 아끼며 기뻐하며 살아갈 것이다. 어떤 결과나 효과를 막연하게 기대하기보다는 지금, 이곳에서 주님이 주시는 사랑과 기쁨을 함께 누릴 것이다. 세상의 기준과 판단이 유혹하며 제시하는 물량과 규모에 휩쓸리지 않을 것이다. 어려움과 고난이 주는 상황의 어떠한 변화라도 능히 감당할 수 있는 주님의 사랑이 있기 때문이다.

아내의 어깨 통증

#아내가아프다

　언젠가부터 아내가 뒤척이기 시작했다. 나도 덩달아 잠에서 깨어 잠을 잘 못잤다. 아내의 어깨 통증이 심해지고 있었기 때문이다. 처음에는 팔을 들어 뒤로 넘기기 힘들어하더니 얼마 지나지 않아서는 어깨를 들지 못했다. 이제는 옷을 입다가도 팔을 넣는 것도 힘들어서 한쪽은 내가 잡아줘야 입을 수 있게 되었다.

　도저히 안되겠다 싶어서 병원에 갔다. 일단은 병의 원인이나 병명을 알기 위해 가까운 정형외과에 갔다. 관절이나 근육에 대한 전반적인 것들을 다루는 전문 병원이었다. 일단 CT와 X-ray를 찍고 담당 의사분의 이야기를 들었다. '근막통증 증후군'이라는 생소한 병명이었다. 근육의 통증이 어깨를 비롯해 목과 팔, 날갯죽지 등으로 이동하는 병이었다. 어느 한 부분이 아프기보다는 약한 부분으로 이동하며 통증을 일으키킨다고 한다. 아내는 특히 어깨 쪽에서 자주 통증이 일어났다.

조금 더 '근막통증 증후군'에 대해 알아보니 주로 근육 통증으로 발생하고 깊이 쑤시는 듯하며 타는 듯한 느낌이었다. 통증 유발점이 되는 부위를 누르면 딱딱하게 만져지고 이 부위뿐만 아니라 주변 다른 부위에도 통증이나 저린감을 느낄 수 있다고 한다. 통증 유발점이 목 주위 근육에 생기면 두통, 눈 주위 통증, 귀 울림(이명), 어지럼증 등 다양하게 생긴다. 어깨 근육에 생기면 팔이나 손이 저리고 힘이 빠지는 느낌이 들고 허리나 엉덩이에 있으면 엉덩이나 다리가 저리게 된다.

#통증의 원인으로 인한 미안함

내게는 통증의 증상보다 충격적인 것은 통증의 원인이었다. 정확한 원인은 알 수 없었지만 주로 스트레스, 과로, 수면 부족 등이 원인이었다. 어느 한순간에 담처럼 오기보다는 1~2년 정도의 누적되고 나서 발생한다고 한다. 사람마다 기간이나 징후가 조금씩 다르겠지만 아내의 경우에는 오랜 시간 누적되어 오다가 폭발하듯 증상이 나타난 것이었다.

개척한 후 3년차에 나타난 것이니 개척하고 얼마 지나지 않아 피로가 쌓이기 시작한 것으로 봐야 한다. 근육들이 쉬지 못하고 과도하게 긴장하게 되면서 결국에는 근막통증 증후군으로 나타나게 된 것이다. 미안하고 속상했다. 개척교회 현장의 어려움과 힘듦 속에서 말없이 잘 감당해주던 아내였기에 더욱 미안함이 몰려왔다. 척박한 현실과 불안한 미래에 대한 두려움이 일상 속에서 긴장하고 걱정할 수밖에 없었을 것이다.

무디고 이상적인 몽상가에 가까운 나에 비해 현실적이면서도 실제적인 스타일인 아내가 더욱 힘들었을 것이다. 똑같은 상황에 처했다 해도 사명으로 시작한 나보다도 남편의 부르심 앞에 애써 순종하며 따라가던 아내가 더욱 막막했을 것이다. 흘러간 시간들이 머릿속을 헤집고 스쳐 지나가면서 순간순간 깊이 생각하지 못하고 했던 말들과 행동들이 떠올랐다.

힘든 일이 있은 후에 바로바로 풀어주지 못하고 함께 나누며 마음을 쏟아 놓도록 하지 못한 나의 미숙함이 떠올랐다. 미안함에 고개를 숙이고 울컥하는 눈물을 애써 참아야 했다.

개척교회 사모들의 현실

목사는 부르심이라는 사명으로 목회한다. 특히 개척이라는 막막함과 두려움으로 무장한 녀석을 만나면 단단히 결심을 해야 한다. 함께 걸어가야 할 아내와도 많은 이야기를 나누어야 한다. 예상되는 상황들과 각자의 위치와 역할, 그리고 자녀교육에 관한 다양한 부분들이 점검되어야 한다. 특히 경제적인 측면에서 가정과 자녀에 대해 어떻게 대처할 것인지에 대한 동의가 있어야 한다. 일반적으로 남성들보다는 여성들이 더 현실적이고 실제적이기 때문이다.

개척 후에 일어나는 많은 상황들은 예측 가능하기 어렵다. 전혀 예상하지 못했던 일들이 수없이 발생한다. 어떤 경우에는 목회자 자신도 어떻게 해야 할지 모르는 경우도 있다. 목사가 향방을 모르니 아내인 사모도 어찌해야 할지 모르는 상황이 된다. 이렇게 되면 아내인 사모는 더 긴장하고 걱정하고 힘겨워한다. 물론 아내도 사모로서의 역할을 미리 각오하고 적극적으로 참여했었지만 녹녹치 않은 현실로 인해 몸은 점점 아프게 되었다.

목회자는 단순히 각자의 역할이나 일어날 일들에 대해서만 고민하지 말고 아내와의 관계에서 어떻게 풀어나갈지에 대한 방식을 고민해야 한다. 주로 커피를 마시면서 대화를 많이 나누거나 식사나 여행, 그리고 취미를 함께 할 수 있다.

일주일 중 하루는 아내와의 시간만을 따로 떼어놓거나 아내만의 여유 시간을 약간의 재정과 함께 마련해주면 좋다. 한두 달에 한번쯤은 가족이나 친구들을 만날 수 있도록 해주는 것도 좋은 방법이다. 또한 믿음 안에서 진실과 성실로 하나님을 의지하며 감당하는 실제적인 삶이 뒷받침되어야 한다.

하지만 가장 근본적으로 서로가 서로를 신뢰하며 걸어가는 것이 가장 중요하다. 앞의 다양한 방법이 물리적으로 필요한 것은 다른 목적이 아니라 목사와 사모가 서로를 신뢰하며 기뻐할 수 있도록 하기 위함이다. 아무리 교회가 성장하고 부흥한다 해도 서로 신뢰가 없거나 기쁨이 없으면 소용이 없다. 반대로 아무리 어렵고 힘든 상황에 처하게 된다 하더라도 서로 신뢰하며 기뻐한다면 충분히 이겨낼 수 있다.

아내의 아픔을 통해 미안함과 고마움이 한꺼번에 밀려왔다. 그동안 목회에 대한 고민과 사역 속에서 아내에게는 거의 신경을 많이 못써준 것이 마음에 걸렸다. 여전히 놓치고 소홀하고 다른 일에 더 많은 시간을 할애하는 내 모습을 발견한다. 이제 할 수 있는 대로 최선을 다해 아내를 위한 시간을 마련할 것이고 아내가 기뻐하는 것들을 함께 할 것이다. 아내는 내게 허락하신 가장 아름다운 선물이기 때문이다.

20주년 여행과 뜻하지 않은 손길

해외여행 보내줄게~~

결혼 후 제주도로 신혼여행을 다녀왔다. 이것 자체는 아무 문제가 없는데 그때 상황을 돌이켜보면 어이가 없었다. 아내는 동남아시아를 추천했고 여행 자율화가 시작된 90년대 후반이다 보니 제주도보다 동남아시아가 더 저렴했다. 그런데 제주도로 극구 결정한 이유가 양가 어르신들이 해외여행을 한번도 안 가보셨다는 것을 이유로 들었다. 지금 돌이켜보면 참 고리타분하고 고집불통이었다.

결국 제주도로 향했고 패키지여행이어서 정해진 일정 안에서 움직였다. 동일한 장소에서 다섯 커플이 돌아가면서 사진을 찍었다. 포즈도 똑같았다. 자유롭게 시간을 보낼 수 있는 시간도 아침과 저녁에 잠깐 주어진 자유시간뿐이었다. 마지막 날 하루의 반나절을 기념품 가게에서 이것저것 뒤적거리다가 시간을 보내야 했던 것도 당연하고. 요즘 말로 얼척 없었다.

그렇게 다녀온 이후 속상해하던 아내에게 10년 뒤에는 해외여행을 꼭 보내주겠다고 장담했다. 회사를 다니던 시절이었기에 나름 확신에 차서 이야기했다. 그래도 손에 장을 지진다는 소리를 안 해서 다행이었다. 10년이라는 시간이 그렇게 빨리 지나갈 줄 몰랐다. 눈 깜짝할 사이에 지나갔다. 그런 데다가 신학을 하겠다고 학교를 다니고 있었다. 10주년이 되었는데 얼굴을 못 들었다. 작은 이벤트와 사랑한다는 말을 쏟아놓고 나서야 섣부른 공약을 또 걸었다. '20주년에는 정말 꼭 해외여행을 보내줄 거야' 무슨 정치인도 아니고.

#떠 빨리 돌아온 20주년

시간은 약 올리듯 10년이라는 가히 엄청난 기간을 다시 순식간에 돌려버렸다. 눈 깜짝할 사이에 시곗바늘이 몇 천 번의 회전을 하는 동안 20주년이 다가온 것이다. 그 사이 느지막이 학부와 원부를 마쳤고 부사역자를 거쳐 개척을 했다. 개척 상황에서 가장 큰 장벽은 사람과 재정이다. 이 두 가지의 부재는 목회자 부부에게 있어서 어찌할 수 없는 영역이다. 자연스레 절대 의존을 불러일으키는 영역들이다.

이런 상황에서 해외여행은 꿈도 못 꿀 일이었다. 가히 상상도 못 할 일 앞에서 20주년 결혼기념일은 다가오고 있었다. 피를 말리며 매일매일 고민하는 일들이 이어졌다. 실로 하루하루가 가시밭길이었다. 하지만 뾰족한 수는 없었다. 갈 수 없는 상황을 어쩌겠는가. 우리에게는 그 어떤 돈으로도 바꿀 수 없는 사랑의 마음을 가득 담은 고백이 있지 않는가. 물론 꽃다발과 조그마한 선물, 그리고 맛난 식사까지!

모든 상황을 이해하고 받아줄 아내임을 알면서도 미안함이 앞선 것은 어쩔 수 없었다. 특히나 개척교회라는 광야의 길로 들어선 것만으로도 고마움과 미안함의 크기는 가히 다 표현할 수 없었다. 소명이라는 거창한 이름으로 나름의 명분이 있는 걸음을 걷고 있는 나였지만 아내는 반강제적으로 끌려온 것이라 봐도 무방하기 때문이다. 거기다가 몽상가 같은 나와는 다르게 굉장히 현실적이고 실제적인 아내의 성향에서는 보이지 않는 길 앞에 서 있는 두려움은 더 컸을 것이 분명하니 말이다.

#뜻밖의 연락, 그리고 나눔

미안함을 안고 살아가던 내게 지인에게서 갑작스러운 연락이 왔다.

부부가 함께 식사를 나누고 싶다는 것이다. 흔쾌히 기쁨으로 받아들이고 식사를 나누었다. 오랜만에 만난 분들이라 이런저런 이야기로 시간 가는 줄 몰랐다. 같은 목회의 길을 먼저 걷고 있던 분들이었기에 더 공감하며 배우는 시간이었다.

식사를 마치고 헤어지는 길에 봉투를 내밀었다. 이것은 꼭 우리 두 사람의 여행만을 위해 써달라는 부탁과 함께. 진심 깜짝 놀랐다. 도저히 예측할 수 없었던 상황이었다. 입이 다물어지지 않았다. 울컥하는 마음을 간신히 진정하고 고마움을 담아 받았다. 그리고 처음으로 아내와 단둘이서 해외여행을 다녀왔다. 나는 그래도 청년들과 단기선교를 다녀온 적이 있었지만 아내는 생전 처음이었다. 처음으로 여권용 사진을 찍고 서류들을 만들었다. 처음으로 해외에서 단둘이 행복한 시간을 보냈다.

마음의 간절함을 아시는 하나님께서는 어찌할 수 없는 상황에서 위로하시는 은혜를 베푸신다. 그것은 나의 욕심과 유익을 위해 하나님을 이용하는 것이 아니었다. 그저 비참하고 미련한 우리 인생의 순간들 속에서 뜻하지 않은 은혜의 걸음들로 위로하시며 함께하시는 은혜를 베푸셨다. 이미 하나님의 백성이라는 사실만으로도 기쁨과 감격인 것을 알고 어떠한 상황에서든 그 은혜를 놓치지 않고 살아갈 수 있도록 베풀어 주신 것이다. 돌이켜보면 정말 많은 사람들과 사건들을 통해 나를 빚으시고 세우시고 위로하셨던 하나님의 열심히 이끄셨음을 고백할 수 있다.

개척의 현장은 솔직히 광야와 같다. 광야의 길에서 애써 스스로를 위로하지 않더라도 하나님의 위로하심으로 걸어갈 수 있다. 다만 우리의 욕심과 목적을 내려놓고 은혜의 강물 속으로 뛰어들어야만 한다. 물

속에서 우리의 힘을 빼면 자연스레 몸이 뜨는 것처럼 은혜의 물결 속에서 전적으로 의지하는 가운데 하나님의 은혜를 더욱 누릴 수 있다. 하나님께서는 사람을 통해 환경을 통해 끊임없이 우리를 지키시고 보호하시며 인도하신다. 다만 우리가 그것을 모두 발견하거나 깨달을 수 없는 연약함 가운데 있을 뿐이다. 그 크신 은혜와 역사, 섭리를 어찌 다 알 수 있을까.

개척의 오랜 순간 속에서 온몸으로 경험한 것은 "하나님께서는 살아 계신다는 것"이다. 피상적으로 알고 있었던 이 사실을 실제적으로 고백하게 되었다. 다양한 방식으로 이미 말씀하셨으며 나타내셨지만 나의 어둔한 생각과 부실한 시야는 그것을 모두 담을 수 없었다. 마치 작가나 감독의 의도와는 전혀 상관없이, 간혹 어설픈 자신의 경험과 지식의 관점 안에서 난도질하는 이들의 시선처럼 우리는 하나님을 판단한다. 하나님의 뜻하심은 무시한 채 나의 목적과 결과를 기준 삼아 하나님을 판단하는 교만함이 일어날 때가 너무 많았다.

또 하나는 어떤 좋은 결과가 있을 때, 그것에 관심을 보이는 나의 모습이 발견되었다. 즉 뜻하지 않게 주신 은혜에 대해 하나님께 더욱 감사하는 것이 아닌, 얻게 된 것과 대상에게 더 관심을 보이는 죄악된 관성이 끊임없이 솟구쳤다. 선물을 준 이에 대한 감사와 기쁨, 그리고 풍성한 교제에 집중하기보다는 선물 자체에 관심을 갖고 집중하게 되는 현상이다. 이러한 내 모습을 발견하게 되면서 끊임없이 씨름할 수밖에 없었다. 하나님이 베푸신 은혜에 감사하면서도 하나님 자체에 더욱 집중하며 기뻐할 수 있기를 소망하는 법을 배우게 되었다. 완벽할 수는 없지만 더욱 겸허히 '하나님 앞에서의 삶'을 온전히 살아갈 수 있기를 소망한다.

교회 연합, 지체(Local)의 기쁨

지역 내 교회의 연합을 위한 고민

개척을 하면서 염두에 두었던 것이 있었다. 지역 안에 있는 교회들이 연합하고 협력하는 것이다. 하지만 현실적으로는 쉽지 않았다. 일단 생각을 실현하기에는 나 스스로가 부족한 부분이 많았다. 개교회 주의가 팽배한 한국 교계 상황에서는 현실의 벽은 높았다. 또한 교단마다 노회나 지방회가 있지만 노회의 관계가 오래되면서 지역적으로 연합하며 돌아보는 것이 쉽지 않아 보였다. 노회가 있는 지역에 교회가 가까이 있지 않고 개척하는 이에 따라 멀리 떨어지는 경우가 많았다. 각 지역의 노회 상황이나 성격에 따라서도 다른 형태를 띤다.

지역 안에서 교회와 교회의 연합이 이루어지는 것도 쉽지만은 않았다. 중대형교회는 각 교회가 충분히 모든 것을 할 수 있는 능력이 있기에 관심이 적고, 미자립교회는 지쳐가는 현실의 어려움으로 인해 발등에 불이 떨어진 상황이기에 연합의 여유를 두기는 어려웠다. 각자의 교회가 각자의 사역을 감당하는 것만으로도 벅찬 상태였던 것이다. 나 또한 연고가 없는 지역에서 가족들로만 개척을 시작했기에 집중하기 어려운 상황이었다.

연합의 물꼬를 트다

초기 1년여의 시간 동안에는 교회에 집중했다. 마음 한편에는 이러한 지역 연합의 생각을 묻어두었다. 전도와 양육이 쉽지 않은 상황에서 나 자신을 감당하기도 벅찬 상황이었다. 하지만 청년 사역 중에 알게 된 목사님의 지인이 오산에 개척하게 되면서 조금이나마 지역 연합을 실현할 수 있었다. 개척을 준비하는 과정에서 우리 교회를 소개받게 되었고 오산의 멀지 않은 곳에 개척하게 되신 것이다.

서로 교제하는 가운데 전도 모임의 이야기가 나왔다. 교회가 서로 모든 것을 공유하고 연합할 수는 없겠지만 함께 전도하고 기도하는 시간을 갖기로 한 것이다. 의견을 모으고 다른 지역에 있는 목사님과 함께 세 교회 목회자가 모임을 갖기 시작했다. 한 주에 세 번을 만나기도 했고 한 주에 한 곳씩 돌아가면서 만나기도 했다. 개척의 어려운 환경 속에서 서로에게 선한 도전과 영향을 나눌 수 있었다.

먼저는 함께 모여서 찬양과 기도, 전도의 시간을 가졌다. 모이는 교회의 담임이 찬양과 기도 인도, 전도 물품이나 방법을 준비했다. 나머지 참여자는 시작 기도나 마무리 기도를 하고 교회에서 정한 것들에 적극적으로 참여했다. 전도의 과정에서 혼자 전도하는 것보다 연합해서 전도하는 것이 더 힘이 났다. 전도 전후에는 잠시 안부도 묻고 기도제목을 나누면서 각자의 목회 현장의 상황을 나누기도 했다. 이를 위해 합심으로 기도하고 각자의 사역지로 돌아가서도 서로를 위해 함께 기도했다.

이외에도 연말에 사역 기획을 함께 나누기도 했고 여름 사역이나 전도 도구들을 나누기도 했다. 사역 기획에서는 교회 안에 이루어지는 다음 세대, 전도, 양육, 심방, 행정 등의 다양한 부분을 각자 준비하여 공유했다. 또한 함께 모여서 핵심이 되는 주제에 관해 토론하며 의견을 나누기도 했다. 서로의 생각과 가치를 나누면서 관점의 폭이 넓어지기도 하고 자신의 가치를 확고히 하기도 했다. 여름 사역이나 전도 도구는 각자가 갖고 있는 것과 갖고 있지 않은 것들을 공유했다. 팝콘 기계를 서로 빌려 쓰기도 했고 이동용 풀장을 빌려주기도 했다. 목회자 부부 식사 모임을 통해 교제를 나누며 서로의 상황들을 공감하고 소통하기도 한다.

교회 연합, 지체의 기쁨

우리가 보통 몸 된 교회를 이야기할 때, 무의식적으로 교회 안의 성도만으로 국한할 때가 있다. 우리 교회, 우리 성도 등이 갖는 한계는 교회 내 사람들의 관계 안에서만 이루어진다. 물론 이것을 지극히 정상적이고 당연한 것으로 볼 수밖에 없다. 물리적으로 다른 교회와 연합하며 함께할 수 있는 시간적 여유가 많지 않기 때문이다. 그럼에도 불구하고 이웃 교회에서 무슨 일이 일어나는지, 어떤 어려움에 처해 있는지 전혀 알 수 없는 구조가 되었다.

이러한 상황들이 결국 각자의 교회 안에서 울타리를 넘어 이웃 교회와 지역교회에 대한 인식을 막아 버린다. 즉 자신이 섬기는 교회 이외의 다른 교회들은 그리 중요하지도 않고 예수 그리스도의 몸 된 지체로서의 의식도 희미하다. 더 심한 경우는 교회와 교회가 서로 다투는 상황이다. 전도 자리를 놓고 다투기도 하고 좋은 프로그램이 있으면 그 프로그램과 같은 것을 하거나 작은 교회의 성도를 수평 전도하는 것에 전혀 거리낌이 없는 경우도 있다.

실제로 주변 목회자들의 이야기 속에 많은 사람이 왕래하거나 접할 수 있는 곳을 놓고 실제로 다투는 것을 보기도 하고, 작은 교회가 전도하는 같은 장소에 많은 전도대원들을 데리고 와서 전도하는 주변의 대형교회도 있었다는 이야기는 슬픈 현실을 대변한다. 작은 교회에서 불신자를 전도해서 양육하고 나서 큰 교회로 전도(?)되어 가는 경우도 적지 않다. 교회와 교회가 서로 지체된 존재로 연결되기 보다는 독립된

개체로서 서로 경쟁하는 듯한 모양을 띠고 있는 것이다. 이것은 가시적 교회 안에서 믿음의 신앙 공동체가 취한 자세는 아니다.

교회가 크던 작던 각자에게 맡기신 영혼들이 있다. 또한 하나님의 부르심 안에서 주어진 사명이 있다. 동시에 하나님께서 이미 이루신 하나님 나라의 완성 안에서 교회를 통해 함께 드러내며 나타내는 하나님 나라의 모형이 실현된다. 온전한 믿음의 고백 안에서는 내 교회, 네 교회가 아닌 오직 예수 그리스도의 몸된 교회로서 하나되어야 한다. 이 일이 목회자들을 통해 고백되고 연합될 때에 성도들도 의식이 바뀐다. 교회는 사업체가 아니다. 우리교회가 크고 좋다는 의식 안에 이미 개교회 의식이 자리 잡고 있다.

허락하신 은혜대로 지역의 교회들이 연합하길 소망한다. 모든 것을 공유하고 소통할 수는 없지만 어려운 교회를 돌아보고 지역 전체의 문제에 대해서는 함께 섬기며 나눌 수 있길 소망한다. 일례로 내가 나눌 수 있는 포토샵이나 글쓰기 등을 함께 나누기도 하고 몇몇 건강한 교회 연합 모임에 참석하기도 한다. 전도 포스터나 엽서, 성경읽기표 같은 것들은 교회에서 사용하기 위해 만들었다가 다른 필요한 교회도 요청할 수 있도록 공지해서 나누기도 한다.

교회의 규모와 성도의 숫자와 상관없이 서로의 역할을 존중하며 동등한 관계 안에서 교제하며 협력할 수 있길 기대한다. 우리는 모두 예수 그리스도 안에서 하나인 것이다. 각자의 교회 안에서 뿐만 아니라 지역과 나라, 세계의 모든 그리스도인이 예수 그리스도 안에서 연결되어 있다. 그리고 최소한 지역(Local) 안에서 실제적인 연합과 협력이 일어나야 하는 것이다.

미친 사람처럼 새벽 라이딩

감당할 수 없는 아픔을 겪다

개척 현장에서는 무수한 사건 사고가 일어난다. 전혀 예측할 수 없는 일들로 인해 정신을 못 차릴 때가 한둘이 아니다. 특히 성도들이 떠나거나 오해가 생기거나 하는 경우는 특히 더 그렇다. 한 영혼에 대한 안타까움과 함께, 한 사람이 엄청 중요하게 느껴지는 현실의 벽 앞에 서있는 목회자의 심정은 한없이 무너진다.

개척 5년차를 맞이하면서 가장 큰 사건이라고 하면 4년 차에 일어났던 성도들 간의 오해였다. 사소한 일 하나가 마음의 불편함을 일으켰고 산불이 일어난 것처럼 오해의 골은 깊어갔다. 각자의 아픔과 상처를 통해 다양한 사건을 보면 크게 보이기도 하고 작게 보이기도 한다. 그렇기에 한 성도가 겪는 상처의 크기를 다 알지 못했던 나는 목회자로서 온전하고 풍성히 돌보지 못했던 일이 있었다.

결과적으로 한 가정이 떠나고 나서 그 가정과 가까운 가정이 떠나고 상대 성도가 마음의 부담으로 떠난 이후에 또다시 그들과 가까운 이들이 떠났다. 그리고 썰렁해진 분위기에 마음이 어려워서 떠난 이들도 생겼다. 도미노가 쓰러지듯 순식간에 대여섯 가정이 6~7개월 사이에 교회를 떠났다. 해머로 머리를 맞은 느낌이었다. 정신이 혼미해졌다. 세상이 무너지는 듯했다.

어떤 엄청나고 특별한 일이 아닌 상황에서 벌어진 일이라 더욱 충격이 컸다. 나름 원인을 찾고 해결점을 찾으려고 온 힘을 다 쏟았지만 사람의 마음을 쉽게 움직일 수는 없었다. 안타까움과 서러움에 잠을 이루지 못했다. 뜬 눈으로 밤을 꼴딱 새웠다. 도저히 어찌할 수 없는 상황에

넋이 나갔다.

조여 오는 답답함

개척 이후 처음 겪는 상황 가운데 어쩔 줄 몰라 하며 시간은 흘러갔다. 한 가정이 떠나는 결정을 내릴 때마다 아픔의 골은 배가 되었다. 원망이나 불평보다도 나 자신의 부족함과 연약함에 더 가라앉았다. 어떤 상황이 닥친 것보다 그것을 해결할 수 없는 나 자신을 더 용서할 수 없었다. 회로가 끊어져서 더 이상 반응을 보이지 않는 전구와도 같은 내 모습에 짜증이 났다.

먼저는 엎드리며 몸부림치며 질문을 던졌다. 이 일들이 왜 발생하게 되었는지, 잘 성장하고 세워지는 과정들이 왜 순식간에 무너졌는지, 오해의 발단 앞에서 성도가 겪은 고통은 무엇이었는지, 벌어진 일들보다 그 앞에서 안절부절못하고 있는 나는 무엇인지, 목회자로서 역량이 부족한 것은 아닌지 등의 답이 없는 수많은 질문들이 마음과 머릿속을 혼란스럽게 헤집고 돌아다녔다.

결론이 없는 질문이 시작되었다. 알고 있는 수학 문제처럼 답이 딱딱 떨어지면 좋겠지만 아무리 머리를 싸매고 무릎 사이에 얼굴을 처박고 흔들어도 명쾌한 답은 나오지 않았다. 마치 안개가 자욱한 들판을 달리고 있는데 아무것도 보이지 않아서 한발 한발 내딛을 때마다 공포와 불안을 함께 끌어안는 기분이었다. 온몸의 세포가 쭈뼛쭈뼛 세워지며 근육과 신경이 말라붙는 것 같았다.

어쩌면 하나님께서 이것을 원하셨나 싶기도 했다. 철저히 하나님 앞에 모든 것을 내려놓고 의탁하게 하신 것처럼 보였다. 더 이상 어디로 가야 할지 모르는 상황 속에서 겪는 고통이 무엇인지를 깨닫게 하시기 위한 것은 아닌가 하는 생각도 들었다. 미처 알지 못했던 인간의 가장 극심한 고통을 통해 성도들이 겪고 있었던 고통을 또한 겪게 하신 것이라는 생각도 들었다. 그리고 목회라는 것은 결국 하나님만 붙잡아야 한다는 사실을 알게 하시는 것 같았다.

#미친 사람처럼 새벽 라이딩

엎드려 눈물 흘리고 씨름하며 애통하는 기도의 시간 이외에는 많은 시간을 홀로 돌아다녔다. 주워온 것을 고쳐서 가끔 타고 있는 자전거를 힘껏 밟기 시작했다. 마음이 답답해오면 시간이 되는대로 무조건 페달을 밟았다. 특히 새벽에 자전거를 타기 시작하면 지쳐서 쓰러질 때까지 자전거를 탔다. 가족들이 잠들고 나서도 잠이 오지 않아 뒤척거리다가 도저히 안 되겠다 싶으면 다시 일어나 자전거를 끌고 나온다. 조용히 준비하고 나오지만 아내는 눈치를 챈다. 아내도 깊은 잠을 못 들거나 아예 잠에 들지 못했기 때문이었다.

아파트나 주택 주변을 돌기도 하지만 아무 곳이나 달리고 싶은 대로 달리다 보면 자전거 도로가 없는 자동차 도로를 달리기도 한다. 새벽에는 차들이 많지는 않지만 빠른 속도로 달리기 때문에 조심해야 한다. 아찔한 상황이 연출되기도 하지만 그리 개의치도 않는다. 한참을 달리다보면 다리가 후들거리고 온몸의 근육이 경련을 일으킬 때까지 타기도 했다. 달리고 있는 곳이 어디인지 몰라서 길가에 자전거를 세우고 방향을 찾을 때도 있었다. 방향을 잃은 내 모습을 보는 듯 했다.

한참을 달리다가 근육이 파열되는 아픔과 함께 소나기를 맞은 듯 온몸에 땀이 흐를 때는 아무도 없는 버스정류장에 멈춘다. 그리고는 불켜진 정류장의 의자에 앉아 정신을 놓고 앉아 있다. 앉아 있는 동안에는 정말 아무 생각도 안 난다. 그냥 멍하게 앉아서 숨만 쉴 뿐이다. 시간이 얼마나 지나갔는지 모르는 상황에서 풀린 다리가 저려오고 차가운 새벽 공기가 숨을 거슬리게 할 즈음 정신을 차린다. 다시 출발하려고 보면 대략 2~30분 정도의 시간이 아무 생각 없이 지나갔다.

두세 시간을 달린 후 집에 돌아와 씻고 자리에 누우면 피곤함에 잠이 잘 온다. 불면증이 사라진 듯 꿀잠을 잔다. 걱정거리가 없어서라기보다는 몸이 너무 힘들어서 그렇게 된다. 너무 깊이 잠들어서 아침에 가족들이 이리저리 준비하는데도 깨지 못한다. 그러다가 잠이 깨면 아이들은 벌써 학교에 가고 없다. 다만 가끔은 종아리가 너무 댕겨서 반대편의 발뒤꿈치로 종아리를 비벼가면서 잠을 청해야 했다.

자전거를 타면 좋은 점이 있다. 언덕을 오를 때에는 뻐근한 다리 때문에 아무 생각이 안 난다. 이런저런 잡생각들이 언덕을 오르기 위해 묵직한 페달을 밟으며 오르다보면 사라져 있다. 답답한 마음들이 온 육체와 영혼을 사로잡을 때보다 오히려 마음은 편하다. 반대로 내리막길을 만났을 때는 시원한 바람으로 덕분에 기분이 좋아진다. 빠른 속도로 인해 바짝 긴장하며 달려야 하기에 이마저도 아무 생각이 안 난다.

목회자도 사람이기에 기도하고 엎드리면서도 잘 먹고 잘 쉬어야 한다. 받아들이기 힘든 상황들이 벌어지거나 원하는 결과가 나타나지 않으면 지쳐서 나가떨어지는 번아웃(burn out) 현상이 나타나기 쉽다. 특히 너무 열정적으로 어떤 결과를 향해 달리기만 하면 그렇다. 무언가 붙잡을 수 있을 것 같은 외적인 것들에 집착하듯 붙잡기 위해 달리면 더 그렇게 된다. 의욕적으로 어떤 결과를 향해 쉼 없이 달리던 이들에게 무기력과 피로감이 신체적, 정신적으로 몰려오면 감당할 수 없게 된다.

진정한 사역은 모든 결과를 주님께 맡기고 과정들 자체가 하나의 결과로 존재할 수 있어야 한다. 또한 그렇게 하기 위해서는 태도 자체에 더 집중해야 한다. 즉, 하나님 앞에서 주님과 동행하는 기쁨이 가장 커야 한다. 그리고 틈틈이 일반 은총 가운데 누리게 하신 것들도 누려야 한다. 육체 또한 하나님 주신 은혜이기에 건강하게 누리며 스트레스가 쌓이지 않도록 풀어야 한다. 취미나 운동, 휴식 등을 통해 번아웃(burn out)되지 않도록 해야 한다. 물론 취미나 운동, 휴식이 더 많은 시간을 차지하는 주객이 전도되는 것을 분별하며 절제해야 됨은 당연지사(當然之事)!

개척에 대한 개척자의 마음과 생각

학습된 무기력(learned helplessness)

#학습된 무기력 이라는 존재

'학습된 무기력'이라는 말이 있다. 이것은 1960년대에 미국의 심리학자인 마틴 셀리그먼 이라는 사람이 명명한 것이다. 스스로 통제할 수 없는 외상 경험을 반복적으로 겪게 되면, 후에 비슷한 경험이 있을 때에 그저 수용하고 감내하는 데 익숙해진다. 또한 대처하려는 동기가 극도로 감소되어 수축되는 것을 말한다. 사건을 해결할 방법이 있다 하더라도 그것을 배우고 익히는 데 수동적이고 용기가 나지 않는 것을 말한다. 더 나아가서는 새로운 상황에 대한 학습능력이 현저히 낮아지게 되고 우울증과 불안이 고조되어 결과적으로 정서장애까지 이어진다고 한다.

자칫 개척교회 사역을 하면서 나타나는 현상 중 무기력감이 이러한 증상과 비슷하다. 특히 이 시대에는 사역의 다양한 방식들이 적용되어지고 최선을 다해 실천함에도 불구하고 나타나는 반응들과 현상들은 차갑기만 하다. 아무리 최선을 다해 복음을 전하고 사람들을 만난다 하더라도 변화는 잘 일어나지 않는다. 이러한 현실이 개척미자립교회의 목회 현장에는 반복적으로 일어나고, 곧 목회자에게 보이지 않는 무기력감을 갖게 한다.

개척교회 목회자의 상황

재정적으로 집회나 강의를 다니거나 책을 내는 분, 목사님이나 사모님의 직장생활을 통한 현실 대처, 지속적인 후원자를 통해 사역을 할 수 있는 상황, 다른 사업(카페, 학원 등)이나 사회적 기업 등의 대안적 활동의 연계 등 다양한 경우에는 그나마 지속적인 연계가 가능하다. 현 시대의 각자도생(各自圖生) 상황 속에서는 실제적 대처가 된다. 하지만 대부분의 개척미자립교회의 상황은 간신히 생계를 유지하거나 대출이나 지인들을 통해 돈을 빌리거나 최소한의 공간과 재정으로 생활하는 것을 선택할 수밖에 없다. 주변에도 신용회복과 파산을 신청했었거나 신청하고 있는 목회자들의 이야기를 종종 듣게 된다.

나의 경우에도 술과 도우미가 있는 3층 노래장의 영향, 원룸과 투룸이 많은 지역적 특성, 전도하는 과정에서 발생하는 거절과 차가움, 재정의 부족으로 대출로 이어지는 상황, 아이들의 필요를 제때 채워주지 못하는 안타까움 등등의 다양한 문제들이 몇 년의 시간동안 반복적으로 발생하면서 보이지 않게 무기력감이 발생하곤 했다.

교회의 숫자 중에 70~80%는 50명 미만의 교회이고 정확한 통계는 나올 수 없는 상황이지만 대부분 교단에서는 전체 교회의 50% 이상을 2~30명 이하의 교회로 보고 있다. 이는 6~7만개의 교회가 있는 것으로 추정할 때, 대략 3만~3만 5천개의 교회가 극단적인 어려움에 처해 있는 상황으로 볼 수 있다. 실제로 통계청의 2017년 발표된 전국 교회 숫자는 54,000개다. 이것에 등록되지 않는 교회까지 합하면 일반적으로 약 70,000개의 교회가 있는 것으로 추산한다. 이런 현실은 곧 수많은 개척미자립교회 목사님들과 사모님들이 '학습된 무기력'에 빠질 수 있는 상황에 처해 있음을 반추하고 있다.

#학습된 무기력으로부터의 탈출

셀리그먼은 '학습된 무기력'의 치료 방법으로 두 가지를 제시한다. '지시적 치료'와 '행동적 면역화'라는 것이다. '지시적 치료'는 무기력감을 주었던 동일한 상황에 노출시키되, 스스로 상황을 변동시킬 수 있음을 깨닫도록 돕는 것이다. 동일한 사건과 상황 속에서 주변의 도움이나 노력으로 지속, 반복적인 일들이 끊어질 수 있음을 알게 하는 계기가 필요하다. 또 하나 '행동적 면역화'는 작은 성공의 경험을 늘려 자극 자체에 민감하게 반응하지 않도록 유도하는 것이다. 일어난 사건에 너무 민감하게 반응하지 않고 마음을 강하게 다듬어 이겨내는 것을 말한다.

다행히 이러한 치료법은 이미 성경을 통해 우리에게 주어졌다.

'지시적 치료'의 관점에서는 우리의 반복적인 상황들과 어려움 속에서도 오직 우리의 피난처 되시는 하나님의 은혜를 바라보며 다시금 일어날 수 있다. 시편 기자는 '하나님께서는 우리의 피난처시요 힘이시니 환난 중에 만날 큰 도움이시라'(시편 46:1)고 고백한다. 우리는 하나님께서 역사하시고 개입하시는 것을 구하며 그 안에서 실제적인 역사 가운데 이겨낼 수 있다.

'행동적 면역화'에 관해서는 마음을 강하게 하고 담대히 하여 현실과 상황을 넘을 수 있다고 말씀하신다. 시대가 아무리 강퍅하고 처참하다 할지라도 하나님의 말씀 안에서 승리할 수 있기 때문이다. 이미 여호수

아에게 선포하신 '내가 네게 명령한 것이 아니냐 강하고 담대하라 두려워하지 말며 놀라지 말라 네가 어디로 가든지 네 하나님 여호와가 너와 함께 하느니라 하시니라'(수 1:9)는 말씀을 의지하며 내딛을 수 있다.

하지만 이것은 학습된 무기력에 처할 수 있는 목회자들이 스스로 붙잡아야할 푯대이지, 주변 사람들이 조언할 내용은 아니다. 오히려 주변에 있는 이들은 그리스도의 몸된 지체로서 아파하고 힘들어하는 것들에 대해 긍휼히 여기며 기도해주며 사랑으로 함께해야 한다. 예수 그리스도를 믿는 믿음의 지체들이 함께 감당할 몫이고 동시에 교회로 존재하는 우리가 취해야할 행동이다. 판단과 정죄가 아니라 사랑과 긍휼로 다가서야 한다. 자본주의 논리가 아닌 지체된 관계 안에서 교회와 목회자의 처지를 살펴야 한다. 이들이 겪는 아픔이 나의 아픔인 것이 유기적 관계 안에서 반응하는 것이다.

죽 쒀서 사람 살리는 교회

죽을 쑤다

몸이 좋지 않을 때나 금식을 마치면 아내를 위해 죽을 끓인다. 냄비에 잘 씻은 쌀을 넣고 물을 붓고 끓이기 시작한다. 한참을 서서 젓고 있다 보면 어깨가 뻐근해 온다. 다리도 저리고 팔도 아파 온다. 하지만 부풀어 오르는 거품들이 넘치지 않도록 계속 저어야 한다. 중간중간 더 끓이기 위해 찬물을 붓고 나면 처음부터 다시 시작하는 것 같아 힘이 쭉 빠진다. 당장이라도 죽 전문점으로 달려가 죽 한 그릇을 사오고 싶은 마음이 일어난다.

얼마간의 고통(?)이 지나고 나서 죽이 완성되었다. 그런데 다된 죽을 보고 있자니 기가 차다. 희멀건 미음 아래로 퍼지고 깨진 밥알들이 거의 형체를 알아볼 수 없는 상태로 나뒹굴고 있다. 볼품없이 이리저리 퍼져 있고 맛나게 생기지도 않은 밋밋한 색감의 음식을 만든 것이다. 죽을 끓일 때마다 매번 느끼는 거지만, 이걸 위해 이 고생을 했나 하는 마음에 울컥한다.

하지만 회복을 위해서는 이것을 먹어야 한다. 금식보다 보식이 더 중요하다고 늘 말씀하시는 장모님의 말씀을 군이 끌어오지 않더라도 빈속에 아무것이나 집어넣을 수는 없다. 오히려 맛나고 화려하고 자극하는 것들을 먹으면 탈이 난다. 아무리 맛난 음식을 먹고 싶더라도 절제가 필요하다. 볼품없고 밋밋하지만 죽을 먹어야 한다.

죽 쑤는 것 같은 개척교회

전혀 생뚱맞지만 개척교회는 죽 쑤는 것과 같다는 생각을 했다. 비약적인 표현 같지만 지금 느낌이 그렇다. 별다른 변화 없이 한참을 감당하다보면 힘들고 지친다. 앞으로도 아무 변화가 없을 것 같은 두려움에 점점 더 답답해진다. 몸과 마음은 병들어가고 재정적으로도 어렵다. 언제까지 젓고 있어야 하는지 막막해 오는 상황 속에서 뻐근한 어깨와 저려오는 다리로 견디며 감당하는 것처럼 사역이 진행된다.

때론 부풀어 오르는 거품처럼 외적으로 부흥하는 것처럼 보일 때도 온다. 그때 거품이 넘치지 않도록 젓는 일을 놓치면 안 된다. 젓지 않으면 넘쳐흘러 흘러가 버리거나 이내 물을 부어 가라앉게 만들어야 한다. 말씀과 기도, 그리고 주의 신실하심을 쫓아 잘 감당하지 않으면 외적인 부흥도 한순간에 사라지기도 한다. 힘써 감당한다 하더라도 간혹 다른 곳으로 가기도 한다.

한참 사역을 하고 나서는 더 가관이다. 멋지고 아름답고 많은 결과들을 기대했는데 예상과는 다르다. 먹음직, 보암직하고 내놓기 좋은 것을 상상했는데 그게 아니다. 그래도 좀 인정받을 수 있는 것들을 내놓을 줄 알았는데 그런 건 거의 없다. 몇 년 잘 가르치고 양육한 것 같은데 여전히 흔들거린다. 목회자도 견고히 서서 흔들리지 않을 것 같은데 여전히 비천하고 비루하여 날마다 주님 붙잡고 눈물로 씨름할 수밖에 없다.

죽 같은 개척교회의 역할

개척미자립교회는 세상에 없어서는 안 될 존재다. 좌충우돌 넘어지고 실수해도 꼭 있어야 하는 존재다. 아픈 이들이 너무 많아서다. 자신의 속을 꺼내놓지 못하고 쓰린 슬픔을 쥐어 잡고 살아가는 이들이 있기 때문이다. 외롭고 고통스러운 동굴 속에 숨어서 발걸음을 내딛지 못하는 이들이 있기 때문이다. 수많은 사람들과 인기, 그리고 부요함이라는 모르핀에 취해 있으면 발견할 수 없는 이들이 있기에 그렇다. 조심스럽고 섬세하게 진심어린 마음으로 다가가지 않으면 발견할 수 없기 때문이다.

그들의 속을 달래주어야 한다. 눈물을 닦아주어야 한다. 쓸쓸한 골목 걸음들에게 친구가 되어 주어야 한다. 상처입어 아파하고 외로워하며 뭉그러진 인생에 위로가 되어야 한다. 굳거나 타지 않도록 옆에서 계속 저어 주어야 한다. 부드러운 마음을 허락하신 은혜를 함께 나누어야 한다. 그렇기에 어깨가 뻐근하고 다리가 저려오는 상황 속에서도 계속 존재해야 한다.

개척교회를 죽으로 표현한 이유는 적은 쌀이 불어서 많은 양의 죽이 된다는 의미가 아니다. 지금은 작은 인원인데 힘들고 어려운 과정을 겪고 나면 두 배로 불어있게 된다는 것도 아니다. 물과 쌀이 어우러져서 결국 다 퍼져서 물인지 쌀인지 미음인지 알 수 없을 정도로 서로 어우러져 있는 것을 말한다. 좋은 건물과 좋은 시스템, 그리고 좋은 포장과 간극 속에서는 상대의 아픔을 깊이 알 수 없다. 아니, 오히려 나쁜 것들은 숨기고 좋은 것들만 드러내려 하기에 속으로 병들어가고 있을 수도 있다.

힘든 과정 속에서도 부족함도 아픔도 눈물도 상처도 다 끌어안고 나누다 보면 마음이 풀어져 서로가 하나 된다. 마음과 마음이 이어져 하나가 된다. 여전히 부족하고 여전히 연약하지만 그저 함께하는 순간들이 좋은 것이다. 숟가락이 몇 개인지 굳이 알고 싶지 않은 세상에서 숟가락에 붙어 있는 고춧가루까지 끌어안을 수 있는 존재가 된다. 그런 죽 같은 교회가 필요하다.

엎드림으로 누리는 업드림(Up-dream)

온몸에 힘이 빠지다

4년 차를 맞이하는 해, 몇 개월 사이에 쓰나미처럼 몰려온 엄청난 일들의 연속이었다. 성도들 사이에 사소한 오해가 불씨가 되더니 순식간에 산과 집을 집어삼킬 듯한 대형 화재로 번졌다. 기름을 들이부은 것 같았다. 빠르게 붙어가며 번져가는 불길처럼 이어졌다. 이게 뭔가 싶은 생각이 들만큼 어이없으면서도 당황스러웠다.

6~7개월 사이에 도미노같이 대여섯 가정이 교회를 빠져 나갔다. 어쩌면 이전에 교회를 다녔던 이들이 주를 이루어 신앙생활 하다 보니, 서로를 이해할 수 있는 폭은 작고 각자의 생각이나 상처가 더 컸었던 것은 아닐까라는 생각을 했었다.

여기에 양가의 어르신들이 편찮으신 것과 재정적인 어려움이 누적되면서 느껴지는 심리적인 압박도 추가되었다. 어르신들의 병환은 시간에 따라 자연스럽게 일어날 수 있는 일이었지만 마음으로나 상황상 준비되지 않은 상태였다. 병원에 모시고 다니면서도 대책 없는 미래에 대해 불안해하곤 했었다. 하루아침에 대안이 생길 사안도 아니고 앞으로도 특별한 대안이 마련될 수 없는 일이었다. 재정적인 부분들도 기초적인 생활비와 지속적으로 발생할 지출들이 누적된 것이기에 막막한 상황이었다. 도저히 해결 방안이 보이지 않았다.

몸부림치는 순간들

처음에는 뒤통수에 해머를 맞은 것 같았다. 사역을 하다가도 멍하니 정신줄을 놓고 초점 없는 눈으로 주저앉아 있었다. 그저 답답한 상황들에 대해 어느 누군가가 빨리 해결해주길 바랄 뿐이었다. 하지만 막연히 넋 놓고 기다릴 수만은 없었다. 대책을 세워야 했다. 시간이 흐를수록 점차 상황을 파악하게 되었고 나름의 방법들을 찾기 위해 노력했다.

그러나 이마저도 안개 자욱한 길을 더듬거리며 걷는 기분이었다. 마치 가로등 없는 시골길을 등불 없이 희미한 달빛에 의지해서 조심스럽게 걷는 것 같았다. 일어난 일들과 진행 중인 상황들이 단숨에 해결되거나 해답을 얻을 수는 없었다. 감당할 수 있는 일들을 찾아서 시도하면서도 할 수 없는 일들 앞에서 낙담하고 있기를 반복했다.

이런 와중에 간절히 엎드리는 시간을 더욱더 갖게 되었다. 어찌할 수 없는 순간 속에서 의지할 이는 하나님밖에 없었다. 이해가 되지 않는 상황들과 오해의 이유, 병환과 재정의 압박과 부담들, 4년을 맞이하면서 맞게 된 혼란 등을 어찌해야할지 몰랐다. 거대한 태풍을 만난 혼란과 혼동의 상황 속에서 선택의 여지는 그리 많지 않았다. 결국 내게 허락된 상황들 속에서 더욱 엎드리며 의지할 수밖에 없었다.

엎드림으로 누리는 업드림

상황과 환경은 막막한 사막과 같다. 아무리 눈을 씻고 사방을 둘러보아도 모래 먼지만 날릴 뿐이다. 어찌해야 하는지 모를 두려움이 엄습한다. 소망이라는 것은 싹도 보이지 않는 척박한 절망의 땅에 서 있는 듯 했다. 바짝 엎드림으로 하나님을 구하며 전능하신 은혜의 손길을 붙잡을 수밖에 없었다.

서서히 보이지 않던 것들이 보이지 시작했다. 육안으로 보이는 세계가 아닌 말씀 안에서 영혼으로 바라보는 세계가 드러났다. 내 경험과 지식, 그리고 주변의 도움을 찾던 관점에서 하늘의 능력으로 덮이는 은혜를 누리게 된다. 내 안에 감추어진 부족함과 미련함을 깨닫게 하시고 전적으로 하나님을 인정하며 기뻐하지 못했던 사역의 여정들이 스쳐지나갔다. 내 힘으로 할 수 없음을 알게 하시고 하나님만이 우리의 방패와 의지되심을 알게 하셨다. 엎드림(face down)이 곧 업드림(up dream)이 되었다.

엎드림은 철저히 자신을 낮추는 행위이자 우리의 왕 되시는 주님을 전적으로 신뢰하는 행위다. 더 나아가서 자신의 모든 것을 내어드리며 고백하는 항복의 표시다. 우리의 힘과 지혜를 바라보지 아니하고 오직 하나님의 은혜만을 바라보겠다는 선포다. 모세와 엘리야, 그리고 다윗과 베드로와 같은 이들이 하나님 앞에 바짝 엎드렸다. 철저히 자신의 연약함과 비참함을 고백하며 나아갔다. 하나님께서는 그들이 온전히 내려놓고 낮출 수 있도록 이끄셨고 오히려 그들을 은혜의 자리로 일으켜 세우셨다.

우리는 얼굴을 땅에 대고 엎드린다(face down). 가난한 심령으로 엎드리는 모습을 기뻐하시고 하나님께서는 우리를 일으켜 세워주신다(up dream). 하나님께서 나의 왕과 주인 되심을 온전히 고백하며 주님 앞에 모든 것 내려놓고 엎드릴 때에 하나님께서는 우리를 세워 주의 길을 걷게 하신다.

외적으로는 큰 변화가 없어 보이지만 내적으로는 영혼에 놀라운 변화가 있었다. 더욱 견고해지고 겸손해졌으며 담대하면서도 진실한 태도를 갖게 되었다. 더욱 자유를 누리며 전적으로 하나님만을 의지하는 신앙과 사역으로 성숙해져 갔다. 도저히 바뀔 것 같지 않은 현실 속에서 오히려 나를 더욱 더 세워 가시며 거룩한 백성으로 이끌어 가신다. 그 은혜를 더욱 누리게 하신다.

아합이 먹고 마시러 올라가니라 엘리야가 갈멜산 꼭대기로 올라가서 땅에 꿇어 엎드려 그의 얼굴을 무릎 사이에 넣고(왕상 18:42).

사람들이 떠나다

개척 3년 차를 맞으면서 교회의 성장과 함께 자연스럽게 설립예배를 드렸다. 교단마다 차이가 있지만 보통은 개척(창립)예배를 드리고 세례교인 10~15명이 된 시점에서 설립예배를 드린다. 개척예배 후 외부로는 교회임을 알리지만 노회 안에서는 엄밀하게 말하면 기도처다. 설립예배 후에야 교회로서 인정되고 노회 활동도 하게 된다. 어린아이들까지 40여 명의 성도들이 즐겁게 신앙생활을 했다.

이후 1년여의 시간이 지난 4년 차 시점에 성도 사이에 오해가 생기는 일이 있었다. 아주 사소한 일이었음에도 불구하고 서로의 감정이 상하기 시작하더니 눈덩어리처럼 부풀어진 오해로 인해 서로 힘들어졌다. 얼마의 시간이 지난 후에 이 사실을 알게 되면서 오해를 풀기 위해 노력했지만 나의 부족함이 많아서인지 골이 깊어져서인지 풀어지지 않았다. 풀기 위해 손을 댓을 때 오히려 더 엉키는 실타래와 같았다.

결국 한 가정이 먼저 떠나고 가깝게 지내던 가정이 떠나게 되었다. 상대 가정도 떠나고 이 가정과 가까웠던 가정도 떠났다. 갑자기 네 가정의 10여 명이 떠나자 다른 두세 가정도 교회를 떠났다. 6~7개월 사이에 순식간에 일어난 일이다. '어~ 어~'하는 사이에 불이 번지듯 일어났다. 처음 겪는 일이라 당황해서인지 머리에 해머를 한 대 맞은 것처럼 얼떨떨했다. 멍한 상태로 그렇게 3~4개월이 더 지나갔다.

괴로운 순간들, 그러나 이유를 찾지 못한 시간들

어떻게 시간이 지났는지 알 수 없었다. 이것이 또 무슨 일인가 싶었다. 밤만 되면 새벽까지 자전거를 타고 온 동네를 싸돌아다녔다. 한참을 달리다 보면 지금 여기가 어디인지 모르는 상황에 땀범벅이 된 몸을 이끌고 버스 정류장의 의자에 앉아 넋을 놓았다. 시간 가는 줄 모르고 앉아 있다가 땀이 마르고 찬바람에 정신을 차릴 때쯤 일어나 집으로 돌아오곤 했다.

아무리 생각해도 이해할 수 없었다. 큰일도 아니었고 서로 사이가 안 좋은 것도 아니었다. 옛 스승 목사님께 간혹 상담을 받다 보니, 이런 일들이 개척교회나 기성교회의 현장에는 많이 일어난다고 하셨다. 오히려 교회를 욕하면서 떠나지 않은 것이 다행이라는 위로 아닌 위로도 듣게 되었다. 그럼에도 마음속에는 이런 상황으로 이어진 것은 성도들의 연약함과 기존의 상처들로 인한 트라우마로 인한 것이라 생각했다.

서로 다른 환경과 상황에 있었고 서로 다른 교회에서 오랫동안 신앙생활한 가치관들로 인해 부딪혔을 것이라 생각했다. 그도 그럴 것이 수평적으로 등록하신 분들은 각자의 신앙 색깔이 많이 다를 수 있기 때문이다. 외적으로는 곁(셀) 모임이나 주일 나눔을 통해 많은 것들을 나누었다고 생각했지만, 각자가 갖고 있는 상처와 아픔을 모두 알고 이해하기에는 시간이 더 필요했을 거라는 생각도 했다.

결국은 상처와 아픔이 아닌 회복의 공간과 관계

다른 이들로부터 원인을 찾거나 있을 거라고 확신했던 나의 생각은 하나님 앞에 엎드리면 엎드릴수록 깨졌다. 각자의 상처와 아픔, 그리고 삶과 가치가 있다 할지라도 하나님의 말씀 안에서 바르고 온전히 회복될 수 있는 목회와 교회가 되지 못한 것이 원인이었다. 사실 모든 사람은 아프다. 아프지 않은 사람들은 없다. 오해로 인해, 교제의 부족으로 인해 나간 분들만 그런 것이 아니다.

어떤 사람이 오더라도 그를 이해하고 포용하면서 섬기고 나눌 수 있는 목회와 교회가 준비되지 않았던 것이다. 교회는 영적으로 아픔을 호소하며 갈급한 이들이 온다. 수평 이동이라 할지라도 그들은 온전한 말씀의 선포와 예수 그리스도를 쫓아 섬김과 사랑으로 대하는 이들을 찾는다. 하지만 나는 아직 아픔을 공감하며 체휼하고 말씀의 은혜 안으로 이끌 수 있는 준비가 아직 되지 않았던 것이다.

하나님 앞에 몸부림치며 씨름하는 동안 준비가 부족하다는 사실이 조금씩 선명해지기 시작했다. 성도들이 등록하고 교제하고 나누면서 어느 정도 성장하고 있을 때, 내 마음 가운데 안일함과 나태함이 일어나기 시작한 것이다. 4년 차를 맞기 전 공동의회와 비슷한 오글오글 사역 축제를 했을 때가 있다. 이때 사역과 재정을 오픈하고 새로운 해를 계획하는 시간을 가졌다. 사역적으로 더 힘 있게 확장된 사역을 감당할 수 있었고 재정적으로도 후원을 포함해서 자립할 수 있는 분위기였다. 하지만 이런 분위기에 취해 안일함과 나태함이 미세한 균열을 일으키며 스멀스멀 올라왔다. 당시에는 그것을 느끼지도 못하다가 오해로 인해 성도들이 떠나가고 어려운 상황이 되어 엎드리게 되니 깨닫게 되었다. 마치 다윗이 통일왕국의 왕이 되었을 때에 전쟁에 나가지 않은 것과 같다. 밧세바를 봤기 때문에 죄를 범한 것이 아니라, 이미 영적으로 안일함과 나태함 가운데 있었기에 성적 욕구가 일어나 범하게 되는 상태였던 것이다.

성도 사이에 오해가 있더라도 그것의 원인과 이해를 명확하게 알았더라면 지혜롭게 대처할 수 있었을 것이다. 성도가 상담했을 때에는 오해를 풀어주는 과정에서 영적으로 바르게 분별하여 판단할 수 있었을 것이다. 또한 이들이 사소한 일로 오해가 커졌다면 오히려 그 이전에 다른 부분들 속에서 힘들어했던 것들이 누적되고 있었을 텐데 그것을 느끼지 못하고 있었다. 혹여 트라우마가 일어난 것이라면 그것까지도 이해하고 소통할 수 있는 관계가 형성되지 못했던 것이다.

교회의 세워짐 속에는 외적인 성장과 부흥뿐만 아니라 영적, 내적 성장이 가장 중요하다는 사실을 알면서도 실제 사역 현장 속에서 우둔했던 나 자신을 발견하게 되었다. 어쩌면 병을 고치고 싶어서 병원을 찾았는데 의사가 해결해 줄 수 없다면 다른 병원과 의사를 찾는 것과 비슷하다고 볼 수 있다. 앞으로도 많은 사람들이 왔다가 떠날 것이다. 그때마다 나는 그들의 영적, 내적 상태를 바르고 정확하게 진단하여 하나님이 기뻐하시는 사역을 감당할 수 있을 것인가 고민하게 된다.

막연한 두려움으로부터의 용기

개척현장에서 가장 두려운 것

개척현장에서 가장 어려운 것은 경제적인 것이나 결과적인 것과 같은 외적인 것들이 아니다. 이것들보다도 이러한 것을 넘어선, 막연한 두려움에 대한 공포심이다. 미래에 대한 불안감으로 가득한 흔들리는 내적 상태이다. 그것이 가장 힘들다.

그렇기에 더욱, 하나님을 신뢰하는지 시험대에 오를 수밖에 없게 된다. 우리의 미래를 알 수 없기에 막연한 두려움을 앞에 두고 전적으로 하나님을 의지해야만 한다. 이것은 나의 치부를 드러내는 부끄러움을 말하기도 하지만, 동시에 나의 영적 상태를 점검하는 결정적인 계기가 된다.

아브라함의 선포

아브라함이 모리아산에 올라가게 됐다. 이삭에게 여호와께 제사 드리기 위헤 준비시키면서도 아들의 질문에는 대답하기 힘들었을 것이다. 그러나 그는 담대히 믿음으로 선포하며 나아갔다. '아들아 번제할 어린 양은 하나님이 자기를 위하여 친히 준비하시리라'(창 22:8).

인간적으로 아브라함의 심정은 답답했을 것이다. 백세에 얻은 자식을 제물로 바치라는 것은 청천벽력과 같은 소리였을 것이다. 도저히 이해할 수 없는 상황에 두려움 가운데 처하게 된 것이다. 그러나 그는 하나님의 인도하심 가운데 세워진 믿음의 조상이었다. 오직 하나님을 신뢰함으로 이끄시고 인도하시는 대로 나아갔다. 아브라함도 하루아침에 달라진 것은 아니다. 하나님의 신실하신 열심 가운데 아브라함도 믿음 안에서 거룩한 백성으로 성장하게 되었다.

여호와 이레의 하나님을 의지하며

자, 어떻게 할 것인가. 기쁨으로 받겠는가, 아니면 회피하겠는가! 고난과 고통의 길을 기꺼이 가겠는가! 눈물과 아픔의 현장 속에서도 허락하신 은혜의 물줄기를 붙잡고 걸어가겠는가! 당연히 성경의 언약을 근거로 기꺼이 개척을 선택할 수도 있을 것이다. 부르심에 온전히 순종할 수 있다. 여호와 이레의 하나님께서 우리보다 앞서 행하고 계시기에!

하지만 동시에 기억해야 한다. 자신의 아들을 자신의 손으로 죽여서 제사로 드릴 수 있는 믿음의 선포와 용기가 필요함을! 전적으로 하나님을 신뢰할 수 있어야 함을! 오직 하나님의 선하고 온전한 섭리만이 나의 계획을 넘어 역사한다는 사실을 인정해야 함을!! 어떠한 공포와 두려움도 나를 덮을 수 없다는 전적 의지가 드려져야 함을!!

'이제야 네가 나를 경외하는 줄 알았노라'고 말씀하시며 믿음을 세우시는 그 분의 뜻이 드러나는 현장이 있음을! 이러한 고백에 이르기까지 거룩한 백성으로 우리를 세우고 이끌고 계심을!

방향을 점검하는 브레이크 타임

달리는 순간, 방향을 놓친다

육상 트랙이 아닌, 달리는 라인이 없는 길이 인생이고 개척 현장이다. 사방으로 열려 있는 광야와 같은 개척 현장은 옳다고 생각하는 사역들 속에서도 방향을 잃을 수 있다. 달리는 순간들 속에서 자칫 방향을 놓치는 경우가 허다하다. 특히 부사역자 때와는 다르게 결정으로부터 실제 상황의 판단까지 모두 감당하기에 쉽지 않은 실정이다.

개척의 영역에는 길이 없다. 그저 험난한 산악지대이거나 아무 흔적도 없는 광야 위에 던져진 상태다. 홀로 남겨진 거친 들에서 아무런 흔적도 없는 곳을 그저 한번 달려보고 있는 것이다. 달리는 중간 중간 머릿속을 스치며 '나는 누구이고 어디로 가는지'에 대한 생각이 떠오른다. 힘써 달리는데 아무 변화나 효과를 찾아볼 수 없는 뿌연 안개 같은 결과만이 뒷목을 끌어당긴다.

방향을 알리는 나침판은 있다. 말씀과 기도를 놓치지 않는다면 길을 잃지는 않는다. 감동케 하시는 성령의 임재와 인도는 가장 큰 은혜이다. 그러나 하나님께서는 갈증을 느끼도록 하시는 것도 놓치지 않으신다. 오히려 개척이 은혜인 것은 우리의 밑바닥에 있는 더러운 찌꺼기들을 보게 하시기 때문이다. 결국은 철저히 하나님 앞에 엎드리며 의지하게 하시는 은혜를 누리게 된다. 하지만 그 과정은 녹록치 않다. 아니, 무진장 힘들다. 그러나 또한 기쁘고 감사하다.

개척은 그런 것이다

개척 초기에는 개척 이전에 고민했던 방향을 바탕으로 '열정'이라는 영역에 많은 에너지를 쏟는다. 시작하는 과정에서 열심을 내어 감당해야 한다는 마음이 불같이 타오르기 때문이다. 그러나 경험하지 못했던 개척 현장은 예측 불가의 여정으로 이어지고 때때로 방향을 잃는다. 열정의 흐름만큼이나 급변하는 사태의 흐름이 더욱 빠르다. 개척교회는 날마다 평화롭다?!

가끔은 조언을 들을 만한 사람들이나 앞서 간 이들의 글들을 읽으며 위로를 받거나 도움을 받는다. 일부러 개척 모임에도 방문하고 몇몇 지인 목회자들과 함께 소그룹 모임도 갖는다. 개척 선배나 인생 선배님들의 격려와 조언은 큰 힘이 된다. 때로는 자신만 이 고통을 겪지 않는다는 사실에 스스로를 위로하며 다시 일어난다. 그러나 또다시 그 누구도 이해할 수 없을 것이라는 답답한 현실들이 가슴을 짓누르기 시작한다.

이것이 잘못되거나 특별한 것은 아니다. 많은 이들이 자신이 겪고 있는 고통과 아픔이 우주에서 가장 큰 슬픔이기 때문이다. 이러한 아픔이 당연할 수밖에 없는 것은 지금, 내가 겪고 있는 것이기 때문이다. 목회자 개인이 느끼는 감정 이전에 목회자가 겪고 있는 상황 자체가 개별적이다. 지역과 대상자, 문화와 생활, 상황과 관계, 지금의 감정과 상황의 미세함이 모두 다르다. 비슷한 사례가 있을지는 몰라도 똑같은 사례는 없다.

길을 잃은 것이 아니라 찾고 있는 것

막막함으로부터 오는 무기력감은 나를 아무것도 아닌 존재로 흩어 버리는 것 같다. 공중에 흩어져 버리는 연기나 먼지 같이 느껴진다. 이런 경우 아무것도 하기 싫다. 아니, 할 수 없게 된다. 그저 하나님 앞에 엎드리며 애통하며 전적인 은혜를 구할 뿐이다. 몸과 마음을 철저히 의탁하는 순간들을 통해 회복될 수 있다. 우리를 향하신 하나님의 뜻은 하나님의 사명자로서 다시금 일어서는 것이다. 일상에서 브레이크 타임을 꼭 가져야 한다.

하루에 2~30분 정도, 일주일에 3~4시간 정도, 한 달에 하루 정도, 그리고 일년에 2~3일 정도의 시간을 가지면 좋다. 정해진 시간은 없으니 대략적인 시간은 스스로 정하면 된다. 너무 짧게 잡으면 닦다만 유리창 같고 너무 길게 잡으면 잡초가 무성해진다. 엎드리는 시간을 비롯해 책 읽기, 낙서하기, 기획하기, 돌아보기, 멍 때리기, 걷기, 음악 듣기, 바람 쐬기, 눈감고 숨쉬기 등등 잡다한 것을 한다. 새로운 분위기를 찾거나 음식을 먹는 것도 괜찮다. 특히 멍 때리기가 필요하다.

반복적이고 열정적인 순간들도 중요하지만 이러한 것들이 바르게 진행될 수 있도록 영점을 조정할 수 있는 시간이 있어야 한다. 해야 할 일들이 산적해 있고 무언가 더 열심히 해야 할 것 같은 부담감을 잠시 내려놓아도 괜찮다. 갑작스런 상황 속에서의 어려움과 앞으로 일어날 일들에 대한 두려움도 잠시 내려놓고 객관적인 시각으로 통찰할 수 있어야 한다. 방향을 점검하기 위해 브레이크 타임이 절대적으로 필요하다.

완벽한 답을 얻기 위한 것이 아니라 그저 나 자신을 투명하게 볼 수 있는 기회가 필요한 것이다. 나의 생각과 사명, 그리고 존재에 대한 다각적인 관찰과 이해는 방향성을 회복한다. 단순히 성공한 목회를 하거나 인기가 있는 위한 것이 아니라 나의 존재에 대한 위치와 역할에 대해 바른 기점을 마련하는 것이다. 브레이크 타임 후 외적으로 별다른 변화가 없어도 괜찮다. 내적으로 누리는 즐거움이자 존재에 대한 인식이기 때문이다.

말씀과 기도가 존재 자체를 점검하는 시간이라면, 브레이크 타임은 '나'라는 존재가 감당할 역할에 대한 방향성을 점검한다. 만물 가운데 충만하신 하나님의 은혜를 누리면서 말이다. 우리는 바쁘게 사역한다. 그러나 방향을 잃는다면 그것만큼 위험한 것이 없다. 오히려 열심을 다하는 것을 줄이고 방향을 선명하게 찾는 것에 더 집중해야 한다. 당신이 존귀한 이유는 무언가를 많이 해서가 아니라, 하나님의 백성으로서 존재할 수 있는 은혜 안에 있기 때문이다.

사역의 변곡점

인생에 존재하는 변곡점
모든 인생은 각자의 삶 속에 변곡점이 존재한다. 한없이 올라갈 것 같지만 승승장구하던 상황들이 한풀 꺾이는가 싶더니 미끄럼을 타듯 내려온다. 가장 밑바닥에서 끝없이 내려갈 것 같은 어느 한 지점에서 다시 바닥을 치고 올라가기 시작할 때도 있다. 인생은 순탄치 않다. 수학에서 사용하는 단어이지만 자연스레 인생에도 적용된다.

우리 삶의 모든 영역에서 작고 큰 변곡점들이 우리로 하여금 교만하지 않도록, 절망하지 않도록 이끈다. 인생의 길흉화복이 많아 예측할 수 없다고 하는 '새옹지마'의 연장선에서 우리는 변곡점을 이해할 수 있다. 수많은 사건과 상황 속에서 나쁜 일이 있으면 좋은 일이 있고, 좋은 일이 있으면 나쁜 일도 있는 것이 인생이다.

하나님 안에서의 변곡점

하나님이 없는 인생은 우연히 또는 운명에 따라 변곡점이 발생한다고 생각한다. 막연한 기대감과 두려움이 공존한다. 미래에 대해 지금보다 조금 더 나아질 것이라는 생각과 지금 있는 것들이 사라지면 어떡할까라는 걱정이 서로 엉켜있다. 무엇이 먼저랄 것도 없이 각자의 인생 가운데 불쑥불쑥 찾아온다.

인생의 변곡점과는 조금 다르게 신앙에도 변곡점이 존재한다. 신앙의 변곡점은 어쩌다가 우연히, 또는 운명처럼 정해져서 나타나는 것이 아니다. 살아 계신 하나님의 주권과 은혜를 인정하면서 섭리 앞에 순종하는 것이다. 교만이나 불순종을 꺾으시고 훈련시키는 고난이 있다. 하나님의 영광을 드러내시기 위한 고통도 있고 동시에 절망과 아픔에서도 영원한 소망으로 이끄시는 감사의 신호들이 있다.

지금, 이 순간에도 우리와 함께하시는 하나님께서 인격적으로 우리를 이끄신다. 일상의 다양한 일들과 관계를 통해 하나님 앞에 더욱 더 거룩한 백성으로 세워가신다. 겸손히 자신을 돌아보며 고민하게 하시고 기도하게 하신다. 강압적으로 묶어놓는 방식이 아니라, 안전한 영역의 울타리 안에서 다양한 결정 속에서 경험하게 하신다. 하나님이 정하신 울타리 영역 또한 우리의 미천한 관점에서 보면 끝이 없다.

지금은 나의 변곡점

4년 차에는 무수한 일들로 인해 정신을 못 차릴 정도였다. 터닝 포인트와 같이 결정적인 사건은 없지만 사역의 일상 속에서 지속적으로 연단 받았다. 사역의 롤러코스터가 한참을 아래로 내리꽂는 기간이었다. 더 이상 내려갈 것도 없을 것 같은 상황 속에서 황망한 시선만을 공중을 향해 흘렸다. 자립할 수 있는 상황 속에서의 기쁨도 잠시, 개척 초기의 막연함은 비교할 수도 없는 먹먹함이 가슴을 짓눌렀다.

고통 속에서 지나온 6~7개월의 시간을 돌아보면 어떻게 지나갔는지 모르겠다. 너무 빨리 지나갔다. 막판까지 예측할 수 없는 일들이 지뢰밭을 지나온 것처럼 불가항력적으로 터졌다. 한꺼번에 터지는 것은 감당할 수 없을 것이라 예상하셨는지, 순차적으로 터졌다. 그리고 도저히 이해할 수 없을 것 같았던 상황들도 시간이 지나고 기도하면서 이를 받아들이게 되었다. 결국 마음을 연단하시는 하나님의 은혜가 나를 이끌었다.

4년차 마지막 달을 보내면서 회복의 은혜를 누리면서 5년차에는 바닥을 치고 올라가는 변곡점이 될 것을 느낄 수 있었다. 마음의 평안 가운데 소망을 허락하셨다. 자유함과 유연함이 체화되어 나타나기 시작했다. 단순히 교회가 외적으로 성장하고 커지는 것을 말하는 것이 아니다. 전적으로 주님을 의지하며 하늘의 기쁨을 누리는 삶과 사역을 말한다. 나를 부르신 그 은혜 안에서 온전한 사역으로 깊고 넓게 나아갈 수 있었다. 생명을 주관하시는 하나님의 절대적인 은혜에 붙잡혀 성실히 감당할 수 있게 되었다. 솔직히 기대된다. 오직 하나님과 그분의 은혜로 인해!!

사람이 감당할 시험 밖에는 너희가 당한 것이 없나니 오직 하나님께서는 미쁘사 너희가 감당하지 못할 시험 당함을 허락하지 아니하시고 시험당할 즈음에 또한 피할 길을 내사 너희로 능히 감당하게 하시느니라 (고전 10:13).

언제나 다시

#살다 보면

문득 걸음을 멈추어 지나간 시간을 돌아본다. 허망하기도 하고 작은 기쁨에 미소 짓기도 한다. 하지만 모두 지나간 시간이다. 다시 돌아오지 않는다. 바람은 불어도 어디서부터 어디로 가는지 모른다. 어쩌면 좀 전의 바람이 지금 귓가를 스치고 지나가는 바람과 동일한지도 알 수 없다. 그렇게 하루하루가 지나간다.

사역을 하다보면 늘 즐겁고 행복한 일만 있는 것은 아니다. 도리어 어렵고 짜증나고 슬픈 현실들이 마음을 짓누를 때가 있다. 그러나 하나님의 백성들에게는 두 가지 모두 다 하나님의 실존을 경험하는 통로가 된다. 오히려 편하고 좋고 행복할 때보다 고통스럽고 넘어지고 실패한 것 같을 때 더욱 하나님을 의지하며 감당한다. 참 아이러니하다.

지나간 시간을 돌이킬 수는 없지만 지나간 시간을 돌아보며 다시 시작할 수 있다. 실패와 좌절이 목까지 턱턱 숨 막히게 한다 할지라도 우리는 과거를 살지 않고 현재와 미래를 살기에 다시 걸음을 내딛는다. 지금의 한 걸음은 과거로의 회귀가 아니라 앞으로 일어나 걸어가는 미래다. 다시 발목에 힘을 주고 다시 시선을 들어 여호와의 산을 바라본다.

#다시가 주는 의미

단 한번만 주어진 시간들이기에 돌이킬 수 없는 아쉬움을 붙잡고 있을 수는 없다. 다만 지나간 시간을 기억에 담고 지금 여기의 삶을 새롭게 시작한다. 지금까지의 걸음이 어떠하든지 우리가 걸어갈 '다시' 주어진 시간은 올곧이 나의 것이다. 시간과 공간의 한계 속에 있지만 동시에 '다시' 주어진 것만큼은 내게 허락된 선물이다.

어쩌면 '다시'는 사람에게 주신 하나님의 시간이다. 깨지고 무너지고 쓰러져도, 때로는 교만했고 자만했으며 불순종했던 모든 시간의 눈물을 씻어주신다. 타락한 인간의 비참함 속에서 도저히 완전할 수 없는 인생에게 주는 소망이다. 자신의 죄성과 연약함을 인정하고 하나님 앞에 내려놓으면 무조건 받아주시는 은혜다. 어떠한 실패와 아픔이라 할지라도 다시 위로하시고 보듬으시며 우리를 향해 손을 내미신다.

#언제나 다시

사람들은 다시 무엇을 시작할 때에, '다시'라는 의미보다 '무엇'에 더 집중한다. 그도 그럴 것이 우리가 할 일, 우리가 이룰 것이 우선이기 때문이다. 하던 사업이 실패로 돌아갔을 때, 우리는 '다시' 새로운 사업을 찾아 일어난다. 사귀던 연인과의 관계가 끊어졌을 때, 우리는 '다시' 새로운 관계를 기대하고 또한 회복하기도 한다. 자신의 건강이 무너졌을 때, 우리는 '다시' 건강을 회복하기 위해 병원에 다니고 운동을 한다.

하지만 '무엇'보다 더 중요한 것은 '다시'라는 태도 자체다. 우리의 비천함을 알고 그럼에도 불구하고 이끄시고 인도하시는 영원하신 하나님의 사랑을 아는 자들의 태도다. 우리는 '다시'의 은혜에 담긴 깊은 의미만으로도 이미 소망의 걸음으로 나아간다. 철저히 은혜 아니면 살아갈 수 없는 우리 인생의 고백이다. 나로서는 '다시' 일어날 아무런 조건이 없다 해도 주님으로서는 언제나 '다시' 일어날 은혜를 입은 것이 우리다.

앞으로도 실패할 것이다. 관계는 깨어질 것이고 눈물을 흘릴 것이며 육신은 점점 쇠약해질 것이다. 인생의 비참함은 그런 것이다. 그러나 '언제나 다시'를 외치며 소망을 잃지 않는 은혜 또한 누릴 것이다. 나 때문이 아니라 나를 긍휼히 여기시며 사랑으로 보듬으시는 하나님의 은혜 때문이다. 그리고 다시는 슬퍼하지 않고 눈물 흘리지 않는 새하늘과 새땅에서 영원히 기뻐하게 될 것이다. "우리 언제나 다시 주님과 함께!"

그가 다시 외쳐 이르기를 만군의 여호와의 말씀에 나의 성읍들이 넘치도록 다시 풍부할 것이라 여호와가 다시 시온을 위로하며 다시 예루살렘을 택하리라 하라 하니라(슥 1:17).

경직되지 않은 유연한 조직

준비한 계획이 부딪히다

개척을 하기 전, 깊은 고민 속에서 다양한 계획을 준비했다. 아직 눈앞에 닥친 상황들은 아니지만 기도하고 고민하는 과정을 통해 나만의 목회철학과 방향을 정했다. 주일학교에서부터 장년에 이르기까지 세부적인 부분들을 고민했다. 교회의 외적인 부분부터 시작해 내적으로 갖추어야 할 부분들까지 나름 많은 고민을 했다.

그중 하나가 '결모임'이었다. 기존의 구역이나 셀모임과 비슷한 모임이었다. 성도들의 연합과 연결을 위해 이름을 다르게 지어보았다. '오직 사랑 안에서 참된 것을 하여 범사에 그에게까지 자랄지라. 그는 머리니 곧 그리스도라. 그에게서 온 몸이 각 마디를 통하여 도움을 받음으로 연결되고 결합되어 각 지체의 분량대로 역사하여 그 몸을 자라게 하며 사랑 안에서 스스로 세우느니라'(엡 4:15~16)의 말씀 안에서 영혼이 생명력 있게 살아나는 '숨결,' 모든 순간 흔들림 없이 견고한 '한결,' 풍성히 흐르고 넘치는 은혜의 '물결'이라는 내용으로 기쁨이 가득하고 충만한 결모임을 희망했다.

그러나 이러한 계획이 실현되기까지는 많은 시간이 걸렸다. 개척 초기에는 성도들이 없었기에 결모임을 가질 수 없었다. 사람이 없으니 진행 자체가 어려웠다. 이후 교회가 조금씩 성장하면서 시행하려고 했지만 결모임에 대한 이해 부족과 기존에 구역이나 셀모임에서 개인적으로 겪은 부정적 인식들, 그리고 모임을 담당할 리더 역할에 대한 부담 등의 이유로 인해 실행이 어려웠다. 결국 거의 1년간 진행하지 못했다.

기다리고 조정하다

3년차 되었을 때 결모임을 할 수 있게 되었다. 하지만 몇 가지 사역 팀장들과의 나눔 속에서 몇 가지 걸림돌이 발생했다. 대략 두 가지 이유였다. 매주 결모임 하는 것에 대한 거부감과 모임을 담당한다는 것에 대한 부담감이었다. 기존 신앙생활 경험에 비추어 긍정적인 면들보다는 부정적인 요소들을 더 고민하는 듯했다.

매주 결모임을 갖는 것에 대해서는 직장생활과 일상생활이 있기에, 아직은 매주 돌아가면서 예배를 드리는 것이 무리라고 했다. 특히 각 가정에서 드리게 되면 준비할 것들이 많아서 부담이 된다고 했다. 아직 가정을 오픈하고 식사와 다과를 준비하면서 성도들 스스로 예배와 교제를 한다는 것은 어려워 보였다.

　　기존에 구역장이나 셀리더를 경험했던 분들이 모임을 담당하는 것에 부담감을 갖고 있었다. 외적으로 신경을 써야 하는 것과 관계 안에서 에너지를 많이 쏟아야 하는 부분이 힘들었다고 했다. 각자 하는 일이 있었기에 별도의 시간을 할애하기도 쉽지 않았다. 장년 사역 경험이 부족했던 나로서는 피부로 와 닿지 않아서 쉽게 결정을 내릴 수가 없었다.

　　의견들을 그대로 인정하고 함께 기도하며 고민하기로 했다. 얼마쯤 시간이 지나면서 새로운 대안들을 제시할 수 있었다. 먼저는 가정을 중심으로 매주 예배를 드리기로 한 것이다. 한 가정이 한 결이 되어 연합하면서 신앙을 더욱 견고히 세워나가며 각 가정의 가장이 인도하기로 했다. 주일 설교 말씀을 기초로 가정예배를 드리고, 드리는 방식도 간단히 하여 찬양 한 곡과 기도, 그리고 서로 질문을 나누며 대화하는 것으로 정했다.

　　한 달에 한번씩 지역 결모임을 갖기로 했다. 지역을 나누어 3개 결모임을 구성하게 되었고 각 결 모임 별로 3~4 가정이 함께 했다. 이 때는 목회자가 지역별로 돌아가면서 인도하고 한 주씩 겹치지 않도록 모임 시간을 정했다. 모임 구성도 함께 교제하고 나누는 시간을 30~40분 정도 먼저 갖고 나서 찬양을 부른 후 주일 말씀을 가지고 함께 나누었다. 자연스럽게 각자의 삶을 나누면서 기도제목도 발견할 수 있었다.

말씀도 일방적으로 목회자가 전하는 것이 아니라 말씀을 통해 일상을 비춰보고 나누었다. 이 시간을 통해 말씀으로 자신의 삶을 돌아보는 소중한 시간이 되었다.

경직되지 않은 유연한 조직

개척교회는 정해진 틀 안에서 움직이지 않도록 해야 한다. 일정한 조직이나 구조가 필요하지만 이러한 것들이 더 중요한 본질을 옭아매거나 제한시키면 안 된다. 한 영혼을 향한 사랑과 그 속에 부어지는 은혜를 위해 도리어 조직은 유연해야 한다. 틀에 맞추기 위해 성도들을 끼어 맞추도록 한다거나 억지로 구색을 맞추도록 하는 것은 옳지 않다. 그렇게 하다 보면 점점 더 경직된다.

목회자가 집중해야 할 부분은 외적으로 드러나는 조직이나 구성보다도 내적으로 무엇을 중요하게 여기고 있는가를 끊임없이 확인해야 한다. 교회 구성은 외적인 조직이나 활동, 계획으로 되는 것이 아니다. 정말이지 하나님을 사랑하고 이웃(성도)을 사랑하는 방향을 놓지 않고 씨름해야 하는 곳이다. 이것이 너무 막연하거나 희미한 것 같아 보일지라도 더 중요하게 여겨야 한다. 본질이 희미하면 아무리 화려한 활동과 계획이 가득하다 할지라도 빈껍데기가 된다.

오히려 방향에 대한 명확함과 선명함을 세우기 위해 더 엎드려야 한다. 막연하고 희미한 하나님을 향한 사랑과 이웃을 향한 사랑을 회복하고 선명하게 일으켜야 한다. 눈으로 보이지 않는 부분이기에 더 힘든 영역일 수는 있으나 방향성을 회복하지 않으면 여타 다른 것들을 감당할 수 없다. 기독교의 존재 방식은 나타난 것으로 말미암은 것이 아니라, 보이지 않은 것으로 말미암는 것이다.

방향성이 바르게 설정되면 과정이나 결과는 크게 중요하지 않다. 공동체 안에서 유연하게 움직일 수 있다. 프로그램이나 목표에 너무 집착하지 않고 본질에 집중할 수 있다. 하나님과 성도에 집중하기 시작하면 방법이나 과정은 유연하게 적용된다. 자신만의 목회 방침, 계획에 대한 성과, 보이기 위한 형식, 체면이 앞서는 결정 등은 교회를 파괴한다. 오직 진리 안에서 자유하며 영혼 사랑 안에서 기쁨으로 유연해야 한다.

아들의 혼란과 부모의 성숙

아들이 자퇴를 선언하다

고2가 되던 해 여름, 등교를 위해 준비하던 아들은 발길을 멈춰 섰다. 뒷걸음쳐 본당 의자에 앉은 아들은 등교를 거부했다. 단호하게 진지한 표정으로 이야기하는 아들의 말에 우리 부부는 정신이 혼미해졌다. 학급 반장에 성적도 좋고 이사 온 뒤로 잘 지내는 것 같았기에 더 충격이 컸다. 간혹 학교에 대한 고민을 이야기했었지만 공부가 싫은 사춘기의 소소한 반응으로 이해했었다. 그러나 이번엔 진짜였다. 어떤 이야기를 해도 받아들이지를 않았다.

아들이 학교를 가기 싫은 이유가 여러 가지 있었다. 반장을 맡으면서 교무실에 자주 가게 되었고 몇몇 교사들의 불합리한 행동을 자주 목격하게 되었다. 반장을 맡으면서도 교사와 친구들 사이에서 고민하는 일이 생겼다. 교사의 요청을 반장이 전달해야 하는데 친구들이 싫어할 것을 알기에 전달하기 전에 반대 의견을 냈다고 했다. 방과 후 활동에서도 여러 가지 불합리한 문제들이 있었다. 나름 문제를 해결해보려고 했지만 한계에 부딪힌 것 같았다. 그 사이 친구들과의 관계도 힘들어했다. 그때그때 속 이야기를 터트리는 성격이 아니라 나름 참으면서 생각을 많이 하는 성향이기에 자퇴에 대한 이야기를 꺼냈다는 것은 많이 참았던 것을 의미했다.

이런저런 이야기를 나누면서 가장 마음이 아팠던 것은 학교에서 목사 이야기를 할 때의 상황이었다. 사회에서 일어나는 부패한 목사들의 행태가 학생들 사이에서도 간혹 화자 되는 듯했다. 세습 이야기, 성추행 이야기, 전별금 이야기 등등 수많은 이야기가 아이들의 호기심을 자극하며 나눠진다는 것이다. 그때마다 아들의 입장이 애매했다는 것이다. 가만히 있으면 무기력해지는 것 같고 반론을 재기하자니 사실인 상황이고 동조하며 대화에 참여하자니 마음이 불편할 수도 없는 입장에서 힘들어했다는 이야기가 비수가 꽂히듯 심장을 찢어 놓았다.

숙려제를 거치며

대안학교나 홈스쿨링을 생각해보지 않은 상황에서 아이의 자퇴 선언은 많은 고민과 괴로움을 낳았다. 학교 상담과 함께 지방교육청의 상담을 거쳤지만 아들의 생각은 바뀌지 않았다. 정신 상담을 받다 보니 우울 증세와 분노 수치가 상당히 높은 것으로 나왔지만 아들은 약 복용을 원치 않았다. 결국 아들과 상의 후 숙려제를 신청하고 더 깊이 생각해 보며 대안을 찾기로 했다.

이런 과정에서 아들이 어렸을 적 겪었던 아픔들을 모두 끌어내기 시작했다. 그동안 말하지 않았던 마음의 불만과 고통을 쏟아놓기 시작한 것이다. 우리는 당연히 여겼던 훈육에 대해서도, 초등학교 시절 당한 왕따 이야기도, 집안에서 일어난 오해들로 인해 당한 일들도, 신앙에 대한 궁금증과 불만도 다 쏟아 놓기 시작했다. 사춘기 시기가 특별히 없었던 것 같았었기에 한꺼번에 세찬 파도처럼 밀려 왔다. 아이가 쏟아 놓는 것에 대해서는 감사하게 생각하면서도 과정 속에서 감당해야 하는 일들은 견디기 어려웠다.

간혹 분노가 차오를 때면 욕을 하면서 소리를 지르고 물건을 던졌다. 착하고 순종적인 아들의 급변한 모습에 속수무책으로 받아들여야 했다. 자신의 생각과 다른 것에 대해서는 몇 시간이고 그것이 이해될 때까지 대화를 나눴다. 알고 있는 모든 지식과 경험을 총집합해서 설명을 해주었지만 아들은 자신의 입장에서 받아들일 수 없는 것에 대해서는 집요하게 질문했다. 궁금한 것이 생기면 밤 12시건, 새벽이건, 낮이건 시간도 상관없었다. 보통 낮에 잠들고 밤이 되면 일어나서 이야기를 나누기 시작하면 아침까지 뜬 눈으로 밤을 새우기 일쑤였다. 다행인지 불행인지 상가 건물에 살고 있을 때였고 아래층이 노래방이어서 소리를 지르고 물건을 던져도 밖으로 나가지 않기에 민원이 들어올 일은 없었다.

#갈등의 골과 부모의 성숙

숙려 기간이 지났지만 아이의 고민과 혼란은 멈추지 않았다. 마음 속에 있었던 분노와 불만은 우울증세로 이어졌다. 한번은 사촌 집에 가 있던 아들을 아내가 데려오고 있었다. 오는 길에 대화를 나누었는데 서로의 생각이 달랐다고 한다. 곧 말다툼으로 이어졌고 화가 난 아들은 차문을 열고 뛰어내렸다. 다행히 크게 다치지는 않았지만 너무 놀라며 내게 전화했었다. 그 이야기를 듣는 것만으로도 온몸의 세포와 머리카락이 쭈뼛쭈뼛섰다. 그 길로 아들은 다른 곳으로 걸어갔고 한참을 지나 집으로 돌아왔다. 나중에 들었지만 그 순간 아내는 '아들은 주님의 것입니다. 은혜를 베풀어 주세요'라고 외치듯 기도했다고 한다.

그 후로도 수많은 일들이 있었다. 밤새 대화를 하거나 차를 타고 드라이브 하면서 이야기를 나누었다. 어렸을 적 과거에 부모로부터 상처받은 것들에 대해 서로의 입장과 상황을 이야기했다. 나도 학교와 사역이 바쁘다는 핑계로 가정에 소홀했던 것에 대해서도 무릎을 꿇고 용서를 빌었다. 또한 아이를 이해하기 위해 청소년기의 신체적, 감정적, 인지적 특징들을 배워나가기 시작했다. 예배와 기도의 시간을 갖고 가까운 이들의 조언도 받았다. 하지만 결국 자퇴를 결정했다. 자퇴가 자녀의 미래에 부정적 영향을 끼칠까봐 가까운 관계가 아니고는 얘기를 꺼내기도 쉽지 않았다. 그렇게 2년여의 시간이 지났다. 상황은 조금씩 다르게 일어났지만 산발적으로 함께 씨름하며 고민하는 시간들이 지속되었다. 아들도 지금은 잘 이겨내면서 조금씩 일상을 회복하고 있다.

아들과의 여정에서 아내와 나는 아픔을 공감하며 끌어안는 법을 조금씩 배웠다. 사실 아내와 나의 어린 시절을 돌아보면 너무 힘든 시기를 보냈다. 그 시절 많은 아버지들이 그랬다고는 하지만 술과 폭언, 폭행이 있었던 어린 시절은 기억하기도 싫다. 그 고통의 터널을 뚫고 와서 그런지 웬만한 일들에 대해서는 시큰둥했었다. 어떤 이가 고통을 이야기하면 겉으로는 공감하는 것 같지만 무의식적으로는 '그 정도 가지고 뭘'이라는 인식이 있었던 것이다. 나의 아픔이 가장 크다고 느꼈기 때문에 다른 이의 아픔에 공감하지 못하는 모습이 있었던 것이다.

아들의 혼란은 아들만의 문제가 아니었다. 부모인 우리가 어린 시절을 지나면서 겪은 아픔을 우물을 퍼 올리듯 끌어올리는 시간이었다. 마치 겉으로 보기에는 맑은 물인데 바닥을 휘저으면 온갖 더럽고 아프고 슬픈 것들이 흙탕물처럼 일어나는 것 같았다. 괜찮은 부부로, 괜찮은 부모로 비치고 있었지만 우리 자신들이 먼저 상처를 치유하는 시간이 필요했었던 것 같았다. 아내는 단단하게 견디며 버티며 살아왔고 나는 애써 기억을 지우며 아무렇지 않은 듯 살아왔었음을 알게 되었다. 갈등의 골이 깊어갈수록 우리 부부의 아픔과 상처도 함께 올라왔다.

특히 나의 미련함이 눈에 띄게 드러났다. 겉으로는 인자한 얼굴과 유연한 성격을 갖고 있는 것 같아 보이지만, 빈말을 잘하고 약속을 잘 지키지 않으며 적당한 핑계로 빠져나가는 모습을 보게 되었다. 마지막 직장을 다닐 때는 회사가 어려워서 바쁘다는 핑계로 집에 잘 들어가지 않았다. 교회에서 전임 간사로 사역을 하면서 느지막이 학교를 다닐 때에도 사역과 학업을 핑계로 가정에 소홀했던 것을 알게 되었다. 당시에는 돈을 벌기 위해서, 사역하기 위해서, 공부하기 위해서 어쩔 수 없다는 생각이 가득했다. 그러는 사이 가정의 살림과 재정, 그리고 교육은 온전히 아내의 몫이 되었고 생활 속에서 속상함이 아이들에게도 전달되었다. 이런 내 모습을 모르고 적당히 괜찮은 척 살고 있었다.

목회의 현장에서 가장 힘든 부분이었다. 특히 형님이 아버지로 인해 병을 앓고 있기에 더욱 두려우면서도 과민한 반응을 보일 수밖에 없었다. 아내와 아들도 각자의 마음 방에서 힘든 시간을 보낸 듯했다. 아들은 리트머스 종이와 같이 인간의 연약함을 표시해 주고 있었다. 서로가 서로를 돌아보며 조금씩 더 이해하고 끌어안을 수 있는 시간이었다. 하지만 아직도 부족하고 연약하다. 부부로서도 부모로서도 목회자로서도 아직도 미련하고 무지하다. 지금도 끊임없이 발견되는 미세하면서도 깊숙이 자리 잡은 죄성과 연약함으로 인해 화들짝 놀라고 있다. 내 힘으로 어찌할 수 없는 부족함을 주께 맡기며 걸어가고 있다.

개척노트 2

개척 사역 속에서 놓치지 말아야 할 것들
: 사역 차별 변화된 환경과 마음

개척의 시차를 칼로 무 자르듯이 절단할 수는 없지만 대략의 분위기와 상황은 전부 달랐다. 현실적인 측면에서 외부의 상황 변화가 발생한다. 변화와 성숙 속에서 바라보는 시각도 달라진다. 연차가 쌓이는 것보다 실제 현장의 경험과 대하는 태도, 바라보는 사고에 따라 달라진다. 태도와 사고가 더 중요하다.

물리적인 시간으로 나눌 수 없고 일반화시킬 수는 없지만, 시간차에 따른 차이점은 어느 정도 분류가 가능하다. 당연히 개척 현실은 모두 다르기에 지극히 개인적인 입장에 가까울 수 있다. 하지만 각자의 상황에 따라 공통적인 부분들이나 미처 고민해보지 못한 부분들은 참고할 수는 있겠다 싶다.

1년차를 표현하자면 '설렘, 기대, 열정'이다

개척은 미지에 대한 두려움과 함께 설렘으로 가득찬 시간이다. 개척 후 만난 많은 목회자들이 '내가 개척하면 잘될 것이다'라는 의식이 있었다. 인간이기에 피할 수 없고 정도의 차는 분명히 있지만 말이다. 새로 개척하는 이들도 마찬가지일 것이다. 설렘과 기대가 동반된 현상은 열정이 충만하다는 것이다. 모든 일에 열심을 내고 자신이 걸어왔던 길에 지금까지 경험한 것을 모두 쏟아 붓는다.

열정을 뿜고 최선을 다하는 것은 좋은 것이다. 이런 과정을 통해 많은 부딪힘이 일어난다. 하지만 얼마의 시간이 지나면서 '이 열정이 최우선은 아니었구나'를 알아차린다. 열정을 회피하지는 말아야 하지만 중요한 부분에 우선순위와 시간을 확보해 주어야 한다. 이것은 유형의 것이 아닌 무형의 것이다. 방법에 관한 것이 아닌 방향에 관한 것이다. 외적인 것이 아닌 내적인 것이다. 완전하지는 않지만 무형과 방향, 내적인 것을 유추할 수 있는 방식이 있다.

2년차를 표현하자면 '현타, 한계, 무기력'이다

개척 후 1년의 시간동안 쏟아 부었던 열정의 결과는 거의 없다. 어느 시대든 복음을 전하기 어려운 시대가 없지 않지만 지금은 더 그렇다. 자신이 생각하고 기대했던 것이 무너지는 시기다. 이미 일년의 시간동안 작고 크게 경험했지만 나름 버티고 버텼다. 2년차는 이 버팀이 무너지는 순간이다. 한마디로 현타(현실 자각 타임)가 온다. 또한 자신의 한계를 발견하고 무기력한 모습을 보게 된다.

만약 1년차에 무형, 방향, 내적의 영역을 탄탄히 준비하였다면 2년차에는 분위기는 달라진다. 그렇지만 만약 그렇지 않더라도 2년차에 유의하며 수정할 부분이 있다. 그것은 자신을 철저히 돌아보는 것이다. 자신의 경험과 지식의 한계를 처절하게 경험한 이후에 우리가 할 수 있는 것은 전적으로 하나님께 맡기며 자신의 모든 것을 내려놓는 것이다. 물론 하나님께서는 우리의 재능과 경험을 사용하시지만 나의 한정된 것들에 매이지 않고 엎드림 가운데 하나님으로부터 얻는 것들을 새롭게 시도할 수도 있어야 한다. 어찌할 수 없는 우리의 삶과 사역을 전적으로 하나님께 맡길 수 있어야 한다.

3년차를 표현하자면 '소망, 의지, 성장'이다

철저히 하나님을 의지하는 가운데 새로운 변화는 나의 열심과는 상관없이 성도들이 등록했다는 사실이다. 이전에는 전도지를 열심히 돌리고 최선을 다해 노방전도를 하면서 이것이 나의 열매로 연결될 줄 알았다. 그러나 이제는 더욱 전도의 의미를 기억하며 감당하게 되었다. 즉 전도는 결과를 위한 것이 아니라, 원인이 되는 말씀의 순종에 있다는 것이다. 전도가 많이 되고 교회가 외적으로 부흥하는 것이 중요한 것이 아니라 하나님과의 관계 속에서 말씀에 드러난 요청과 명령 앞에 순종하는 것 자체가 중요하다는 것이다.

중심의 변화는 도리어 결과의 변화로 나타났다. 성도가 등록하기 시작했고 전도가 되기 시작했다. 우연히 만난 이가 교회를 찾고 있었고 여러 교회를 다녔던 이가 마지막으로 방문해보기로 하고는 등록했다. 오직 주님만이 우리의 소망이며 의지가 됨을 발견하게 되었다. 철저히 하나님만을 의지하고 결과와 상관없이 기쁨으로 사역하기 시작하니 변화와 성장이 일어난 것이다. 결국 우리는 설립예배를 드리게 되었다.

4년차를 표현하자면 '나태, 나락, 겸손'이다

외적인 부흥이 이어지면서 4년차 초에는 아이들을 포함해 약 40여 명의 성도들이 함께 신앙생활하게 되었다. 재정도 후원을 포함해서 자립할 수 있는 상황까지 이르렀다. 하지만 이러한 현실의 변화 속에서 나태함과 교만함이 이내 자리를 잡았다. 무언가 자신의 힘으로 이런 변화와 성장이 있었던 것처럼 우쭐거리는 마음이 일어났다. 겉으로는 표현하지 않았지만 마음 속 깊은 곳에 자리를 트고 있는 교만함을 사건 후에 발견하게 되었다.

결국 일이 터졌다. 너무나 사소해 보이는 작은 일로 오해가 발생하더니 가정과 교회에 갈등이 일어났다. 삽시간에 불이 붙어 산을 태우듯 당황해하는 사이, 한 가정씩 떠나기 시작했다. 오해한 가정이 떠나고 가까운 가정이 떠나고, 상대방 성도가 부담을 느끼면서 떠나고 또 가까이 함께 한 이가 떠난 것이다. 손을 쓸 수도 없는 사이 도미노와 같이 순식간에 떠나는 일이 발생했다. 헤머로 뒷통수를 크게 맞은듯했다. '어~ 어~ 이게 뭐지?!' 하는 사이에 교회는 반쪽이 되었다. 이후에 나락으로 떨어졌던 마음을 회복하는데는 많은 에너지와 시간이 필요했다.

5년차를 표현하자면 '다시, 자유, 유연'이다

4년차의 연말 즈음 조금씩 회복할 수 있었다. 깊이 엎드리면서 나의 부족함과 연약함을 발견하게 되었다. 목회적 성숙과 은혜의 충만함이 없었기에 선명하게 분별하지 못했던 나의 모습을 깊이 돌아볼 수 있었다. 또한 이렇게 부족한 목회자와 함께 신앙생활 했던 성도들이 얼마나 힘들었을까하는 반성도 하게 되었다. 아직도 어리숙하고 미련하지만 결코 나를 버리지 않으시는 하나님의 의지하며 다시 일어나기 시작했다.

'아픈만큼 성숙해진다.'라는 말처럼 나의 마음과 관점이 조금은 성숙해졌음을 느낀다. 비싼 수업료를 치른듯하다. 이제 내게 주어진 은혜는 '다시' 설 수 있는 은혜다. 그리고 자유함과 유연함이다. 상태와 상황에 매이지 않는다고 말했었으나 의식적으로나 무의식적으로 끊임없이 결과에 목매였던 나의 모습을 발견하였다. 완전하지 않지만 자유함 가운데 사역을 감당할 수 있는 유연함을 얻게 되었다. 아직도 많이 부족하다. 그러나 이 미련함을 받아주시는 하나님이 계시기에 기쁨으로 감당할 수 있다.

4년의 시간을 지나 5년차를 맞이하지만 아직도 힘들다. 어쩌면 이제는 개척교회라고 부르기보다는 미자립교회 쪽이 더 가까울 수도 있다. 그러나 내적인 성숙과 변화는 달라졌음을 느낀다. 끊임없이 나를 이끌어 하나님의 사람으로 정결케 하시고 거룩케 하시는 은혜를 누리고 있다. 구원하신 은혜 안에서 더욱 기쁨을 누리고 영원한 하나님 나라의 소망을 또한 누리게 하신다. '절대'라는 말을 사용할 수는 없지만 어떠한 상황에 처한다 할지라도 주님을 의지하며 주어진 일을 성실히 감당할 수 있을 수 있는 은혜를 입었다.

전도

눈물로 끌어안을
한 영혼의 구원

개척교회는 목회자가 대부분 전도를 한다. 전도자가 없기 때문이기도 하며 목회
자도 한 사람의 그리스도인으로서 전도의 자리에 서 있어야 하기때문이기도 하
다. 중대형교회의 부교역자 시절에는 전도팀을 인도하거나 아파트 전도, 노방전도
를 통해 간접적으로 전도지를 배포했다. 여러 사역 중 하나였기에 열정적으로 감
당하긴 했지만 일주일의 사역 속에 포함되어 있는 하나의 일정이었다.

그러나 개척을 한 이후에 전도를 하는 것은 농도가 달랐다. 개척교회 전도는 직접
사람들을 만나고 교제하고 나누며 소통하는 것으로 진행된다. 사람들을 대면하고
눈빛을 주고받으며 각자가 처한 상황들을 함께 나누게 되었다. 그만큼 더욱 실제
적으로 더 깊은 이야기를 나눌 수 있다. 처음은 힘들지만 만남을 통해 더 많은 은
혜를 누리게 된다.

막막한
전도현장
속에서도

그런 거였어요?

이런 저런 대화들

전도를 하다보면 3~40분에서 2시간 여를 이런저런 대화로 나누게
되는 경우들이 있다. 물론 대부분은 간단히 인사를 나누며 전도지를 전
하거나 전도지를 통해 복음의 핵심내용을 간단히 전하게 된다. 많은 대
화를 나누는 경우, 사람의 죽음에 대해서나 주변의 기독교인들의 이해
가지 않는 신앙 형태에 대한 궁금함을 토로하는 경우가 가장 많다.

사람의 죽음에 대해서는 자신들의 생각이나 다른 종교와 기독교가
다른 점이 주를 이룬다. 개인의 생각은 죽음 후에 아무런 의식이 없는
세계에 있다는 생각과 선행을 통해 사후세계가 결정된다고 생각한다.
특히 기존의 한국인들에게 토착화 된 종교에 대한 질문과 신비적인 현
상이나 예언, 꿈에 관한 이야기 등이 주를 이룬다.

별반 다르지 않은 모습들

그런데 개인의 생각이나 다른 종교를 통한 현세의 신비로운 일들이

나 내세에 대한 사고가 기존 기독교 신앙을 갖고 있다는 분들과 별반 다르지 않다. 세상에서 착한 일을 많이 해서 죽은 이후에 누군가로부터 인정받아서 극락왕생한다는 것과 자신의 열심과 선행을 통해 하나님으로부터 인정받는 자기 의가 더 중요한 기독교인의 모습이 그렇다. 죽고 난 이후의 상태에 대한 모호한 존재의식이나 신비한 힘이나 현상에 대한 이해가 지극히 샤머니즘적인 관점과 비슷하다. 기복신앙과 성공주의는 둘째치더라도 말이다.

주위에 있는 기독교인들에 대한 토로도 그렇다. 자신이 알고 있는 크리스천이라는 사람들은 신앙생활도 열심히 하고 하나님을 이야기하는데, 점을 보러가거나 성공하는 것에 눈에 불을 켜고 달려들거나 사람들의 마음을 거칠게 다루는 행태가 많다는 것이다. 교회를 다닌다는 것과 하나님을 믿는다고 말하는 것을 빼면 안 다니는 사람들과 다른 게 없다.

교회에는 나가지 않지만 인생과 삶에 대해 깊이 고민하는 분들이 어쩌면 정신없이 보이는 열심에 파묻혀서 혼비백산하듯 달려가는 그리스도인들보다 생각의 깊이나 넓이가 더 있는 듯 보인다. 물론 말씀 안에서 상고하고 묵상하며 진리 안에서 자유를 누리는 그리스도인들도 많이 있지만 말이다.

#그럴싸한 기독교인

어쩌면 우리 기독교가 이러한 기독교인을 양산하고 있는지도 모른다. 영혼의 가치와 마음의 생각은 달라진 것이 없는데 포장만 그럴싸한 기독교인들, '왜, 예수 믿으면 구원받는지', '믿는다는 것이 무엇인지'는 잘 모르면서 예수라는 존재를 막연히 열심히 따르고 믿는다고 하면 이 땅에서 복 받고 천국은 따 놓은 당상이라는 생각을 가진 사람들, 성실히 진실하게 하나님 앞에 날마다 매 순간 서 있기 보다는 하나님 없는 것처럼 아무렇게나 살다가 정말 마음에 찔리는 게 있으면 회개하면 그만이라는 사람들, 진정한 회개가 무엇인지도 모르면서 외적인 규례 안에 얽혀있는 사람들이 그들이다.

자신의 가치관이나 신앙관은 보이지 않는 마음의 금고 속에 넣어놓고 신앙생활의 형태나 활동에만 목을 매는 기독교인들은 바뀌어야 한다. 그리고 목회자들은 말씀 안에서 진정한 자유와 기쁨을 드러내고 바른 방향과 푯대를 제시해줄 수 있어야 한다. 어쩌면 기독교인이 온전한 그리스도인으로 이 땅을 살아갈 수 있도록 돕는 것이 우리의 역할인 것 같다. 그리고 잘못 알고 있는 것들을 바른 것으로 나눌 수 있는 따뜻한 관계가 만들어지도록 하는 것이 우리의 몫인 것 같다.

찢어진 포스터

#엘리베이터 안 포스터

4층에 위치한 교회이기에 엘리베이터가 있다. 그 안에 홍보물들을 붙일 수 있다. 문이 열리자마자 보이는 정면에는 기존에 있었던 3층 노래방 간판이 붙어 있다. 1층과 2층은 엘리베이터를 이용하지 않기에 교회가 양쪽 공간을 쓸 수 있었다. 한쪽에는 예배시간을 붙여놓고 또 다른 한쪽에는 교회 사역이나 말씀을 나누는 포스터를 붙여놓았다.

예배시간은 거의 변화가 없지만 포스터는 상황과 때에 따라 바뀌게 된다. 두 장을 붙일 수 있는데 한 장은 교회 사역 소개 포스터이고 다른 한 장은 말씀을 나누는 포스터다. 사역 포스터는 어린이 프로그램이나 절기 포스터, 그리고 굵직굵직한 교회 활동이 주를 이룬다. 말씀 포스터는 전도를 목적으로 성경구절을 넣어 만든 포스터다. 최근에 붙였던 말씀은 '주 예수를 믿으라. 그리하면 너와 네 집이 구원을 받으리라'(행 16:31)는 말씀이었다.

#찢겨져 버려진 포스터

그런데 어느 날 엘리베이터 안에 붙여놓았던 포스터가 찢겨져서 바닥에 버려져 짓밟혀 있었다. 신발 자국의 흙이 가득 묻어 엘리베이터 밖에 굴러다니고 있었다. 뜯어서 꾸긴 다음에 발로 밟은 것 같았다. 아무래도 아래층 노래방의 술 취한 손님에 의한 것이 아닌가 싶다. 전날 저녁에 괜찮았다가 다음날 오전에 발견되었기 때문이었다.

처음에는 속상함과 함께 화가 먼저 불같이 올라왔다. 아무리 술 취해서 그렇다고는 하지만 다른 이의 것을 뜯고 밟을 수 있나 싶었다. 특히 말씀을 담은 포스터였기에 속상함은 배가 되어 몰려왔다. 말씀이 짓밟혔다는 생각에 괜히 속이 상하고 괴로웠다. 이해하려고 노력했지만 쉽지 않았다.

#찢어진 포스터를 통한 소망

하지만 속상한 마음을 붙잡고 기도하며 고민하고 있을 때에 소망이 일어났다. 찢은 이의 마음 가운데 말씀이 부딪히면서 이기지 못하는 마음에 순간적으로 한 행동일 것이라고 이해했다. 마음에 작은 소망을 품게 되었다. 혹시 뜯은 이의 마음 가운데 말씀이 부딪히게 되면서 그런 것은 아닌가 싶어서다. 소망 없는 인생으로 노래와 술, 도우미를 찾던 이의 마음 가운데 말씀이 부딪히면서 갈등이 일어났을 수도 있다는 작은 소망이 마음을 위로했다.

아니, 제발 이것을 뜯은 이의 마음속에 죽음과 사망 앞에서 어찌할 수 없는 갈증이 일어나기를 기도하기 시작했다. 하나님께서 그 마음을 이끌어주셔서 주님 앞에 나올 수 있기를 소망한다. 채워지지 않는 갈증 가운데 있었던 사마리아 여인처럼 주님 앞에 나아오길 소망한다. 예수 믿는 자들을 핍박하며 죽였던 사울이 예수님을 만남으로 변한 것처럼 오히려 이 갈증과 갈등이 예수 그리스도를 주로 고백하며 진리 안에서 자유를 누릴 수 있는 계기가 되기를 기대한다.

전도 현장에는 찢겨지고 버려지는 일이 태반이다. 전도 물품은 취하고 전도지는 버리는 경우도 많다. 이런 행동을 전도하는 사람이 볼 수 있는 멀지 않은 곳에서 일어난다. 전도가 끝난 후 정리하면서 버려진 전도지를 다시 줍는 일도 전도 현장의 일이다. 그도 그럴 것이 아직 하나님의 존재를 믿지 못하는 이들에게는 그리 중요하지 않게 여긴다. 하지만 이런 상황 속에서도 그들의 마음을 주장하시는 분이 하나님이심을 잊지 않게 하셨다. 우리의 결정이 아니라 하나님의 결정 안에서 일어날 전도의 역사이기 때문이다.

전도 후 걸려온 한통의 전화

#불만의 전화 한통

수요일 오후에는 주로 아파트 전도를 했다. 작은 봉지에 전도지와 과자나 마스크 같은 것을 함께 넣어 문고리에 걸어놓는다. 한 주에 한번씩 주변 지역을 돌아가면서 전도한다. 아내와 단둘이 하기도 하고 매주 함께 전도하는 지역 교회 목사님과 함께 하기도 한다.

전도를 마친 후 교회에서 수요예배 준비를 하는데 저녁 7시쯤 전화가 왔다. 30대 후반에서 40대 초반쯤 되는 듯한 남자였다. 대뜸 거친 말투로 욕을 섞어가며 불만을 쏟아놓기 시작했다. 한국 기독교가 똑바로 안하면서 포교(전도)를 하고 싶냐는 것이 주된 요지였다.

기독교를 대표한다는 단체와 단체 대표, 그리고 국회에서의 시위, 이스라엘국기, 정교분리, 세습 등에 대한 자신의 생각들을 쏟아놓았다. 한 맺힌 이처럼 차곡차곡 쌓아 두었던 불만들이 모두 터져 나오는 듯했다. 기독교가 자신들의 역할은 제대로 하지 않으면서 쓸데없는 곳에 관심을 두고 있다는 요지였다. 자신을 무교라고 소개한 그는 기독교를 비롯한 여러 종교에 관심이 많은 사람처럼 느껴졌다.

#쏟아지는 이야기 듣기

처음에는 그저 들어줄 수밖에 없었다. 전화기를 통해 들려오는 남자의 분노가 쉽게 사그라지지 않을 것 같았기 때문이다. 거친 숨소리와 함께 쉬지 않고 전하는 그의 목소리에 울분이 담겨 있었다. 답변할 틈도 주지 않고 한참을 일방적으로 이야기했다.

20여 분을 쏟아놓았을 때쯤에서야, 미안한 마음과 안타까운 마음을 그에게 전했다. 그리고 그 분노의 마음을 다 이해할 수는 없겠지만 충분히 이해한다고 했다. 내가 기독교를 대표할 수는 없지만 목사로서 죄송하다는 말씀도 드렸다. 모두가 그렇지 않음과 그럼에도 불구하고 우리의 단면이니 부인하지 않겠다고 말씀드리며 용서를 구했다.

한 40분쯤 지나서야 통화를 마칠 수 있었다. 중간에 예배시간을 핑계로 끊을까 하다가도 왠지 그렇게 하지 말아야겠다는 마음이 더 앞섰다. 다행인 것은 통화가 끝나기 10여 분 정도부터는 존대를 해주시며 자신도 화낸 것에 대해 미안하다고 하셨다. 그리고 기회가 된다면 교회에 한번 방문해보고 싶다고 하셨다.

들어주는 것만으로도

사람들은 왠지 모를 분노에 휩싸여있다. 그것이 화풀이 대상이 필요해서인지, 마녀사냥 식으로 한곳에 쏟아 부으려는 것인지 모르겠으나 확실한 것은 기독교를 향한 일말의 기대가 남아 있다는 사실을 알게 되었다. 세상이 제멋대로 돌아간다 할지라도 신을 믿는 너희는 좀 달라야 하지 않겠냐는 기대다.

언론을 통해서나 직간접적으로 삶에서 경험한 부정적인 사건들을 바른 기독교라고 말할 수는 없다. 하나님 앞에서 말씀을 붙잡고 씨름하며 은혜 안에 거하는 이들은 그럴 수 없다. 그러나 이미 많은 사람들이 보고 경험하듯이 죄책으로 인한 부패한 죄성을 깨뜨리지 못하고 살아가는 그리스도인들이 많다. 신앙의 길에 부패하고 타락한 모습도 눈에 많이 띈다. 곪아 터지기 직전의 상태도 수없이 많이 목도하게 된다. 특정인과 대상을 지목하는 것이 아니라 우리 모두가 스스로를 깊이 돌아봐야할 지점에 서있다.

그저 그들의 화를 받아주는 것도 어쩌면 전도다. 오히려 쏟아놓고 있다는 사실만으로도 그나마 소망이 있다. 연예인들에게 안티도 팬이라는 말이 있는 것처럼 소리라도 지르고 욕이라도 하는 사람에게는 그나마 애정이 남아 있는 것이다. 이들이 조금이나마 마음의 응어리를 씻을 수 있다면 까짓것 욕 좀 먹으면 어떤가. 그들의 답답함을 풀어줘야 하는 곳이 교회인데, 어쩌다보니 화를 돋우는 대상이 되고 있다. 꾸지람을 들어도 괜찮다.

이런저런 고민과 생각이 더 많아지는 하루였다.

우리는 지금 어디로 가고 있는가?

쿼바디스 도미네.

제가 이 교회 담임인데요

#노방전도의 유익

개척 초기, 주로 노방전도를 하게 되었다. 연고가 없던 지역에서 개척을 하다 보니 아는 사람이 없었다. 개척 멤버가 별도로 있는 것이 아니었고 친인척들이 한동안 나오긴 했지만 떨어져 살아서 전도하기 어려웠다. 사람을 만날 수 있는 다양한 형태 중에서 노방전도는 가장 기본이 되는 방식이기도 했다. 물론 전도의 효율성과 결과만을 놓고 보면 비효율적인 부분과 함께 부정적인 요소들도 있다.

하지만 단순히 결과나 효율성으로만 노방전도를 평할 수는 없다. 목회자로서 복음을 전할 수 있는 강력한 은혜가 노방전도에 있기 때문이다. 전하는 자의 기쁨과 감격, 선포의 중심과 내용이 드러나는 귀한 자리가 되기도 한다. 또한 다양한 사람들을 통해 다양한 반응과 경험을 하기도 한다.

주춤거리며 전도지를 나누어주기에 급급하던 순간들, 수고한다면서 음료수를 건네는 분을 만난 순간들, 전도 이후에 몰려드는 허탈감이 있었던 순간들, 전도지를 내민 손을 뿌리치며 경멸하거나 무시하는 이들에 대한 안타까움들, 멀지 않은 곳에서 미자립교회에서 오랫동안 목회하시던 분의 덕담들, 교회로 돌아와서는 만났던 사람들을 생각하며 기도하는 시간들, 급한 발걸음으로 걸어가며 쳐다보지도 않는 사람들 등등 수많은 현장의 느낌과 반응을 발견할 수 있는 자리가 된다.

우리 교회로 오세요

한번은 교회에서 가까운 역에서 전도를 하고 있었다. 역 주변을 오고 가는 사람들에게 물티슈와 함께 전도지를 나누어 주었다. '예수님 믿으세요. 혹시 시간 되시면 읽어보세요'라는 메시지와 함께 전도하였고 이야기를 나눌 수 있는 분들과 함께 이야기도 나눴다. 그렇게 전도하고 있는데 60대 초반쯤 되시는 분이 잠시 멈춰 섰다. 받은 전도지의 앞뒤를 유심히 둘러보시더니, 교회에 대해 궁금한 점을 몇 마디 건넨다.

이어서 자신이 다니시는 교회에 대한 좋은 점들을 말씀하시기 시작하셨다. 목사님의 설교가 좋고, 성도들이 많이 있으며, 시설이 좋다는 점과 교육부 아이들 프로그램을 비롯한 교회 프로그램이 잘 돼 있다는 내용이었다. 정말 좋은 교회에 다니셔서 좋고 감사하다는 말을 건네며 기쁜 마음으로 듣고 있었다. 이런저런 좋은 점들을 말씀하신 후에 넌지시 마지막 말을 던지셨다.

"우리 교회로 오세요" 순간 잘못 들었나 싶어서 다시 여쭈어 보니 다시 동일한 말씀을 하셨다. 당황스러운 마음을 뒤로하고 '제가 이 교회 담임목사입니다'라고 기쁨으로 말씀드렸다. 2~3초의 정적이 흘렀고, 그분도 멋쩍으셨는지 '아, 그럼 우리 교회에 못 나오지. 허허허'하시고는 수고하시라는 말과 함께 걸음을 옮겼다. 순수한 마음으로 교회를 자랑하고 기뻐하셨겠지만 교회의 의미에 대해서는 회의감이 들었다. 길지 않은 시간이었지만 머릿속이 복잡해지고 마음이 무거워졌다.

가시적 교회와 불가시적 교회

이날따라 '교회는 무엇인가'에 대한 더 많은 생각과 고민을 하게 되었다. 우리가 살아가는 이 시대 속에도 수많은 교회들이 존재한다. 지역에 따라 차이가 있겠지만 그럼에도 너무나 쉽게 찾을 수 있는 것이 십자가다. 번화가 교차로에는 4~5개의 교회가 얽히고설키듯 서로를 마주 보고 있다. 하지만 놀랍게도 서로에 대해 잘 모른다. 성경을 통해 우리는 예수 그리스도의 몸 된 지체임을 알게 되었지만 각 개교회 안에서만 존재하는 적용되는 듯하다.

특히 개신교 안에는 수많은 교파와 교단이 존재하고 이들은 서로 경쟁하듯 서로를 바라본다. 성경의 가치 안에서 드러나는 몸 된 지체로서 연합과 연대를 찾아보기 힘들다. 특히 지역 안에서는 더 찾아보기 어렵다. 같은 교단이라 해도 몇 백 미터 안에는 개척할 수 없는 조항들이 있고 서로 다른 교단 사이에는 옆에 붙어 있어도 서로에 대해 잘 모른다. 관심을 가질 때는 옆 교회가 더 부흥하고 성장할 때뿐인 듯하다.

몇 년이 지난 최근에는 우리 교회에 출석하시는 성도님과 같은 동에 사시는 분이 '큰 교회 목사님은 큰 복을 주시고, 작은 교회의 목사님은 작은 복을 주시니, 내가 다니는 큰 교회에 오세요'라고 말씀하셨다고 한다. 물론 연세가 있으신 분들의 이야기이니, 어느 정도 이해는 가지만 안타까운 마음이 앞섰다. 다행히(?) 우리 교회 성도님은 '복을 만약에 주시더라도 목사님이 주시는 게 아니고 하나님께서 주시는 것이니 상관없다. 나는 지금 다니는 교회가 좋다'라고 말씀하셨단다. 목사인 내가 복을 줄 수 있는 능력이 없음을 아시니 감사했다. 목사는 제사장도 아니고 어른도 아니다. 한 영혼을 섬기고 성경을 가르쳐 드리는 역할이 주어졌을 뿐이다.

교회는 사실, 건물로 존재하는 예배당이 아니다. 예수 그리스도를 믿는 믿음의 사람과 동일한 신앙 고백을 드리는 공동체가 교회다. 믿음의 연합 안에서 영원한 생명으로 부르심 받은 하나님의 백성들을 말한다. 무조건적인 사랑과 은혜 안에서 오직 하나님의 주권 안에서 베풀어 주신 긍휼을 입은 자들이 교회다. 또한 예수 그리스도의 머리되심을 인정하고 십자가 사랑 안에서 어떠한 유익과 이익을 취하지 않는 것이 교회다. 이것을 알고는 있지만 살아내기는 어려운 시대다.

또한 이는 각 시대와 공간 안에서 존재하는 가시적 교회와 시대와 공간을 뛰어넘어 존재하는 모든 하나님의 백성들을 가리키는 불가시적 교회로 나뉜다. 즉 보이는 교회와 보이지 않는 교회 모두가 교회로서 존재하는 것이다. 우리는 지금, 보이는 교회 안에서 신앙생활하고 있지만, 이는 보이지 않는 모든 시대와 세대 안에 드러난 하나님의 섭리 안에서 존재하는 교회에 속한 것이다.

초대교회의 모습 속에 우리의 모습을 비춰볼 수 있다. 불완전하고 연약한 모습은 동일하나 사도들을 통해 전해진 교회의 본질은 우리를 돌아보게 한다. 특히 사도행전 2장에서 말하는 교회의 처음 모습은 우리로 하여금 많은 반성을 일으킨다. 휘청거리고 넘어지는 걸음을 걸을 수밖에 없어서 하나님의 은혜만을 붙잡을 수밖에 없는 존재이지만 성경을 통해 드러난 교회의 모습을 다시 붙잡을 수 있기를 소망해 본다.

믿는 사람이 다 함께 있어 모든 물건을 서로 통용하고, 또 재산과 소유를 팔아 각 사람의 필요를 따라 나눠 주며, 날마다 마음을 같이하여 성전에

모이기를 힘쓰고 집에서 떡을 떼며 기쁨과 순전한 마음으로 음식을 먹고, 하나님을 찬미하며 또 온 백성에게 칭송을 받으니 주께서 구원받는 사람을 날마다 더하게 하시니라(행 2:44~48).

주춤거리고 문 앞에 서서

#문 앞에 서다

개척 초기, 아내와 함께 전도를 하기 위해 나섰다. 전도를 준비하는 내내 떨렸고 설레었다. 하지만 상가 문 앞에 섰을 때의 떨림에 비하면 아무것도 아니었다. 심장이 쿵쾅거리기 시작했다. 어떻게 해야 할지, 무슨 말을 해야 할지 도통 모르겠다. 심호흡을 하고 마음을 단단히 먹지만 쉽지 않다.

전도를 나오기 전에 함께 기도하는 시간을 가졌다. 하나님께서 우리의 마음을 붙잡아 주셔서 담대하게 전할 수 있도록, 만나는 이들이 선함으로 응대하며 복음을 잘 접할 수 있도록, 지역 주민들과 함께 소통하며 알아갈 수 있도록 기도했다. 떨리는 심정이었지만 이렇게 함께 기도하며 전도하는 것은 너무 좋았다. 하지만 막상 문 앞에 서니 온몸이 굳는 것 같다.

아내와 함께 문 앞 인도에 서성거렸다. 왔다 갔다 하던 중에 간신히 한 상가 앞에 섰지만 서로 팔뒤꿈치를 치며 눈치를 줄 뿐이었다. 서로 바라보며 눈썹을 올렸다 내렸다 하고 턱으로 상가 쪽을 가리키며 먼저 들어갈 것을 종용했다. 그러다가 이 상황이 우스웠는지 서로 웃음을 터트렸다. 내가 생각해도 어이가 없었다.

#전도의 발걸음을 떼다

드디어 문을 열었다. 우리 교회의 임대 계약을 했던 부동산이다. 그래도 조금은 안면이 있는 분들이 편한 듯했다. 쭈뼛거리며 들어간 곳에서 애써 미소를 지으며 멋쩍어하며 전도지를 드렸다. 전도지를 전해 드리면서도 쑥스러움이 몰려왔다. 교회를 다니지는 않으셨지만 교회에 대한 부정적이거나 싫어하진 않으셨다. 잠깐 이런저런 이야기를 나누고는 바로 나왔다. 복음에 관한 이야기는 거의 하지 못했다.

다시 거리로 나온 우리는 몇몇 상가의 문을 두드렸다. 그래도 처음 전도를 하기 위해 나왔을 때보다는 수월했다. 그러나 여전히 전도지를 전해 드리고는 얼른 그 자리를 빠져나오듯이 나왔다. 어쩌면 앞으로 오랫동안 알고 지내야 하는 관계가 될 텐데도 쉽지 않았다. 미소를 띠며 전도지를 드리고 교회 위치를 소개하는 정도가 전부였다.

그래도 다행히 핍박을 하거나 소금을 뿌리거나 소리를 지르지는 않았다. 그저 우리의 두려움이 우리를 휘감았을 뿐이다. 다들 웃음으로 맞아주고 기쁨으로 받아 주었다. 물론 바쁜 일로 인해 전도지를 받고는 해야할 일들에 집중하는 분들도 있었다. 그것이 그리 기분 나쁘거나 힘든 이유가 될 수는 없었다. 도리어 일을 방해한 것 같아 미안함이 앞섰다.

#함께 어울러 지기까지

첫 전도의 시간은 떨림과 쫄림의 연속이었다. 긴장한 상태로 돌아다녔더니 돌아왔을 때에는 힘이 쭉 빠졌다. 사람들을 만나서 이야기를 나누고 소개하고 다가간다는 것이 여간 쉽지 않았다. 직접적으로 사람들을 만나고 이야기를 나눌 수 있는 기회가 많지 않았던 것도 이유가 될 수 있겠다. 주로 노방전도나 찬양전도, 가가호호전도지를 꽂는 전도들을 했었기 때문이다.

이후에 전도지만 드리기보다는 차를 대접하거나 물티슈를 함께 드렸다. 일하는 시간에 다가간다는 미안함과 시간을 함께 나누었다는 고마움이 있었기 때문이다. 특히 아내가 사과나 배를 우려서 내린 차를 나눌 때에는 다른 분들도 좋아하셨다. 오랜 시간 동안 우려야 하는 특성과 평소에는 접하기 어렵다는 점 때문이다. 우리도 차를 따라드리면서 차에 대한 이야기로 편하게 나눌 수 있어서 좋았다.

몇 번의 만남이 있고 나서는 몇몇 분들이 마음을 열기 시작했다. 특히 하루 종일 바쁜 것이 아니기에 각 업종마다 시간의 여유가 있는 타이밍이 다르다는 것을 알았다. 이 시간에는 차를 마시며 일상이나 신앙의 이야기를 나눌 수 있었다. 특히 인상 깊었던 것은 각자 다른 상황이지만 기독교와 그리스도인에 대한 아픔이 거의 다 있었던 점이다. 가족이나 친구, 이웃이나 거래업체 등의 다양한 상황과 TV나 신문 지상을 통해 전해지는 기독교의 사건 사고에 부정적인 시각을 갖고 있었다.

처음에는 부정적인 이야기가 나올 때마다 변론하거나 당황해하는 내 모습을 발견했다. 그러나 점점 시간이 지나면서 들어주는 것도 전도라는 생각을 갖게 되었다. '이들의 마음속에 담긴 아픔과 상처를 꺼내서 표현하기까지 얼마나 용기가 필요했을까'라는 생각과 함께 미안한 마음이 앞섰다. 대화를 나누면서 기독교에 대한 일반 사람들의 생각과 관점을 폭넓게 이해하고 소통할 수 있게 되었다.

첫 발걸음에서 교제까지

개척 초기부터 시간이 지날수록 다양한 경험들을 통해 전도에 대한 시각이 많이 바뀌게 되었다. 처음에는 마음이 급해서 사람들을 어떻게 하면 교회로 이끌 것인가에 집중하게 되었다. 하지만 점차 이들의 삶과 일상 속으로 들어가서 함께 어우러지고 소통하는 것의 소중함을 알게 되었다. 몇 가지 느낀 점을 나누자면 이렇다.

첫째로는 부족하더라도 첫발을 떼라는 것이다. 처음 전도를 나갈 때에 두렵고 떨린 것은 나의 준비되지 못한 점이었다. 어떻게 말할 것인가, 어떻게 전할 것인가, 어떻게 인도할 것인가에 대한 수많은 부담감이 나로 하여금 떨림과 쫄림으로 몰아세웠다. 하지만 전도를 꼭 누군가를 그 자리에서 변화시켜서 교회로 이끄는 데까지로 생각하면 안 된다. 부족하고 연약하지만 지금, 이 순간 함께 나누고 전할 수 있다는 사실이 중요한 것이다.

둘째로는 듣는 것도 전도라는 것이다. 우리는 전하고 말하는데 너무 익숙해져 있다. 우리의 생각을 관철시키고 주입시켜서 저들이 변화되는 것으로 인식한 것이다. 그러나 주님이 행하신 것처럼 전하는 것의 기본은 듣는 것이다. 소통하는 것이다. 먹고 마시며 나누는 것이다. 그중에 가장 중요한 것이 듣는 것이다. 듣는 것은 반대로 말하면 다른 사람으로 하여금 말하게 하는 것이다. 그들이 말하면서 그들의 상처와 아픔을 꺼낸다. 그들 속에 쌓여있던 다양한 응어리들을 꺼내놓게 된다. 그것만으로도 전도의 사역을 감당한 것이다.

셋째로는 삶에 말씀이 드러나고 공유되는 것이다. 전도를 누군가 교회로 데려오는 것으로 말한다면 교회 건물이 주체가 된다. 그러나 교회 안에서 할 수 있는 것들을 밖에서도 나눌 수 있다고 말한다면 교회 건물보다 말씀이 더 중요하게 된다. 아직 교회에 나오지 못하는 이들 속에 복음을 전하는 것이 전도다. 그러니 교회로 사람들을 모으는 것보다 더 중요한 초점은 그들에게 복음을 나누고 전하는 것 자체가 되는 것이다. 오랜 시간 소통하면서 나타나는 것은 예수 그리스도의 사랑과 하나님의 말씀이 스며들어 체화된 우리의 삶 자체가 전도임을 잊지 말아야 한다.

떨어지지 않는 전도 물품

개척교회의 전도현장

개척교회에서 가장 현실적으로 집중하게 되는 것은 전도다. 그도 그럴 것이 아무것도 없는 광야 같은 곳에서 사람들을 만나고 나누고 복음을 전하는 일을 매우 중요하기 때문이다. 목사, 사모의 위치나 이름과 상관없이 전도에 매진하게 된다. 이전에 교구나 부서를 맡을 때 하고는 전혀 다른 관점으로 전도를 생각하게 된다.

관계전도를 통해 복음을 전하고 나누면 가장 좋겠지만 현실은 그럴 수 없다. 일단 아는 사람이 없고 생소한 환경과 상황에 내던져졌기 때문이다. 물론 함께 개척을 시작한 성도들이 있다면 이들이 말씀 안에서 건강하게 성숙할 수 있도록 돕는 일이 가장 우선이다. 그럼에도 새로운 분들을 만나고 복음을 전하고 양육하게 되는 과정은 지속되어야 한다.

생소한 상황 속에서 사람들을 만날 때 가장 많이 사용하는 것이 노방전도와 가가호호전도다. 이는 새로운 이들을 만나고 대화하게 되는 기본적인 구도가 된다. 이때 아무것도 없는 상태에서 전할 수 없는 분위기로 인해 물품을 함께 전한다. 물론 10분 이상 시간을 내어 복음을 들을 수 있는 이들이 있으면 좋겠지만 다들 바쁘게 살아가고 전도의 내용을 전혀 듣지 않으려 하기 때문에 부득불 선택한 방식일 것이다.

#현실의 어려움 속에서도 이어지는

처음에는 개척을 준비하며 일부분의 금액을 전도를 위해 할애하기에 대처할 수 있다. 이런저런 고민이 있지만 그래도 전도지를 제작하거나 물티슈나 간식 같은 전도물품도 일정량 마련해 놓는다. 때로는 주변 분들을 통해 전도물품을 지원받기도 하고 개척교회에 전도물품을 지원해주는 교회나 단체의 도움을 받기도 한다.

하지만 일정 시간이 지나면 상황이 달라진다. 개척 초기 마련했던 재정이나 지원, 그리고 후원 등은 2년여의 시간이 지나면 거의 끊어진다. 물론 다양한 관계와 상황 가운데 지속적으로 이어지는 경우도 있지만 분명한 것은 그 분량이 상당히 줄어든다는 점이다. 이런 상황에서 사람들에 대해 원망하거나 서운해 할 필요는 없다. 오히려 지금까지 후원해주신 것에 대해 할 수 없는 가운데도 함께 해주심에 감사할 수 있어야 한다.

이제 지금 당장 처한 상황들에 대해서는 전적으로 개척교회 목회자의 몫이다. 그 누구를 탓할 수도, 원망하거나 서운해 할 수도 없다. 우리에게 허락된 상황에서 우리를 부르신 이를 쫓아 순종하며 감당해야 한다. 현실적으로는 도저히 이해가지 않고 예측할 수 없는 상황에서도 결국은 우리를 부르신 이를 신뢰하며 나아갈 수밖에 없는 것이다.

#끊어지지 않는 전도 물품

지나온 시간 속에서 개인적으로 경험한 것을 토대로 돌아보면 재정 상황이 아무리 어렵고 힘들더라도 전도물품 후원은 지속적으로 이어졌다. 교회와 가정에 빚이 생기거나 생활비를 줄여나가는 상황 속에서도 전도에 필요한 재정이나 물품 참여가 이어졌다. 솔직히 가끔은 하나님께서 얄궂으시다는 생각도 했었다.

이런 일들이다. 헌금을 하시면서 전도를 위해 사용해달라고 하시는 분, 직접 포장해서 전도용품을 전달한 동기, 다른 교회에 다니시는 분께서 전도용으로 만든 것을 나누어 주시는 분, 직접 만들었는데 전도용으로 써달라고 간식을 가져오시는 분, 교단의 큰 교회에서 개척, 미자립교회 전도를 위해 전도팀을 파송하시고 싶다는 분, 유통기간이 얼마 남지 않았지만 사용할 수 있는 것을 나누는 분 등이 계셨다.

결국 이 모든 것이 전도로 이어졌다. 물론 이런 물품은 주로 노방전도나 가가호호전도에 사용되었다. 이런 과정들을 통해 조금씩 얼굴을 알아보기도 하고 관계가 형성되면서 더 많은 이야기를 나눌 수 있는 계기도 되었다. 전하는 방법들은 다양하지만 전혀 모르는 이들을 대면하기 위해서는 필요한 부분들이었다. 개인적으로 전도의 방법과 과정은 정말 다양하다. 우리의 기준으로 이 모든 것에 대해 좋고 나쁨을 판단할 수 없을 듯하다. 하나님께서 한 영혼을 이끄실 때에는 다양한 경로를 통해 결국은 모두 예수 그리스도께 연결되기 때문이다. 하나님의 섭리는 오묘하고 신묘막측하다.

우리는 주어진 상황에서 복음의 기쁨을 누리며 전하는 자로 살아갈 뿐이다. 전도의 결과에 매이지 않고 구원 받은 기쁨, 말씀에 순종하는 즐거움을 전도를 통해 누리는 것이다. 모든 주권은 하나님께 있다. 우리는 그분의 명령에 기쁨으로 순종할 뿐이다. 하나님 나라의 회복 안에서 예수 그리스도의 주권과 통치는 그의 백성들을 향한 구원과 성화로 이어진다. 거룩하신 하나님께서 뜻하신 은혜의 능력이 우리를 통해 이루시는 권능이다.

빚진 자로서의 삶

#마음의 통증

1년 전 즈음, 아주 잠시 교회에 나오셨던 분이 있다. 30대 후반의 청년으로 홀로 살아가던 이였다. 아버지를 일찍 여의고 어머니마저도 이분이 고등학교 시절에 자살하셨다. 특히 이 분의 마음속 깊이 슬픔으로 남아 있던 것은 교회에 열심히 다니셨던 어머니께서 방황하던 자신으로 인해 희망을 잃고 목숨을 끊었다는 데 있었다. 그에게는 그 사실이 너무나도 큰 충격이었다. 이후로 공사현장을 전전하며 생활은 하고 있었지만 술로 하루하루를 버텼었다.

한번은 밤 12시에 술에 취한 채로 교회에 와서 상담을 요청했다. 그때는 사택이 교회 바로 옆에 있었기에 바로 나갈 수 있었다. 교회 문 앞에서 서성거리는 그를 이끌어 교회 안으로 인도했지만 끝내 거절했다. 자신이 술에 취해 있기 때문에 교회에 들어갈 수 없다는 이유였다. 그렇게 교회 문 앞에서 두 시간 정도 그의 이야기를 들어주었다. 가정의 이야기, 특히 어머니에 대한 자신의 눈물이 주를 이루었다. 자살하신 어머니께서 천국에 가셨을까에 대한 토로였다. 그만큼 그에게는 마음의 통증으로 남아 있었던 것이다. 함께 깊이 나누면서 위로하였던 기억이 있다.

얼마 지나지 않아 이 청년은 오산에서의 일을 마치고 강원도 일대에서 일을 하게 되었다. 눈물로 그의 가는 길을 축복해 주었고 하나님의 사랑을 잘 붙잡을 수 있기를 권면하며 기도해주었다. 바빴던 여름 사역이 겹치면서 자주 보지 못한 것이 못내 아쉬움으로 남았었다. 그도 그럴 것이 새벽예배와 금요철야에 간간히 나왔던 모습 속에 진실함이 묻어 있었기 때문이었다. 진심으로 하나님을 찾고 간절히 하나님께 구했던 모습이 선명하다. 이사를 한 후 몇 번 연락을 주고받으면서 가까운 교회에 출석하도록 도와주었다. 그리고는 한동안 서로 바빠 연락이 뜸했다.

뜻밖의 연락, 또 다른 통증

얼마 전 뜻밖의 전화가 왔다. 울리는 전화를 보니 저장되어있던 이 청년의 전화번호였다. 반가운 마음에 얼른 전화를 받았다. 전화기 저편으로 들리는 그 청년의 음성은 반가움과 함께 약간의 긴장감이 담겨 있었다. 몇 가지 안부와 인사를 나누었다. 그리고 떨리는 그의 목소리 속에 또 다른 통증이 담겨 있음을 느낄 수 있었다. 목소리는 떨고 있었지만 마음은 울고 있다는 사실을 직감했다. 그는 이제 자신의 아픔으로 인한 통증을 앓고 있었다.

간경화 말기였다. 이제 시간이 얼마 남지 않은 상황이었다. 해머가 뒤통수를 때린 듯했다. 순간 정적이 흘렀다. 아무 말도 할 수 없었다. 이런 정적을 깬 건 그 청년이었다. 애써 자신은 괜찮다고 말하면서 오히려 충격을 받은 나를 위로하려고 했다. 그러면서 이어진 말은 이랬다. 몸이 안 좋아 병원에 갔는데 간경화 말기라는 것과 삶이 얼마 남지 않았다는 이야기를 들었다는 것이다. 몇 날 며칠을 잠 못 이루고 뜬 눈으로 밤을 지새우다가 주변에 연락을 하기 시작했지만 차마 얼마 남지 않았다는 말은 할 수 없었다고 한다. 그런데 누군가에게는 이 이야기를 하고 싶은 상황에서 나에게 연락했다는 것이다.

마음이 아파왔다. 쓰라렸다. 내 마음속에 깊은 통증이 느껴졌다. 머릿속이 하얘졌다. 어떻게 말해야 할지 어떻게 위로해야 할지 알 수 없었다. 오토바이 모터와 같이 말을 쏟아내던 나의 모습은 찾아볼 수 없었다. 그저 꿀 먹은 벙어리처럼 말이 입 밖으로 나오지 않았다. 이제 막 말을 배운 어린아이처럼 더듬거리며 간신히 대답하는 정도였다. 어머니에 관한 이야기를 하던 목소리보다 오히려 담담했지만 듣는 나는 이전보다 더 아팠다.

#찾아야할 이, 찾아가야할 곳

이 세상에는 아픔 안에 갇혀 있는 이들이 많다. 마음 한 구석에 꺼내 놓을 수 없는 응어리 한 덩어리씩은 끌어안고 산다. 이것은 좋은 차와 집으로 해결되지 않는다. 맛있는 음식이나 예쁜 옷들로도 완전히 해결할 수 없다. 잠시 잠깐 잊을 수는 있겠지만 진통제나 모르핀과 같은 역할을 할 뿐이다. 근본적인 원인은 해결되지 않은 상황에서 잠시 고통을 잊게 해주는 것뿐이다. 우리는 다들 그렇게 살아간다. 자신 스스로도 그 아픔의 원인이나 이유를 알지 못하는 경우도 있다. 그저 꾸역꾸역 주어진 인생을 죽지 못해 살아가는 것이다. 그것이 우리네 인생이다.

교회는 이들에게 나아가야 한다. 그리스도께서 낮고 낮은 우리를 향해 그 사랑을 드러내신 것처럼 말이다. 우리의 심령과 영혼이 깊이 뿌리내린 인생의 비참함을 씻어내신 것처럼 말이다. 사람들이 안고 있는 마음의 통증과 영혼의 생채기를 씻으시고 위로하시는 하나님의 사랑으로 인도해야 한다. 더 낮은 곳으로 걸어 들어가서 순전한 마음으로 섬겨야 한다. 우리가 찾아야 할 이는 화려한 옷을 입고 힘과 권력을 과시하는 자가 아니다. 우리가 찾아야 할 곳은 높은 위치에서 한 자리 차지할 수 있는 장소가 아니다. 가장 연약한 자들의 삶과 자리를 향해 기쁨으로 나아가야 한다.

지금 우리의 모습 속에 권력이나 금품, 재력에 휘말려 자신의 본래 역할을 잊은 채 살아가는 목회자들이 얼마나 많은가. 양치는 개가 자신의 마음대로 양들을 움직이는 것 같으니 주인인 목자를 물어버리는 격이다. 교회로서의 우리와 종으로 부르심을 받은 목사들을 보자면 참 가관이다. 이미 받은 은혜만으로도 평생을 갚아도 갚지 못하는 것이 우리임에도 새까맣게 잊어버리고는 자신이 원하는 것을 해주지 않는다고 투정하는 어린애들이 되었다. 출애굽한 사람들의 모습처럼 그들을 구원하신 하나님의 은혜를 길에 던져 버리고 죄의 노예로 있었던 나날들을 그리워하고 있다. 모양만 그리스도인이지 전혀 바뀌지 않은 인생들이다.

그 청년과의 몇번의 통화 과정에서 그의 상황과 상태를 살폈다. 지금은 이모댁으로 이사하고 쉬면서 통원치료를 하고 있다고 했다. 하지만 극구 만남을 피하고 있다. 멀리 있기도 하지만 우리에게 부담을 주기 싫다는 것이 그 이유다. 그분의 마음이 어떠한지를 알기에 더 마음이 아프다. 사실 어떻게 해야 할지 방법을 모르겠다. 그저 엎드릴 뿐이다. 그의 마음속에 응어리진 통증 덩어리가 떨겨 나가길, 혹여 마음의 용기를 얻어 연락을 줄 수 있기를, 기꺼이 기쁨으로, 아픔으로 그를 힘껏 끌어안을 터이니.

어찌하면 내 머리는 물이 되고 내 눈은 눈물 근원이 될꼬 죽임을 당한 딸 내 백성을 위하여 주야로 울리로다(렘 9:1).

전도는
무엇일까요?

전도자의 발걸음이 아름다운 이유

교회에 데려오는 것?!

'전도'하면 떠오르는 것은 교회 부흥이나 교회 성장이다. 많은 교회들이 새생명초청주일이나 VIP초청 등을 통해 사람들을 초청하고 등록하게 하고 정착하는 것에 초점을 둔다. 심한 경우에는 전도를 많이 한 이에게는 그에 상응하는 상품이나 시상을 한다. 특히 당회원을 비롯한 중직자들은 더욱 큰 부담으로 다가온다. 교회의 역할을 맡은 상황에서 다른 이에게 본을 보여야 한다는 강박관념도 갖게 된다.

이러한 현실이 한국 교회 안에 드리워져 있다. 이것이 너무 당연해져서 이제는 이런 이야기가 오히려 이상하게 들리게 된다. 전도를 하거나 초청하는 것은 이상한 것이 아니기 때문이다. 도리어 예수 믿는 사람이라면 전도의 자리에 나아가 열심을 내야 하는 것이 맞는 것이다. 그리고 이는 곧 다양한 프로그램과 방법으로 사람을 교회에 데려오는 것으로 인식되어 버렸다.

전도자의 마음

하지만 전도자의 발걸음이 아름다운 이유는 전도의 결과 때문이 아니라 전도자의 마음 때문이다. 심하게 말하면 나타난 것은 그리 중요하지 않다. 교회에 사람들이 많이 온 것에 집중하기보다는 전도를 함으로써 우리 마음 가운데 누리게 되는 온전한 기쁨에 집중해야 한다. 우리에게 생명을 허락하신 영원한 사랑 앞에서 더욱더 기뻐해야 한다.

'하나님을 사랑하고 영혼을 사랑하는 마음, 진리를 즐거워하며 기쁨으로 외치는 마음, 말씀에 순종하는 경외의 마음, 이미와 아직의 하나님 나라를 누리는 마음' 등이 있기에 전도자의 발걸음이 아름답다. 전도라는 행위를 통해 많은 사람들을 데리고 오는 것이 목적이 아니다. 우리 영혼의 깊은 곳에 예수 그리스도 안에 거하며 예수 그리스도의 마음을 품는 것이 중요하다. 그것으로 이미 충분하다.

전도자를 부르신 이로 인하여

또한 이 마음을 허락하신 하나님의 은혜와 긍휼, 놀라운 사랑 때문에 전도자의 발걸음이 아름다운 것이다. 우리는 죄와 사망으로 인해 비참하지만 영원한 경륜과 섭리 안에서 우리를 기뻐하심 가운데 구원하신 은혜가 있기에 전도자의 발걸음이 아름다운 것이다. 만약 하나님의 긍휼하심이 우리 안에 거하지 않는다면 우리는 절망과 낙담 가운데 슬퍼할 수밖에 없다. 하나님이 그의 진노를 그대로 드러내셨다면 우리는 구원과 생명의 전도자의 발걸음이 아니라 사망과 절망의 전도자로 살았을 것이다.

전도자 자체보다도 전도자로 부르신 이로 인하여 아름다워지는 것이다. 우주와 같은 하나님의 부르신 은혜에 비하면 우리의 미천한 전도

행위와 얄팍한 전도 결과는 개미 뒷다리에 묻은 먼지와 같은 것이다. 이 사실을 모르는 우리는 전도 몇 명에 상금과 상품을 전달하며 기뻐하는 수준을 넘지 못한다. 전도자의 발걸음이 아름다운 이유는 아름다우신 주님을 기뻐하기 때문이다.

> 이르되 여러분이여 어찌하여 이러한 일을 하느냐 우리도 여러분과 같은 성정을 가진 사람이라 여러분에게 복음을 전하는 것은 이런 헛된 일을 버리고 천지와 바다와 그 가운데 만물을 지으시고 살아 계신 하나님께로 돌아오게 함이라(행 14:15).

피하고 싶은 마음이 들 때

부담되는 사람들을 만나다

교회를 개척하게 되면 수많은 사람들을 만나게 된다. 이런저런 사람들을 만나다 보면 가까이하고 싶은 이들이 있고 조심스럽게 피하고 싶은 사람이 있다. 물론 많은 이들 중에서 한두 명에 불과하지만 싫고 좋음을 떠나서 다가서기 힘든 이들이 분명히 존재하기 마련이다.

개척 초기에 다양한 사람들이 찾아왔다. 가끔은 누추한 이들이 방문했었다. 씻지 않아서 냄새가 나고 손발에는 때가 가득 묻어있었다. 슬리퍼를 끌고 다녀서인지 발에는 먼지가 가득 묻어 있었다. 교회당에서 잠시 기도하는 듯 앉아서 눈을 감았다 뜨시더니 '천원만, 천원만'이란 말을 연신 내뱉으셨다. 순간 당황했지만 기도를 해드리겠다고 말씀드리자 괜찮다고 하셨다. 그리고는 다시 천 원을 요구하셨다. 할 수 없이 천원을 드렸고 이내 돌아보지 않으시고 교회 문밖으로 나가셨다.

전도를 나가면서 조금 가까워지자 막말을 하는 이들이 생겼다. 나에게 막말을 하는 것은 아니지만 기독교와 교회에 대한 막말이다. 물론 기존에 자신이 경험하거나 알게 된 많은 부분에 부정적인 요소들이 작동했기 때문이겠지만 그것을 듣는 나로서는 여간 힘든 것이 아니다. 좋은 말도 여러 번 들어도 그리 좋지 않은데 나쁜 말을 많이 듣게 되니 기분이 좋을 리 없다. 대화하기가 쉽지 않다.

이외에도 갈 때마다 위아래로 훑어보며 건들거리는 사람, 막무가내로 사전 연락도 없이 찾아오는 사람, 자신의 이야기를 하긴 하는데 말할 때마다 내용이 다른 사람, 작고 사소한 교회 관련된 일들을 따지는 사람 등등 다양한 사람들의 반응과 관계 안에서 점점 지쳐갔고 피하고 싶은 마음이 들었다.

#사람들을 구분하다

부담되는 이들에 대한 회피는 '다른 일들로 인해 어쩔 수 없다는 핑계'들을 만들면서 이루어졌다. 바쁘지 않은 상황에서도 방문을 하거나 도움을 청하거나 연락이 왔을 때, 지금 당장 무언가를 처리해야 하고 일을 해야 하는 것으로 분위기를 만들었다. 전도를 나갔을 때에도 막말을 하거나 부정적인 이야기를 하는 이들에게는 잠시 인사를 하거나 전도물품을 나누고 나서는 바로 발길을 돌려서 나왔다. 스스로 불편함을 피하면서 사람들을 구분하고 나누었다.

이런 상황들을 '피했다는 안위'와 함께 '왜 피했는가라는 회의'로 마음에 갈등이 생겼다. 마음이 편치 않았다. 어쩔 수 없다는 마음의 핑계가 잠시 잠깐 위로해 주지만 이는 얼마 가지 않는다. 나도 모르는 사이에 사람들을 구분하고 있었던 것이다. 호감 있는 사람과 비호감인 사람, 도움이 되는 사람과 도움이 되지 않은 사람, 피곤한 사람과 즐거운 사람, 피하고 싶은 사람과 피하고 싶지 않은 사람 등으로 나누었다.

물론 본의가 아니었다. 나도 모르는 사이에 마음에 부담이 되거나 힘들거나 감당할 수 없는 이들을 향해 어쩔 수 없이 취했던 행동이다. 상담학 관점으로 말하면 '자기 보호'의 관점으로 볼 수 있다. 다른 이들로 인해 나 자신이 힘들어지거나 고통스러운 것을 피하기 위함이다. 어쩌면 정당한 대처로도 볼 수 있다.

#피하고 싶은 것을 넘게 하시는 하나님

하지만 하나님께서는 이런 나를 그냥 내버려 두지 않으셨다. 다양한 사람들과의 만남 속에서 구분하고 피했던 대상들에 대해 철저히 깨지게 하시는 역사가 일어났다. 우리로 하여금 하나님의 사람으로 세우시며 깨닫게 하심으로 사역자로서 한 영혼의 무게를 깨닫게 하셨다. 우리로서는 피할 수 없는 대상이지만 하나님 편으로는 절대 놓을 수 없는 영혼에 대한 사랑과 인식을 이끌어 주셨다.

구분하고 있던 나의 마음이 산산조각 난 시점이 있었다. 어수룩한 청년 하나가 교회에 왔다. 겉보기에는 알콜중독자에 가난하고 힘없이 살아가는 작디작은 청년이었다. 그러나 대화 중 청년 스스로 갖고 있던 깊은 생각과 고민들이 내게 깊은 울림으로 다가왔다. 나도 모르는 사이 겉모습으로 판단하고 거리를 두었던 것을 깨닫게 하셨다. 하나님께서 말씀 안에서 나를 구분하지 않으시고 그의 기뻐하심 안에서 구별하셨다는 것을 깨닫게 하셨다.

내가 부담을 갖거나 피하려고 하는 순간들을 돌아보면, 나보다 못한 분들이라고 판단하거나 나의 기준에 벗어나거나 외모와 상태를 통해 발견되는 것들로 사람을 보기 때문이라는 사실을 알게 하셨다. 결국은 하나님의 백성들이 취해야 할 것은 영혼의 무게다. 사람의 영혼의 깊이와 무게는 내가 결정하는 것이 아니라, 하나님의 구원 역사와 하나님 나라의 회복 안에서 결정되는 것이다. 천하보다 귀한 것이 한 영혼이다.

사람에 대한 하나님의 조건은 하나님의 주권 안에 있다. 우리의 상태나 처지, 즉 부족하거나 연약하거나 따지거나 이기적이거나 욕심이 많거나가 기준이 아니다. 나라는 주체가 판단하고 결정하는 것은 한계가 있다. 도저히 그 한계를 넘어가지 못한다. 한 개인의 경험과 지식, 그리고 관점은 얇고 얕은 물가의 물과 같다. 깊이를 알 수 없는 하나님의 선하신 뜻이 기준이 되어야 하는 것이다.

전도의 지향성과 방향성

#전도를 하는 이유

교회가 존재하는 목적이 전도에 있다 해도 과언이 아니다. 전도는 예수 그리스도의 마지막 명령이며 하나님 나라의 회복이 일어난다. 영혼을 구원하는 일은 구원의 완성 안에서 그것을 누릴 자들을 향한 하나님의 사역이다. 믿는 이들이 하나님 앞에서 기꺼이 행해야 할 일은 복음을 전하는 일이다. 이는 하나님께서 가장 기뻐하시는 일이기 때문이다.

개척교회에서는 전도가 더욱더 큰 비중을 차지한다. 설교를 해도 심방을 해도 교제를 해도 대상자인 성도가 있어야 하기 때문이다. 아무도 없으면 그 무엇도 할 수 없다. 누군가가 있어야 그와 함께 말씀을 나누고 삶을 이야기하고 신앙의 성숙을 이루어가기 때문이다. 그러나 개척교회는 성도가 없기에 그 무엇도 할 수 없는 상황이기에 전도의 비중은 그만큼 커져만 간다.

더 근원적으로 들어가 보면 전도는 어떤 행위라기보다는 하나님을 사랑하고 이웃을 사랑하는 진리의 선포다. 심장을 쿵쾅거리게 하는 영혼의 기쁨이 외적으로 표현되는 것이 전도다. 죽음과 사망 가운데 캄캄한 길을 걷던 이가 밝은 빛을 만나서 어디로 가야 할지 알게 된 것을 외치는 것이다. '여기가 길이야'라고 당당하고 담대하게 외칠 수 있는 근거를 만났기 때문이다. 즉 전도라는 행위로부터 전도를 정의하기보다는 성경을 통해 드러나는 전도의 의미를 생각해야 한다.

#전도의 기초와 근원

교회마다 진행되는 전도축제나 초청주일을 통해 복음을 전하고 예수 그리스도를 소개하는 것은 긍정적이지만, 단순히 사람을 데리고 오는 일에 집중하면 부정적인 것이다. 이러한 행사들을 통해 교회당에 사람을 채우는 일에 집중하면 이는 주객이 전도된 것이다. 직분이 있기에, 임직자이기에, 교회에 오래 다녔기에, 더욱더 큰 부담이 있다면 왜곡된 전도의 행위가 될 확률이 높아지게 된다.

우리는 전도의 의미를 알지 못하는 듯하다. 나타나는 것은 보이지 않는 것으로부터 시작된다. 하나님의 영원한 구원의 역사와 하나님 나라는 눈에 보이는 것 이전에 하나님의 긍휼하심과 은혜로부터 시작된다. 전도의 행위 자체가 의미있다기 보다는 영혼 구원의 간절함이 있어야 우리의 전도는 의미가 있다. 진정한 의미에서의 전도는 전도를 하는 이들을 바르게 이끌어준다. 하지만 전도의 의미를 발견하지 못하면 사람을 채우는 일에 집중하게 된다.

전도의 의미를 온전히 깨달은 자는 전도의 본질인 하나님의 사랑에 집중한다. 영원한 구속의 은혜는 그의 백성들을 향한 기뻐하심 안에서 우리를 향해 다가오신 하나님의 사랑이 근원이 된다. 하나님의 거룩함에 충돌하는 인간의 죄악 안에서 진노의 대상이 되어버린 우리의 존재를 위해 오신 예수 그리스도의 십자가 은혜가 근원이 된다. 이것이 우리로 하여금 전도를 할 수밖에 없도록 만드는 동력이 된다.

#전도의 지향성과 방향성

놀랍게도 영혼을 구원하는 일은 우리의 중심이 하나님을 향해 있을 때 이루어진다. 전도 현장에서 사람을 만날 때에 '그 사람을 어떻게 하면 데리고 올 수 있을까, 어떻게 하면 우리 교회 성도가 되게 할까, 어떻게 하면 교회 숫자를 늘릴까'라는 생각을 한다면 사람을 향한 것이다. 그러나 우리는 '하나님의 말씀하심은 무엇인가, 한 영혼을 향한 하나님의 마음은 어떠할까, 하나님께서 나를 얼마나 사랑하시는가, 한 영혼을 사랑하시는 하나님의 긍휼을 아는가'를 생각하며 하나님을 향해 있어야 한다.

또한 그 한 사람을 바라볼 때 그 사람이 바로 나였음을 이해할 수 있어야 한다. 어리석고 무지한 자, 사망 가운데 있는 자, 무정하고 무자비한 자, 우매하고 배약하는 자가 바로 나였음을 알 수 있어야 한다. 자칫 그리스도인들이 착각하고 교만하는 것은 자신은 구원받은 하나님의 자녀로서 선택받은 자임을 왜곡하며 알 때가 있다. 나를 구원하신 하나님의 은혜에 집중하기보다는 마치 내가 하나님의 구원을 받을 만한 자격이 있는 것처럼 곡해하기 일쑤인 것이다.

전도의 행위보다 전도의 의미를 알아야 하고, 전도의 의미를 알아야 전도의 본질에 집중하게 된다. 즉 우리의 지향성은 하나님의 사랑으로 향해야 하고, 우리의 방향성은 구원 받은 백성으로 서 있는 내가, 아직 하나님을 알지 못하는 자들과 동일한 사람이었음을 놓치지 않는 것이다. 이것을 놓치고 눈에 보이는 것들에 의해 좌지우지되며 숫자와 외적 부흥에 치우치기 시작하면 변질되기 시작한다.

전도는 그리스도인들의 삶과 인생에 뗄래야 뗄 수 없는 것이다. 그러나 이 또한 인간의 본성과 죄악이 개입하기 시작하면 왜곡되고 변질되는 현상이 나타난다. 우리가 전도해야 할 목적을 외적 행위와 결과, 그리고 숫자의 부흥에 놓게 되면 교회가 부패하게 된다. 그러나 하나님의 사랑과 한 영혼을 향한 긍휼이 전도의 중심에서 놓치지 않게 되면 생명이 소생하게 되고 하나님의 영광을 드러내게 된다. 전도의 생명력이 온 세상 가운데 드러나기를 소망한다.

오대양 육대주 이전에 뒷사람

#우리가 편한 전도 대상자

사람에 따라 차이가 있겠지만 보편적으로 가까운 가족이나 친구보다 모르는 사람에게 전도하는 것이 더 쉽다. 함께 일상을 보내는 이들을 전도하기보다 전혀 모르는 어떤 이에게 전도하는 것이 부담이 덜하다. 여러 가지 이유가 있겠지만 대략 가까이 있는 이들은 나에 대해 잘 알고 있다고 생각하기 때문일 것이다. '자신의 부족한 모습이나 실수한 것들, 적나라하게 일상을 알고 있는 사람들, 어린 시절부터 함께 생활하면서 느꼈을 감정들, 어떤 경우에는 생각이나 마음까지도 알 수 있는 관계들'이 전도를 어렵게 한다.

이와 반대로 노방 전도나 가가호호전도를 통해 만나는 이들에게는 교회에 나오라는 말을 가볍게 하기도 한다. 나에 대해서는 전혀 모르는 이들이 오히려 더 편하게 느껴진다. 교회에 출석하더라도 적당히 거리를 두며 일주일에 한번이나 두세 번 만나는 것이기에 자신을 더 숨길 수 있다. 너무 부정적인 견해일 수도 있으나 그런 면이 있음을 부정할 수는 없다.

복음으로의 부르심

그러나 생각해보면 복음으로의 부르심을 잘 알고 있는 사람은 다른 생각을 하게 된다. 죄로 인해 죽었던 영혼을 긍휼히 여기셔서 구원으로 이끄시고 영생을 허락하신 은혜는 우리의 상태에 기인한 것이 아니기 때문에 우리가 우리를 구원할 수 없다.

그렇기에 복음 안에서 온전한 기쁨을 누리는 자들은 도리어 자신의 연약함을 자랑하며 하나님의 은혜를 드러낸다. 자신의 미련함과 부정함, 죄와 사망으로부터 벗어날 수 없었던 인생의 모든 순간들을 그대로 고백한다. 그것이 부끄러운 것이 아니라 그럼에도 불구하고 구원하신 은혜를 전하지 않는 것이 부끄럽다는 것을 알게 된다.

전도는 나의 착한 행실로부터 드러나는 결과가 아니다. 내가 무언가 잘하고 훌륭하고 성공해서 다른 사람을 구원으로 이끌 수 있는 것이 아니다. 내가 하나님을 믿었더니 많은 세상의 복을 누리게 되었다는 조건이 구원으로 이끄시는 것이 아니다. 간혹 우리에게 베푸신 외적인 모습들이 사람들에게 좋게 보일 수는 있으나 결국은 그 모든 것들이 복음 안에서는 거품과 같은 것이다.

그저 우리는 구원하심 앞에서 사랑의 빚진 자로서 말씀에 순종하기를 기뻐할 뿐이다. 더럽고 추악한 우리의 모습은 모든 인류가 담당할 죄책 안에서 비참함을 안고 사는 동일한 모습이다. 어느 누구도 빠짐없이 하나님과 분리된 존재로서 사망의 끝자락에 서 있다. 그러나 하나님은 우리를 이끄시고 사랑을 부어주신다. 그것이 우리의 자랑이다. 우리의 비참함은 인간의 모습을 적나라하게 드러내는 자랑이고, 하나님의 구원은 영원하신 사랑 안에서 하나님의 나라를 회복하시는 은혜의 이끄심이다.

등 돌린 자를 향하여

복음을 전하는 사명은 누구에게나 적용된다. 선교사나 전도자, 목회자만 전도하거나 선교하는 것이 아니다. 모든 성도들이 복음의 사명을 감당하는 자다. 이 점을 분명히 기억해야 할 것이다. 땅 끝이라는 영역은 오지와 같은 미전도 종족이나 전혀 다른 문화권을 일차적으로 말하는 것이 아니다. 편만하신 하나님의 섭리와 은혜 안에서 각자에서 주어진 삶의 관계 중 등 돌린 자가 땅 끝이다.

복음의 확장성은 이스라엘에서 땅 끝으로 이어진다. 이스라엘이 하나님을 믿는 믿음의 백성들을 상징한다면 땅 끝은 보이지 않는 수많은 열방을 향한 명령이다. 그러나 물리적인 형태 안에서는 또 다른 관점을 발견하게 된다. 즉 나와 등 돌린 자를 향한 사랑의 발현이다. 지구가 둥

글기에 복음의 땅 끝은 내 뒤에 있는 사람이다.

사람과 사람의 관계 안에서도 등 돌린 자에게 다가가기가 가장 힘들다. 우리는 예수 그리스도 안에서 사랑을 입었지만 그 사랑을 드러내기까지 얼마나 많은 시간이 필요한지를 알고 있다. '원수를 사랑하라'는 말씀 앞에서 우리는 복음의 확장성을 다시금 확인한다. 육신의 정욕과 안목의 정욕, 그리고 이생의 자랑으로 똘똘 뭉친 우리의 삶이 변화되고 성숙되어 복음을 전할 수 있기까지 얼마나 긴 시간과 길을 걸어왔는지 우리의 삶을 반추해보면 너무나 쉽게 이해할 수 있다.

은혜를 아는 이는 자신의 죄악된 모습보다 그 죄악을 씻어주신 은혜에 감사하게 된다. 죄악이 드러나는 것에 두려워하기보다 혹여 드러났다 할지라도 은혜 안에서 새롭게 된 기쁨을 바라본다. 또한 그 은혜의 기쁨으로 인하여 날마다 죄악을 떠나 하나님 앞에서 거룩함으로 이끄심에 순종한다. 이는 곧 원수 되었던 자들을 향해 손을 내밀고 무릎을 꿇으며 그리스도의 사랑으로 끌어안기를 마다하지 않는 자들이다.

오늘도 우리는 땅 끝까지 이르러 복음을 전하라는 말씀의 부담감을 안고 살아간다. 그러나 상징적인 오대양 육대주(모르는 다른 이들)에게 나가기 전에, 뒤틀리고 꼬부라졌던 나의 영혼을 이끄신 은혜에 감사하며 등 돌렸던 자들을 향해 기꺼이 엎드리어 용서함을 구하고 은혜의 기쁨을 나누어주는 삶이 되길 소망한다. 육신의 생각대로 등 돌렸던 이들이 영혼의 이끄심대로 뒤돌아 끌어안아야 하는 천하보다 귀한 영혼임을 기억하면서 말이다.

전도에는 절대 실패가 없다

전도현장에서 느끼는 실패감

전도의 현장에서 가장 크게 느끼는 감정은 '실패감'이다. 전도지를 수없이 나누어 주고 초청장을 집집마다 돌려도 반응이 거의 없다. 길거리에서 만난 이들에게 복음을 전하지만 거의 대부분 냉소적인 반응들이다. 간혹 응원을 하거나 음료수를 사주는 경우도 있지만 가뭄에 콩나는 듯하다. 이런 상황이 계속되다보면 지치게 되고 실패감에 휩싸이게 된다. 해도 안 된다는 '학습된 무기력'에 빠지게 된다.

조금씩 관계를 맺으면서 가까워졌을 때에도 쉽게 마음을 열지는 않는다. 이런저런 일상의 이야기를 나누는 것은 좋아하지만, 복음과 말씀의 이야기는 부담스러워하며 화제를 전환하기 일쑤다. 한 영혼이 주께 나오는 데에는 많은 인내와 섬김이 필요하다. 어떤 때는 심한 좌절감으로 인해 막연한 두려움에 휩싸이기도 한다. 전혀 반응하지 않는 이들 앞에서 절망감이 몰려온다. 실패했다는 좌절감이 온몸을 휘감는다.

전도의 의미

하지만 전도에는 '실패'라는 것 자체가 성립될 수 없다. 실패와 성공은 어느 정도의 결과를 기준으로 판단하는 것인데, 전도의 결과는 우리가 결정하는 것이 아니기 때문이다. 한 영혼을 구원하시는 모든 결정과 주권이 하나님께 있다. 우리는 구원받은 자로서 진리와 영생을 소유한 감격을 전하고 나누는 데 의미가 있다. 영원한 생명을 허락하신 은혜를 기뻐하며 선포하는 것만으로도 존귀한 삶인 것이다.

또한 하나님의 말씀에 기쁨으로 순종하는 것 자체에 의미가 있다.

전도는 부활하시고 승천하신 주님의 명령을 순종하는 것만으로도 존귀하다. 우리의 생명 되시고 주인 되시는 주님의 말씀에 이미 큰 의미가 있다. 전도는 구원의 기쁨을 선포하는 것이고 땅 끝까지 복음을 전파하라는 말씀에 순종하는 것이다.

군이 성공과 실패를 적용한다면 '전도를 하는 것'만으로도 이미 성공한 것이다. 전도를 통한 어떤 결과가 아니라, 전도를 시작하는 것 자체만으로 성공이다. 이미 구원의 기쁨과 감격을 선포하는 것과 우리의 주인 되신 주님의 말씀에 순종하는 것을 이루었기 때문이다. 전도를 했다면 결과와 상관없이 이미 승리하고 성공한 것이다. 전도의 결과보다 중요한 것은 하나님 앞에서 전도를 행하는 태도다.

> 기록된 바 내가 야곱은 사랑하고 에서는 미워하였다 하심과 같으니라. 그런즉 우리가 무슨 말을 하리요 하나님께 불의가 있느냐 그럴 수 없느니라. 모세에게 이르시되 내가 긍휼히 여길 자를 긍휼히 여기고 불쌍히 여길 자를 불쌍히 여기리라 하셨으니(롬 9:13~16)

할 수 있는 대로

개척과 함께 시작되는 전도

개척교회는 성도가 없다. 이는 곧 전도를 할 성도도 없음을 의미한다. 개척 멤버가 함께 시작하는 경우에도 대형교회가 아닌 이상은 전도가 어렵다. 파송 선교사로 1년 정도의 시간 동안 함께하는 경우도 있지만 이런 특별한 상황은 열외다. 결국은 목회자 부부가 전도를 시작해야한다. 다른 선택의 여지가 없다.

그런데 문제가 생긴다. 어떻게 해야 할지 막막하다. 부사역을 하던 시절에 전도모임을 인도하며 함께 전도에 참여했지만 많은 장비와 전도 물품이 필요해진다. 부침개전도, 붕어빵전도, 팝콘전도 등은 장비와 사람이 필요하다. 전도물품도 부담이 된다. 관계전도를 하자니 아는 사람이 없다. 보통은 기존 사역지에 어느 정도 거리가 있는 곳에 개척하게 되고 특별한 경우가 아닌 이상 새로운 지역에서 개척하게 된다.

이런 현실은 목회자로 하여금 막막함을 끌어안고 울게 만든다. 한 영혼을 향한 뜨거운 마음과 어떻게 해야 할지 모르는 막막함 사이에서 심한 몸살감기에 걸린 것처럼 움츠러든다. 한참을 엎드려 눈물로 기도하다 보면 마음의 답답함은 그나마 씻어졌지만 현실은 달라지지 않았다. 하지만 여기서 부터가 시작이다. 은혜로 가득한 마음의 시원함과 담대함을 가지고 길을 떠나는 것이다. 주님의 도우심을 구하며 발걸음을 옮기는 것이다.

수많은 전도법들

기존에 수많은 전도법들이 많이 있다. 기독교 역사만큼 많아진 전도 방법은 시대나 대상에 따라 변화되면서 발전해 왔다. 그렇기에 조금만 눈을 들어 주위를 둘러보면 수많은 전도법들이 각종 매체를 타고 전달된다. 이런 전도법들은 각자의 사역과 삶 속에서 오랜 시간 몸과 마음으로 익힌 것들이다. 너무나 훌륭하고 감사하다. 그러나 각 전도 프로그램에 대해서는 딱 그 정도의 존중을 보내드릴 뿐이다.

일단은 시대와 대상에 따라 발생한 수많은 전도법들은 감당했었던 이들에게 맞았던 것이다. 그 방법이 다른 이에게 많은 이들을 교회로 인도했기에 자신에게도 맞을 것이라고 생각하면 안 된다. 오랜 시간, 각자가 서 있는 그곳에서 한 영혼을 붙잡고 간절히 감당하는 가운데 발견한 방법들이다. 결과적으로 정리된 몇 줄의 방식으로 전도의 현장을 다 설명할 수 없다. 미세하게 흐르는 전도 현장에서의 공기가 파악되어야 하는데 이것은 직접 경험해 봐야 한다.

또한 방법을 쫓아 전도하는 것은 방법론에 치우칠 수 있기에 옳지 않다. 외적으로 드러난 방법으로 전도하는 것이 아니다. 사람을 교회로 데려오는 데 목적이 있다면 일반 사업장처럼 물품 공세에 집중하거나 비싼 식사를 대접하거나 경품으로 자동차를 걸면 된다. 그러나 이것은 변질된 전도다. 전도는 방법이 아니라 순종이기 때문이다. 하나님의 은혜 안에서 우리에게 베푸신 영원한 생명과 진리 안에서의 자유를 누리는 자가 그분의 말씀에 기쁨으로 순종하는 것이 전도이기 때문이다.

#할수있는대로

전도에 대해 방법적인 부분을 한마디로 정의한다면 '할 수 있는 대로'라고 말할 수 있다. 영원한 생명을 얻은 기쁨과 하나님의 자녀된 권세를 누리는 감격과 진리를 소유한 자로서의 자유가 우리 중심에 있다면 전도한다. 전하지 않고는 견딜 수 없기 때문이다. 그러나 굳이 방법을 찾는다면 '할 수 있는 대로' 해라. 그것이 전도자의 방법이다. 자신의 자리에서 감당할 수 있는 방식을 선택하면 되는 것이다.

사실 전도는 하나님의 은혜를 찬양하는 방식 중 하나다. 하나님의 무한하시고 거룩하시고 완전하신 속성을 찬양하며 온 세상에 선포하는 것이다. 가장 먼저 입을 통해 말로 선포하고 삶의 자리에서 말씀 안에 거하는 행동으로 선포한다. 진리를 누리는 삶 자체가 전도가 된다. 또한 그림과 음악, 패션 등 사회의 다양한 영역에서 하나님을 선포하는 삶도 전도다. 개척 현장에서도 목회자와 가정, 그리고 성도들 가운데 자신이 할 수 있는 대로 전도하면 된다.

가장 먼저 우리는 말할 수 있고 걸을 수 있다. 사람들에게 다가가 인사를 나누며 친구가 되라. 같은 건물이나 주변에 있는 상가에 찾아가 인사를 나누라. 그리고 건물을 중심으로 200m 이내에 있는 쓰레기를 줍고 거리를 걸으며 인사를 나누라. 글을 잘 쓴다면 글을 써서 나누고, 악기를 다룰 줄 안다면 찬양으로 고백하며 나누라. 자신이 지나온 삶의 여정 속에서 자신이 익히고 배우고 깨닫게 된 것들을 통해 복음을 이웃과 나누라. 할 수 있는 대로 자신에게 허락하신 것으로 전도하되 말씀으로부터 드러난 복음을 담을 수 있어야 한다.

가장 가까운 이들부터 말씀으로 양육하라. 목회자가 성경을 연구하고 가르칠 준비를 다 해놓았다 할지라도 사람이 없으면 전할 수가 없다. 그러나 가족이 있고 초기 멤버 한두 분이 있다. 사람이 적으니 모이면 하겠다는 것은 올바른 청지기의 자세가 아니다. 지금 이곳에서 자신에게 허락된 양들을 목양하는 것이다. 아무리 적은 인원이라 할지라도, 아무리 어리거나 연로하시다 할지라도 천하보다 귀한 한 영혼이다. 그들을 양육하며 교제하는 것은 광의의 관점에서 보면 전도하고 있는 것이다.

초기에는 가능한 협력해서 전도하라. 목회자라 할지라도 홀로 전도를 나가는 것은 쉽지 않다. 또한 협력하여 기도하고 전도하는 것 자체가 은혜의 현장이다. 목회자 부부가 함께 기도하고 전도하고 가능하다면 성도들과 함께 기도하며 연합하는 자리를 만들라. 동시에 지역의 목회자들과 연합해서 전도하는 것이 좋다. 서로의 자리에 함께 하는 것만으로도 큰 힘이 된다. 각자가 처한 목회 현장의 이야기를 나누며 서로를 위해 기도함으로써 지체의 연합을 이룰 수 있다.

지속적으로 인내하며 감당하는 것이 중요하다. 어떤 결과가 나타나지 않는다고 바로 변경하거나 그만두는 것은 옳지 않다. 할 수 있는 것들을 하되 지속적으로 감당해야 한다. 아주 오래전 명절에 버스를 탔는데 늦어도 3시간 정도면 도착할 거리를 11시간 이상 걸린 적이 있다. 명절로 인해 차가 막힌 것이 일차적인 원인이었지만 버스 기사의 운행에도 문제가 있었다. 조금만 막히면 그 길을 돌아서서 다른 길을 찾은 것이다. 이것을 서너 번 반복하는 동안 빠르게 도착할 것 같았던 버스는 더 많은 시간이 걸려서 도착했다. 전도에 귀가 얇을 필요는 없다.

가장 중요한 것은 언제나 하나님의 말씀이다. 말씀을 깊이 묵상하며 연구하고 성실로 선포하는 것이 가장 큰 전도다. 사람을 많이 데리고 왔는데 성경을 바르게 전하지 않으면 아무 소용이 없다. 또 다른 변질된 그리스도인을 키우는 것이 된다. 특히 기복주의, 번영신학, 맘모니즘 등과 같이 두 주인을 섬기도록 하는 선포는 오히려 독이 된다. 가능한 개신교의 시초인 종교개혁 시대의 말씀을 기초로 각 교단의 교리를 잘 이해하고 동시에 성경 자체에 대한 깊은 이해와 통찰이 있어야 한다. 물론 어떤 실력을 추구하는 것은 옳지 않다. 하나님 앞에서 성실과 진실로 감당하며 말씀을 붙잡고 씨름하는 시간이 있어야 한다.

전도는 결론을 내릴 수 없다. 한 사람이 예수 그리스도를 영접하고 은혜 안에 거하는 것을 우리가 임의로 판단하거나 결정할 수 없다. 이것은 하나님의 전적 주권이다. 어떤 방법이나 열심도 전도를 대변할 수 없다. 방법과 열심은 순종 가운데 드러난 외적 현상일 뿐이다. 우리의 위치와 역할은 하나님의 은혜를 기뻐하며 말씀에 순종하는 관계를 누리는 것이다.

개척노트 3

전도를 위한 실제적인 발걸음
: 전도를 위한 실제적 조언

우리는 스스로 질문해야 한다. 전도에 대한 피상적인 인식을 버리고 온전한 복음 전도자로서 전도를 바르게 이해하고 누려야 한다. 여타 수많은 질문과 고민이 있겠지만 가장 핵심적인 질문 세 가지를 통해 우리가 복음을 전하는 아름다운 발길이 되길 소망한다. 단순하고 반복적이지만 중요한 것이기에 지워지지 않도록 마음에 새겨야 한다.

우리는 무엇으로 채워져 있는가!

긍휼 : 긍휼은 하나님의 구원이 이루어지는 시작이다. 우리를 향한 하나님의 긍휼이 불순종과 교만으로 말미암아 진노를 피할 수 없는 우리를 살리셨다. 언약의 신실함이 드러나는 과정과 언약의 완성되신 예수 그리스도의 원천도 하나님의 긍휼로부터 시작된다. 우리를 긍휼히 여기시는 하나님의 은혜를 우리가 누리게 되었다. 즉 복음을 전하는 이에게는 사망 가운데 있는 자들을 향한 긍휼함이 있어야 한다. 긍휼히 여기는 마음으로 한 영혼을 바라보며 안타까운 심정으로 다가가야 한다. 긍휼을 얻은 자가 긍휼히 여길 수 있기 때문이다.

너희가 전에는 백성이 아니더니 이제는 하나님의 백성이요 전에는 긍휼을 얻지 못하였더니 이제는 긍휼을 얻은 자니라(벧전 2:10).

사랑 : 전도자의 마음에는 사랑으로 충만해야 한다. 단순히 '사람을 사랑해야 한다, 원수를 사랑해야 한다'라는 의미가 아니다. 성경을 통해 예수 그리스도께서 명하신 하나님 사랑과 이웃 사랑이 실현되기 위해서는 사랑의 마음을 담아야 한다. 단순히 기계적으로 복음을 전하고 성도를 교회로 데려와야 교회가 성장하는 것이 아니다. 외적으로 다양한 방법을 통해 많은 사람들이 교회로 나온다 할지라도 사랑이 없으면 소용이 없다. 사랑이 사람을 살린다. 오직 예수 그리스도의 사랑만이 영원한 생명을 이룰 수 있다.

예수께서 이르시되 네 마음을 다하고 목숨을 다하고 뜻을 다하여 주 너의 하나님을 사랑하라 하셨으니 이것이 크고 첫째 되는 계명이요. 둘째도 그와 같으니 네 이웃을 네 자신 같이 사랑하라 하셨으니 이 두 계명이 온 율법과 선지자의 강령이니라(마 22:37~40).

사랑하는 자들아 하나님이 이같이 우리를 사랑하셨은즉 우리도 서로 사랑하는 것이 마땅하도다(요일 4:11).

기쁨 : 구원받은 이에게 가장 강력하게 나타나는 현상은 기쁨이다. 영원한 생명을 얻었고 하나님의 백성이 되었으니 그 기쁨을 말로 표현할 길이 없다. 바라던 물건을 사고 원하던 연인을 만나도 기쁨이 가득 넘치는데, 하나님께서 허락하신 구원의 기쁨은 어떠하겠는가. 이 기쁨은 곧 구원을 이루시는 하나님 안에서 전하는 것 자체를 기뻐하는 현상으로 나타난다. 나를 사랑하시고 아끼시며 우리의 모든 것 되신 하나님이 나의 왕과 주인, 아버지이시기에 기뻐할 수밖에 없는 것이다. 이 기쁨이 충만한 자가 복음을 전하게 된다. 심지어 자신이 고난을 받는다 할지라도 기

뻐하게 되는 것이다.

그러면 무엇이냐 겉치레로 하나 참으로 하나 무슨 방도로 하든지 전파되는 것은 그리스도니 이로써 나는 기뻐하고 또한 기뻐하리라(빌 1:18).

우리가 만나야 될 대상은 어떤 이들인가!

동일한 자 : 구원 받은 후 우리는 하나님의 백성이 되었다. 그러나 이전에는 예수 믿지 않는 이들과 동일한 자들이었다. 비방하고 박해하고 미워하고 무시하던 이가 바로 우리였다. 복음 전하는 자들을 우습게 여기며 미련하게 여기며 아무것도 아닌 자로 여겼던 것이 우리였다. 하나님의 영원하신 경륜 안에서 도저히 구원받지 못한 인생을 살던 우리를 살리신 것이다. 전도자가 자신에게 허락된 은혜를 자신의 의(義) 안에서 얻은 것처럼 착각하기 시작하면 교만하게 된다. 우리도 우리가 잘나서 구원받은 것이 아니다. 긍휼을 입은 기쁨을 함께 나누어야 할 대상이 불신자들이다.

내가 전에는 비방자요 박해자요 폭행자였으나 도리어 긍휼을 입은 것은 내가 믿지 아니할 때에 알지 못하고 행하였음이라(딤전 1:13).

천하보다 귀한 자 : 우리가 전하고 섬겨야 할 대상은 천하보다 귀한 자들이다. 예수 그리스도께서는 하나님 나라의 완전한 회복 가운데, 또한 한 생명을 살리기 위해 십자가에 달려 죽으셨다. 사람의 목숨은 천하를 얻어도 바꿀 수 없는 것이다. 특히 기독교는 생명의 종교로서 인간의 육체 유보와 영혼의 생명이 소생하는 것을 중요하게 여긴다. 즉 하나님께서

우리에게 복음 전파자로 세우신 것은 천하보다 귀한 한 영혼이 구원받는 놀라운 일에 사용하시기 위한 것이다. 한 영혼을 구원의 길로 이끈다는 것은 천하를 구하는 것과 비슷하다.

누구든지 제 목숨을 구원하고자 하면 잃을 것이요 누구든지 나를 위하여 제 목숨을 잃으면 찾으리라. 사람이 만일 온 천하를 얻고도 제 목숨을 잃으면 무엇이 유익하리요 사람이 무엇을 주고 제 목숨과 바꾸겠느냐(마 16:25~26).

구원할 자 : 예수 그리스도의 죽으심을 통해 하나님과 우리의 관계가 회복되고 화목하게 되었다. 우리는 담대히 하나님께 나아갈 수 있으며 그분 안에서 뛰어놀며 즐거워 할 수 있다. 이 기쁨과 감격을 함께 누리기 위해 하나님께서는 복음을 증거하라고 말씀하셨다. 오직 우리를 통해 이루실 일들은 예수 그리스도를 통해 영원한 생명을 얻게 하시는 하나님의 구원을 드러내는 것이다. 하나님께서는 우리를 구원하시기 위해 예수 그리스도를 보내시고 성령 하나님으로부터 적용하시는 놀라운 사역을 지금도 펼쳐가고 계신다.

곧 우리가 원수 되었을 때에 그의 아들의 죽으심으로 말미암아 하나님과 화목하게 되었은즉 화목하게 된 자로서는 더욱 그의 살아나심으로 말미암아 구원을 받을 것이니라(롬 5:10).

우리는 무엇이 준비되어 있는가!

말씀 : 복음을 전하는 것은 말씀을 전하는 것이다. 우리의 생각이나 느낌을 전하는 것이 아니다. 말씀을 바르게 알고 명확히 알아야 올바른 복

음을 전할 수 있다. 물론 처음부터 말씀을 전하지 못할 때도 있다. 그러나 우리의 삶 전체가 이미 말씀 앞에 고꾸라져서 나는 죽고 오직 예수 그리스도만이 살아 역사하시는 삶이라면 그 역시 말씀이 드러나는 통로가 된다. 성경을 읽고 묵상하는 것만큼 말씀의 의미를 바로 알아 그 삶을 살아가는 것까지가 신앙생활이다. 말씀에는 성령께서 역사하시는 힘이 있다. 믿지 않는 이들이 사망으로부터 깨뜨리고 나오는 유일한 도구는 말씀이다.

하나님의 말씀은 살아 있고 활력이 있어 좌우에 날선 어떤 검보다도 예리하여 혼과 영과 및 관절과 골수를 찔러 쪼개기까지 하며 또 마음의 생각과 뜻을 판단하나니(히 4:12).

이해 : 사도 바울을 시원케 한 이들은 신실한 믿음으로 섬기는 이들이었다. 사람의 비참함과 비루함을 깨달아 알고 동시에 오직 예수 그리스도를 통해서만이 죄의 사슬을 끊고 영생의 소망을 누린다는 것을 알게 된 이들이다. 이들은 죽음의 위협이 있는 순간에도 믿음을 지켰으며 삶의 신실함을 놓지 않았다. 또한 세상 사람들을 말씀 안에서 이해하고 긍휼히 여기며 간절히 사모한 이들이다. 전도자인 우리는 세상 사람들을 이해하며 안아 주어야 한다. 그들이 안고 있는 공허와 허탄함을 이해해야 한다. 하나님을 떠난 이들의 영적 상태를 이해하고 함께 울고 웃어야 한다.

그들이 나와 너희 마음을 시원하게 하였으니 그러므로 너희는 이런 사람들을 알아 주라(고전 16:18).

순종 : 그리스도인들의 정체성은 아들임과 동시에 종이다. 신분으로는 아들이지만 마음의 태도로는 청지기로 서 있어야 한다. 즉 우리의 영원한 왕과 주인이신 하나님의 은혜에 기뻐하며 순종하는 이들이다. 복음은 억지로 하거나 어쩔 수 없이 하는 것이 아니라, 기쁨으로 순종하며 선포하는 것이다. 또한 하나님의 뜻을 바르게 깨달아 그 뜻을 행하는 자들이다. 하나님의 사랑은 긍휼과 함께 정의가 포함되어 있다. 거룩함에 이르는 지혜안에서 전도자의 삶은 그 누가 바라보아도 아름다운 삶으로 드러난다.

종들은 자기 상전들에게 범사에 순종하여 기쁘게 하고 거슬러 말하지 말며 훔치지 말고 오히려 모든 참된 신실성을 나타내게 하라 이는 범사에 우리 구주 하나님의 교훈을 빛나게 하려 함이라(딛 2:9~10).

4

이중직

생계가 아닌
생명을 위한 걸음

개척교회 목회자의 이중직은 거의 일반화되었다. 중대형교회를 제외한 많은 개
척, 미자립교회 목회자들은 나타나든 나타나지 않든 일을 한다. 그렇지 않더라도
사모가 일을 다니거나 선교적 교회라는 방향 안에서 사업을 하기도 한다. 이 외에
도 가족교회로서 양가 부모님이나 일가친척이 함께하거나 후원하는 경우도 많다.
나 같은 경우에는 새벽에 배송을 한다. 선택적으로 감당할 수 있기도 하고 사역
시간을 피해서 간헐적으로 할 수 있기 때문이다. 이러한 과정에서도 하나님께서
허락하신 은혜들이 있다. 구조에 대한 옳고 그름보다는 각자의 상황 속에서 신실
함과 진실함으로 '하나님 앞에서'(코람데오) 온전히 복음을 선포하며 양육하고 치
유하는 일을 감당할 수 있어야 한다.

이중직의 길
위에서

5층 계단과 무거운 막막함

#눈 앞에 닥친 막연한 상황들

새벽배송을 하다 보면 막막한 상황이 펼쳐질 때가 있다. 입구에 서서 심호흡을 하고 깊은 다짐을 한 후에야 출발할 수 있다. 물론 많은 배송지들은 엘리베이터가 있거나 1~2층에 있기에 바로바로 배송을 하고 나온다. 하지만 이런 곳만 있으면 얼마나 다행이겠는가. 인생은 우리의 소망이나 예측대로 되지 않는다.

다양한 상황 속에서도 몇몇 상황은 너무나 막막하게 다가온다. 1.5리터 생수가 6개 묶여 있는 것을 들고 엘리베이터가 없는 4층까지 배달해야 한다든가, 연수원이나 수목원 기관과 같이 도심 가운데 있는 것이 아닌 한참 들어가서 배송해야 하든가, 건물이 지어진지 얼마 되지 않아 명확한 위치가 표기되지 않았거나 내비게이션에도 길이 나오지 않는 곳을 배송해야 한다든가, 새로 지은 아파트에 들어가려고 할 때에 신분확인을 위해 주민등록증이나 운전면허증이 필요한데 미처 챙기지 못한 경우 등 수많은 상황들이 눈앞을 캄캄하게 만든다.

이 중에서도 빈번하게 발생하고 가장 마음을 답답하게 만드는 것은

4층이나 5층인데 오래전에 지어진 낮은 아파트여서 엘리베이터가 없는 경우다. 보통은 그 건물의 가장 높은 층에 있는 배송지가 힘들다. 당연히 이해가는 것은 소비자 입장에서도 무거운 것을 4층이나 5층까지 들고 가기 힘들기에 선택한 것이라는 점이다. 배송하는 사람에게도 답답하지만 소비자 입장에서도 어쩔 수 없이 배송을 신청할 수밖에 없을 듯하다.

#피할 수 없는, 그러나 피하고 싶은

1.5리터 6개가 한 묶음인 생수를 들고 올라가든, 20kg 쌀포대를 들고 올라가든, 한번에 3~4개의 박스를 눈앞이 가릴 정도여서 옆으로 보면서 올리가든 4층이나 5층의 계단을 오르는 일은 쉽지 않다. 2~3층까지는 힘 있게 걸어 올라가지만 그 이상이 되는 시점부터는 숨이 차기 시작하고 다리 근육이 뻐근해지기 시작한다. 배송지에 도착해서 배송 완료 사진을 찍을 때쯤이면 머릿속부터 타고 내려오는 땀방울이 볼을 지나 어깨를 적시기 시작한다. 한겨울이라도 땀이 안 날 수가 없다.

배송을 마치고 내려오는 계단은 더욱 조심스럽다. 풀린 다리가 나도 모르게 뻗어지지 않아서 계단을 헛디딜 수 있기 때문이다. 올라갈 때는 옆의 봉들을 잡지 않아도 되지만 내려올 때는 잘 붙잡고 내려와야 한다. 자칫 삐끗하는 날에는 며칠을 욱신거리는 다리를 위해 쉬거나 치료 비용이 나갈 수도 있기 때문이다. 실제로 한번은 거의 다 내려온 상황에서 긴장이 풀린 탓인지 다리를 삐끗했다. 심하게 삔 것은 아니었지만 식은땀이 온몸을 적셨다.

이런 상황들을 겪다 보니 비슷한 상황에 닥치면 1층 입구에서 심호흡을 먼저 한다. 차에서 입구까지 전달할 물품을 옮겨놓고 올라가기 전에 긴장하면서 다짐하는 것이다. 배송 초반이 이런 상황이면 힘이 남아 있기에 그나마 힘 있게 배송한다. 하지만 중반 이후에 이런 상황에 처하면 이미 소진된 체력으로 인해 더욱 긴장의 끈을 놓을 수 없다. 피하고 싶은 마음이 굴뚝 같이 올라오지만 이곳을 마치지 않으면 끝낼 수 없기에 결단하고 결단한다.

#신앙의 삶에서 피할 수 없는 상황들

이런 상황들은 결국 개척교회의 현실과 자연스럽게 이어진다. 왜냐하면 개척교회의 사역 속에는 피하고 싶지만 피할 수 없는 상황들이 많이 생기기 때문이다. 노방전도와 가가호호는 기본이고 어렵고 힘든 이들의 삶에 들어가 함께 하거나 갑작스러운 어려움이 성도들에게 찾아올 때에 끝없이 섬기고 무조건 나눠야 하기 때문이다.

어떤 반응이나 결과가 뒤따라올 때는 그나마 순간순간 위로를 받으며 걸어가지만 아무런 변화가 없고 손바닥만 한 구름조차 떠오르지 않을 때에는 막막해지면서 무기력해진다. 물론 영혼을 사랑하는 마음과 하나님께서 부탁하신 생명의 길이기에 기쁨으로 감당하지만 인간이기에 지치고 부담되는 경우들도 있음을 부인하기 어렵다.

이는 개척교회뿐만의 일은 아닐 것이다. 각 개인의 신앙과 삶 속에서도 피하고 싶은 상황들이 언제나 몰려온다. 직장에서 일어나는 다양한 관계와 일, 이웃과의 사이 속에서 일어나는 오해, 성경의 가치와 충돌되는 세상의 가치 속에서 느끼는 혼란, 실패와 좌절 속에서 힘겹게 살아가는 현실을 우리는 피하고 싶다. 그러나 피할 수 없어서 감당해야 할 때가 수없이 많다.

'피할 수 없으면 즐겨라'는 말이 있지만 우리는 이마저도 받아들이기 힘든 상태다. 지금 당장 마음을 조절할 수 있다면 좋지만 이도 저도 하기 싫은 때가 오기 때문이다. 가끔은 모든 것을 포기하고 한적한 곳으로 훌쩍 떠나고 싶을 때도 있고 아무도 없는 곳에서 나만의 시간을 보내고 싶기도 하다. 마치 감옥을 탈출하듯 지금의 현실을 떠나서 자유인으로 살고 싶은 심정이다.

막막함. 그 피하고 싶은 감정을 어찌할 수 없을 때, 우리에게는 쏟아 놓을 곳이 필요하다. 술이나 폭력, 쾌락과 같은 방법이 있을 수 있지만 순간 풀어지는 듯싶다가도 이내 다른 문제나 허탄함으로 채워진다. 우리가 할 수 있는 것은 후들거리는 다리를 붙잡고, 답답하게 조여 오는 가슴 한편을 부여잡고 하나님께 나아가는 것이다. 어찌할 수 없는 우리 인생을 받아들이고, 그럼에도 절망하지 않은 채 우리의 소망되신 하나님께 쏟아놓아야 한다.

우리가 모르는 막막함의 끝을 주님은 아신다. 사람으로서는 넘을 수 없는 영역의 깊은 곳에서도 하나님께서 섭리하신다. 비참함의 눈물이 심장 가득히 채워져갈 때 우리는 은혜의 펌프로 슬픔을 끌어내야 한다. 풀린 다리 사이로 거친 숨소리를 쏟아놓는 그 순간, 내게는 막막함의 해소와 함께 끝나가는 새벽의 시간을 맞이한다. 우리에게 주어진 인생의 막막함도 하나님의 섭리 안에서는 터널과 같이 끝이 드러난다. 힘들고 어려운 인생의 순간 속에서 하나님의 섭리를 기대하며 하나님께 쏟아놓을 수 있는 넋두리가 필요하다.

목마름이 몰려온다

새벽 시간에 길 위를 달리고 계단을 오르내리다보면 목마름이 몰려온다. 갈증을 해소하기 위해 보통은 생수를 미리 구입하거나 집에서 정수기 물을 미리 준비해서 중간중간 마시며 일한다. 미처 준비하지 못한 경우라도 생기면 바싹 마른 입술에 침을 바르며, 갈라진 목에 침을 삼키며 일하기 마련이다.

물론 안 마시고 버티는 경우도 있다. 하지만 날이 그리 춥지 않으면 쏟아지는 땀으로 인해 탈수 현상이 일어난다. 온몸에 흐르는 땀만큼이나 몸에서는 수분이 부족한 것이다. 결국 마치는 시간에 편의점에 가서 이온음료를 구입해 벌컥벌컥 마시기 시작한다. 새벽의 시원함과 음료의 시원함이 온몸을 적신다. 개운하다.

배송 중 만난 음료수

연말 즈음 하루는 배송을 하고 돌아서는데 문 앞에 놓인 음료수를 발견했다. 궁금한 마음에 조심스럽게 자세히 살펴보니 옥수수 음료와 함께 메모가 적혀 있었다. '항상 저희 집 택배 안전하게 배송해 주셔서 감사합니다. 아기가 있어 무거운 택배도 많아 죄송하고 감사드려요. 내년에도 잘 부탁드려요.'

몇 번쯤 이 집에 배송했었는지는 전혀 기억나지 않지만, 나를 비롯해 이 집에 들르는 배송기사들을 위한 작은 배려였다. 순간 마음이 뭉클해지고 눈물이 핑 돌았다. 음료수를 들고 감사한 마음에 잠시 서 있었다. 각박한 세상 속에서 따뜻한 마음으로 배려하는 모습이 너무나 아름다웠다. 그가 누군지 전혀 알 수 없지만 고마움과 감사함이 흘러 나왔다. 새벽 공기는 차갑지만 마음만은 핫팩을 가득 안고 있는 것처럼 따뜻했다.

#미안함과 고마움

어쩌면 우리는 외적 성장과 부흥에 초점을 맞추게 되면서 하나님께서 허락하신 은혜의 기쁨을 흘려보내기를 주춤하고 있었는지도 모른다. 작고 아름다운 믿음의 회복을 사람과 사람 사이에서 함께 나누기를 가볍게 치부하고 있었는지도 모른다. 이미 받은 예수 그리스도의 사랑을 기계적, 구조적, 종교적으로만 이해하고 자신의 야욕과 욕망을 채우기에 급급했었는지도 모른다.

'미안함과 고마움', 이 두 마음을 우리 삶에 허락된 사람들에게 늘 놓치지 않고 드러내기 시작한다면 놀라운 변화가 일어날 것이다. 수많은 사람이 모이고 건물을 크게 올리고 재정 지출을 엄청나게 늘린다고 할지라도 서로 사랑하며 손잡고 가는 모습이 없다면 우리는 그리스도인이 아니다. 두 팔을 벌려 기쁨으로 맞이하며 뜨겁게 안아주는 관계를 회복해야 한다. 오직 그리스도의 사랑만이 이 세상을 변화시킬 수 있는 은혜의 능력이다.

아무리 힘들고 어렵다 할지라도 서로가 서로를 향해 배려와 이해로 다가간다면 보다 따뜻한 세상이 될 것이다. 서로의 마음속에 미안함과 고마움만 놓치지 않는다면 풍성한 기쁨 안에서 온전한 삶을 살아갈 수 있을 것이다. 우리도 미안함과 고마움으로 따뜻하고 살만한 세상을 만들어가는 삶이기를 소망한다.

대체하지 않으시는 하나님

펑크난 새벽 배송

새벽배송 펑크를 냈다. 평소 2시 50분 알람에 준비를 한다. 3시 20분까지 캠프(물품 받는 곳)에 도착해야 한다. 하지만 오늘은 4시 반쯤 깼다. 알람 소리를 못 들었다. 아내가 모기 때문에 불을 켜는 과정에서 나를 깨웠다. '으악'을 외치며 절규했지만 이미 때는 늦었다. 펑크를 낸 것이다. 최근에 감기로 몸이 안 좋고 바쁜 일정들이 이어지면서 피로가 쌓인 것이 원인인 듯하다. 하지만 핑계가 될 수는 없다.

캠프 카톡방에 늦었지만 가능한지를 물었다. 배송하는 시간이기에 바로 답장이 왔다. 이미 배송사 측에서는 다른 이를 찾는 공지를 했고 곧바로 이관되었다고 했다. 다른 사람으로 대체된 것이다. 신청하는 분들이 많기에 바로 백업이 가능한 듯했다. '죄송합니다'라는 말을 끝으로 일단락되었다. 전적으로 약속을 못 지킨 내게 잘못이 있기에 더 이상 아무 말도 할 수 없었다.

하나님께 죄송하다

배송을 못나간 이후 다시 누웠지만 잠이 오지 않았다. 이런저런 생각으로 마음이 심란했다. 그런데 뒤척거림 뒤에 엉뚱하게도 하나님께 대한 죄송함이 몰려왔다. 하나님 앞에서 결단하고 고백한 일들 중에 지키지 못한 일들이 떠올랐다. 하나님과 했던 약속들이 머릿속을 스쳐 지나갔다. 하지만 하나님께서는 나를 다른 사람으로 대체하지 않으셨다. 나 같으면 수십 번도 갈아치웠을 것 같다.

고등학교 때 예수님을 만났다. 졸업 후 가정 형편의 어려움으로 11

년의 직장생활을 했고 이후에 학부와 원부를 거쳤다. 전도사, 강도사, 목사의 과정을 거쳐 지금은 개척교회 담임으로 사역하고 있다. 벌써 30여 년이 다 되간다. 인격적으로 주님을 영접하고 하나님의 백성으로 살아왔던 여정이었다. 하지만 하나님과의 약속을 깨뜨리며 살았던 순간들이 너무도 많았다.

하나님 앞에서 약속을 깨뜨린 적이 얼마나 많은가. 잊어버린 적이 얼마나 많은가. 대수롭게 여기지 않았던 적도 있지 않은가. 너무 많아서 셀 수도 없다. 인간적인 연약함과 부족함 속에 일어났었다. 하나님을 의식하면서도 나의 욕심이 컸을 때도 있었다. 종교적 관념 속에서 막연한 신으로 하나님을 여기며 행하기도 했었다. '이것쯤이야'를 연발하며 가볍게 여길 때도 있었다. 수많은 이유들 속에서 하나님과의 약속을 깨뜨렸었다.

#대체하지 않으시는 하나님

하지만 하나님께서는 약속을 지키시는 분이다. 이미 성경을 통해 예수 그리스도의 오심에 대한 약속이 창조 이후부터 있었다. 그래서 구약을 대표하는 주제는 '언약'이다. 더 나아가서는 '언약의 신실함'이다. 하나님께서는 끝없는 타락과 배교, 우상 숭배 속에서도 이스라엘 백성들을 완전히 저버리지 않으셨다. 다시 돌이키게 하기 위한 징계와 심판은 있었으나 약속은 절대 파하지 않으셨다. 그래서 예수 그리스도의 오심과 십자가 죽으심, 그리고 부활은 '언약의 완성, 구원의 성취'가 우리에게 주어졌다.

모든 생각과 계획하는 것들이 악했던 시대 속에서도 노아를 통해 언약을 이어오셨다. 인간적인 연약함에 있었던 족장들도 놓지 않으셨다.

자기의 소견대로 행하던 때에도 사사들을 통해 선포하시고 이루셨다. 상한 갈대와 꺼져가는 등불 같던 분열 왕국 때에도 포로로 잡혀간 남은 자들을 통해 회복하셨다. 그리고 결국 다니엘의 예언 가운데 드러난 이 세상의 모든 왕들과는 전혀 다른 왕 중의 왕이신 어린양 예수를 통해 언약을 성취하셨다.

정의와 공의, 사랑과 긍휼 안에서 신실하게 자신의 언약을 이루셨다. 하나님께서는 기계적인 대체로 일을 이루시지 않는다. 인격적인 관계 안에서 인내하시고 기다리시며 세워가신다. 수천년의 시간 속에 이미 하나님의 선하심과 신실하심이 담겨 있다. 언약의 성취와 계시된 말씀 안에서 우리를 더욱 신실하게 이끄신다. 그의 백성들을 향해 성실과 진실로 대하신다.

이런 하나님의 신실하심을 알지 못하는 이들은 오히려 하나님을 기계적으로 이용한다. 자신의 뜻이나 성취를 위해 하나님을 이용한다. 하나님을 향해 약속을 남발하면서도 지키지 않는다. 말씀을 통해 드러내신 하나님의 뜻은 깊이 상고하지 않지만 자신의 뜻을 관철시키기 위해 하나님의 이름을 이용한다. 기다리지 못하고 떼를 쓰면서 자신의 욕심을 채우기에 바쁘다. 어쩌면 하나님께서는 안중에 없으면서 자신의 위신만 챙기기 위해 하나님을 이용한다.

배송 약속을 못 지켜서 죄송하다고 말했다. 하지만 하나님과의 약속을 지키지 못하면서도 그냥 지나칠 때가 많았다. 연초에 오글오글 사역 축제를 하면서 함께 나눴던 '고백과 다짐'이 떠올랐다. 한 해 동안 아침마다 새로운 주의 성실을 좇아 3가지를 결단하고 지키기로 한 것이다.

나는 '말씀(2시간)과 기도(2시간)의 삶을 온전히 살겠습니다. 한 사람 이상에게 복음을 전하겠습니다(새로운 한 사람 이상 만나겠습니다). 독서를 꼭 하고 글을 쓰겠습니다(1개월마다 2권 이상, 매일 글쓰기 등)'를 적었다. 돌아보면 부끄럽기 그지없다. 부끄러움을 피하지 않고 고백한다. 하나님 앞에서 회개하며 돌이키려 한다.

상한 갈대를 꺾지 아니하며 꺼져가는 등불을 끄지 아니하고 진실로 정의를 시행할 것이며 그는 쇠하지 아니하며 낙담하지 아니하고 세상에 정의를 세우기에 이르리니 섬들이 그 교훈을 앙망하리라(사 42:3~4).

배송을 위한 준비와 우리 신앙

주섬주섬

새벽배송을 위해 주섬주섬 챙기기 시작한다. 가장 먼저 해야 할 것은 무거운 몸을 일으키는 것이다. 피로가 누적되었기 때문이기도 하지만 생활 습관의 변화로 인해 쉽지가 않다. 갈수록 몸이 천근만근이 되고 있다. 그래도 주어진 상황에서 감당할 수 있음에 감사하며 자리를 박차고 일어난다.

화장실에서 간단히 세면을 한 이후에 옷을 갈아입고 준비물을 챙긴다. 처음에는 이것저것 많은 것을 챙겼다. 배송에 필요한 것들을 인터넷을 통해 검색하고 거의 모든 것을 세팅했다. 처음에는 그렇게 해야한다고 생각했지만 시간이 지날수록 부질없는 것임을 알게 되었다. 각자 상황에 맞게 필요에 따라 준비하면 되는 것이었다.

처음에 구입한 것들은 이렇다. 스마트폰 터치 가능한 장갑, 새벽 위험을 줄여줄 형광 조끼, 물품을 들때 필요한 핸드폰 목걸이, 간단한 음료나 물 구입을 위한 카드, 신원확인이 필요한 곳을 대비한 운전면허증, 뛰어다니기 편한 운동화, 중간 중간 목마름을 해갈할 300ml 물통, 배송 중간에 허기를 채워줄 간식, 운전을 위한 열쇠 등이다. 나름 철저하게 준비한 것들이다.

배송의 실제 상황 속에서

배송을 시작하고 얼마의 시간이 지나갔을 때, 많은 준비물이 필요하지 않음을 확인했다. 최대한 심플하게 정말 필요한 것들만 챙기면 되었다. 스마트폰용 장갑이지만 잘 터치가 되지 않아 오른손 검지 부분 한 마디를 잘라서 사용했다. 새벽에 거의 차가 없고 주택가 주차장이나 한편에서 잠시 짐을 내리기에 형광 조끼도 필요하지 않았다. 정말 필요한 것들은 장갑, 목걸이, 물, 신용카드, 운전면허증, 물 등이다.

의외로 꼭 필요한 것이 신용카드와 운전면허증이다. 물을 준비하지 못했거나 캠프 내 저렴한 자판기를 사용할 때 신용카드는 유용하게 사용되었다. 운전면허증은 사용할 일이 거의 없지만 꼭 필요한 상황이 예기치 못하게 발생한다. 일반 주거지가 아닌 군부대 숙소나 기밀이 필요한 회사와 같은 특수한 주거지에 들어가게 되면 꼭 필요하다.

그리고 스마트폰 목걸이는 이동 중에 자유롭게 스마트폰을 내버려 놓을 수 있어서 좋다. 배송 시간이 꽤 많이 단축된다. 캠프(물건 배정지)에서 배정 물품을 스캔할 때나 물품을 각 가정에 배달할 때에 스마트폰이 꼭 필요하다. 스캔을 하고 사진을 찍고 배송 완료 확인을 하는 과정에서 스마트폰을 이용해야 하기 때문이다. 이런 상황에서 별도로 스마트폰을 넣었다 뺐다 하면서 진행하면 번거롭기도 하고 시간도 더 걸린다.

배송 준비와 신앙

우리는 나그네와 외국인으로 이 세상을 살아간다. 잠시 잠깐 이 세상 속에서 짐을 점점 불리면서 쌓기 시작하면 여행을 할 수 없게 된다. 몸이 무거워지고 걸음이 무거워진다. 점점 자신이 있는 곳에서의 안락과 안착 속에서 창고에 곡식을 쌓는 부자와 같이 된다.

꼭 필요한 것들과 필요치 않은 것들을 분류할 수 있어야 한다. 물론 이런 분류가 단번에 이루어지기는 어렵지만 시도는 끊임없이 해야 한다. 우리 삶과 신앙에도 불필요한 것들이 분명히 존재하기 때문이다. 어쩌면 우리도 모르는 사이에 수많은 짐을 짊어지고 인생이라는 여행을 걸어가고 있을지도 모른다. 눈으로 보이지 않는 많은 부담과 수고로 인해 영혼이 무너지는 경우들을 적잖게 발견하게 된다.

배송을 위해 준비했던 것들이 생각과 이상 가운데 마련된 것이라면 실제 배송을 하면 실제 필요한 준비물을 분류할 수 있게 된다. 마찬가지로 신앙의 삶도 이와 비슷하다. 다른 이들의 말과 조언들을 충분히 참고하고 수용해야 하지만 결국은 자신의 걸음 속에서 그것을 분류할 수 있어야 한다. 세상에는 수많은 것들이 우리의 필요를 이야기하고 다른 이들도 자신들의 경험 속에서 추천하기 때문이다. 다른 이에게 잘 맞고 필요하다고 해서 자신에게 꼭 필요한 것은 아니다. 종교의 전통과 다양한 관계의 필요 속에서 모든 것을 나 자신에게 적용하며 채우려고 하지 않아도 된다. 도리어 우리의 전통과 의식은 성경에 비추어 가장 기초적인 수준으로 끌어내리고 우리의 본질에 더 집중하는 것이 옳은 것이다. 성경을 통해 드러내신 은혜의 복음만이 우리 삶의 충만함으로 남아야 한다.

이스라엘의 유대인들은 모세의 율법을 존중한다고 했지만 인간과 장로들의 전통 가운데 613개나 되는 율법이 사람들의 목을 조여왔다. 자신들도 다 지키지 못할 다양한 율법의 굴레들이 인생을 휘감아 구속했던 것이다. 어느덧 자유는 사라지고 조여드는 형식과 틀 안에서 종교 생활하는 경우가 발생한다.

우리 신앙과 삶에 진정 필요하고 소중한 것이 무엇인지를 분별할 수 있는 힘이 필요하다. 이것을 위해 걸어가던 발걸음을 멈추고 자신의 방향을 살필 수 있는 시간과 공간을 스스로 만들어야 한다. 말씀과 기도의 시간, 점검과 반성의 시간들이 주님 안에서 필수적으로 마련되어야 한다.

새벽 교통신호의 유혹

새벽을 달리던 중에

새벽에 배송을 위해 일어나면 간단히 필요한 것만 챙기고 바로 나선다. 차에 시동을 걸고 바로 달리기 시작하면 한산한 도로가 나를 맞이한다. 도로에는 차가 거의 없다. 간혹 1~2대가 빠르게 지나갈 뿐, 거의 도로가 전시 상황에 도로를 막아 놓은 듯 조용하다. 가끔 혼자서 도로를 다 쓸 때도 있다. 앞뒤로 차가 없다.

차가 없어서 한산한 반면 보는 사람이 거의 없기에 신호등의 유혹은 유독 강하다. 배송 물품을 받는 캠프로 갈 때에는 그나마 유혹이 덜한 편이다. 시간적인 여유도 있고 붉은 신호등에 서 있는 차들도 있기 때문이다. 간혹 늦잠을 자거나 다른 일을 하다가 늦는 경우에도 엄청 늦지 않은 이상 신호를 어기지는 않는다.

물건을 다 싣고 배송이 시작되면 마음이 급해진다. 어플을 통해 위치를 파악한 상황에서 대략 시간을 예측할 수 있지만 간혹 멀리 떨어진 곳이나 밀집 주거지역이 배정되면 시간이 더 걸릴 것이 뻔하기 때문이다. 배정된 지역까지 가는 데는 외곽도로와 같이 신호등이 없는 경우가 많아서 신호를 어길 일은 거의 없었다. 하지만 동네에 들어서고 주택가에 배송을 하기 시작하면 신호와의 싸움이 시작된다.

#배송 시작과 함께 흔들리는 마음

시간을 줄이기 위해 달리다 보면 속도는 점차 빨라진다. 또한 동네에 작은 사거리에서는 사방을 살피며 신호를 무시하고 조심스럽게 앞으로 가도 될 것 같은 생각에 사로잡힌다. 특히 CCTV가 없는 지역에서 이러한 유혹이 유독 심하다. 처음에는 카메라의 위치를 잘 모르는 상황에서 신호를 어겨 과태료를 물은 적도 있었다. 그렇게 되면 하루 일당이 날아가 버린다.

얼마의 시간이 지난 후, 배송에 익숙해지면서 신호등과 카메라를 빠르게 스캔하고 지나가기 시작했다. 마음 한편으로는 모든 신호와 카메라를 지켜야 한다는 생각이 들지만, 급한 마음과 함께 한산한 도로를 달리다 보면 어느 순간 이런 사실을 잊어버리게 된다. 그렇다고 전혀 신경을 쓰지 않는 것은 아니지만 현실적인 부분에서 타협하는 경우들이 많이 발생하는 것은 부인할 수 없다.

아파트나 주택 입구에서 잠깐 배송을 위해 이중주차를 하거나 도로 한편에 잠시 차를 대는 것은 이해할 수 있다. 하지만 신호를 어기고 속도를 아슬아슬하게 넘어가면서 운전하는 것은 옳지 않은 것이다. 그럼에도 순간순간 고민하고 갈등하는 내 모습을 보면 어이가 없다. 시간과 상관없이 주어진 시간에 정상적으로 운전하며 배송하는 것이 가장 좋은데 말이다.

흔들리는 기준의 원인

한번은 신호를 어기는 나의 모습에 대해 생각해 본 적이 있다. 왜 평소에는 신호를 잘 지키고 정상 속도로 달리는데 말이다. 당연히 빠른 배송을 위해 내가 취할 수 있는 최선의 선택을 한 것이라고 말할 수 있겠지만 이면에는 나의 죄성과 연약함이 원인으로 자리 잡고 있었다.

먼저 신호를 어기는 것은 다른 사람의 시선이 없다는 것이 기준이 된다. 평소에는 수많은 시선과 차량이 있지만 새벽에는 사람들이 거의 없다. 그렇기에 사람들의 시선만 없다면 큰 문제가 되지 않는 모습을 발견한 것이다. 이는 기독교 신앙의 '코람데오'(Coram Deo) 앞에서 크게 잘못된 생각이다. 많은 이들이 사람의 시선 앞에 행동을 바르게 하거나 조심하게 되지만 그리스도인은 하나님 앞에서, 하나님의 시선을 바라보아야 한다.

과속을 하다가 카메라 앞에서만 브레이크를 잡는 경우는 정의와 공의를 턱걸이하듯 지키는 것과 같다. 벌금이 안 날아올 정도의 기준 안에서 빠르게 달리고 있는 것은 어느 정도의 잘못과 융통성에 대해 세상 법이나 관계 안에서의 규율 정도 안에서만 지키려고 하는 것이다. 카메라가 없는 도로에서는 빠르게 달리고 카메라가 보이면 속도를 줄이는 것을 보면 알 수 있다. 내게 손해가 되지 않는 선에서 내가 하고 싶은 대로 하고 있는 것이다.

물론 배송이라는 특수한 상황에서는 충분히 이해할 수 있다 할지라도 신앙의 기준으로 보면 우리 안에 죄의 본성이 있음을 발견하게 된다. 하나님을 두려워하고 기뻐하며 경외하는 신앙과 삶이 아니라 다른 사람의 시선과 기준에 나를 맞추는 삶을 살고 있는 것이다. 또한 내가 손해 보지 않고 질타 받지 않을 정도의 범위에서 하고 싶은 데로 하는 것이 우리 인생이다. 하나님의 기뻐하심과 뜻 안에서 나의 손해조차도 기뻐하는 삶은 아닌 것이다.

우리는 교회이고 교회는 하나님 나라의 모형이다. 이 땅의 시선과 기준에 우리를 맞추지 않고 성경을 통해 드러난 하나님의 뜻과 시선에 거할 수 있어야 한다. 억지로 간신히 하나님께 맞추기보다는 하나님의 은혜를 누리고 기뻐하면서 기뻐이 하나님과 함께 걸어갈 수 있어야 한다. 진정한 그리스도인은 세상의 기준과 시선을 초월해서 하나님 보시기에 아름다운 인생을 사는 것이다. 수많은 유혹 속에서 말씀에 기초한 진정한 공의와 사랑 안에서 승리하는 삶이기를 고대한다.

블랙아이스의 공포를 넘어

겨울 새벽 배송의 또 다른 위험

겨울 배송은 힘든 부분이 하나 더 있다. 그것은 블랙아이스의 출현이다. 새벽의 찬 기운이 심하면 아스팔트 길 위에 보이지 않는 얼음이 얼게 된다. 블랙아이스는 눈에 보이지 않는다는 점에서 위험하다. 눈이나 비와 같이 눈에 보이면 더 조심하게 되고 자연스럽게 사로로 이어질 가능성은 줄어든다. 자세히 살펴서 가로등 조명에 비춰보지 않는 이상 일반 아스팔트 색과 별반 다르지 않다. 분명히 전혀 예상할 수 없는 상황에서 차는 미끄러지고 쓸려간다. 특히 빠르게 배송해야 하는 상황에서 이런 위험을 미리 감지하기는 더욱 힘들다.

한번은 새벽 배송을 위해 이동하는데 차량 서너 대가 길가에 멈춰 있었다. 그중 한두 대는 서로 부딪혔다. 큰 사고는 아니었지만 간담이 서늘해졌다. 멀지 감치 그 사건 현장을 발견한 나는 속도를 미리 줄였기에 피할 수 있었다. 그 상황 속에서도 아스팔트는 전혀 징조를 티 내지 않았다. 그저 느려진 속도에도 미끄러지는 도로의 상태로 알 수 있었다.

보이지 않는 두려움

블랙아이스의 두려움을 경험한 그날 아침 뉴스에 블랙아이스의 주의를 요하는 뉴스가 흘러나왔다. 미리 경험한 나였기에 그 뉴스 소식이 피부로 느껴지듯 크게 다가왔다. 뉴스 속에 비춰진 블랙아이스 사고 영상을 접했을 때 또 한번 마음을 쓸어내려야 했다. 정말 큰 사고로 이어진 블랙아이스 교통사고였다.

도로 CCTV에 찍힌 상황은 한마디로 아수라장이었다. 앞쪽에 이미 미끄러진 차들이 도로 옆으로 처박혀 있었고 이어서 들어오는 차들이 앞차를 보고 브레이크를 잡았으나 미끄러지면서 부딪혔다. 그 사이 차에서 내려 위험 신호를 알리던 아저씨는 차에 치일 뻔한 아슬아슬한 상황에서 간신히 자리를 피할 수 있었다. 그렇게 10여 대의 차량이 차, 보호대, 벽에 부딪히며 간신히 세워져 갔다.

뉴스 영상을 보며 다시 한번 블랙아이스의 공포를 느낄 수 있었다. 보이지 않는 두려움. 이것은 어쩌면 엄청나게 크고 힘 있는 어떤 존재를 보는 두려움보다 큰 것일 수 있다. 당장 눈앞에 보이지 않기에 오히려 그 존재의 크기를 무한대로 키울 수 있기 때문이다. 어쩌면 이는 개척교회 상황에서 느끼는 막연한 두려움의 상황과도 비슷하다. 개척미자립교회 목회자들에게 가장 힘든 것은 앞으로 어떻게 될지 모르는 막연한 두려움이다.

보이지 않는 것은 보이지 않는 것으로

두려움의 연속에서 지금 당장 펼쳐진 두려움보다 큰 것은 보이지 않는 상황에서 미리 걱정하는 두려움들이다. 분명히 아직 일어나지 않았고 일어날지 안 일어날지 모르는 일들에 대한 두려움이 가장 크게 느껴진다. 특히 개척미자립교회에서 재정의 불안함과 환경의 어려움들이 연장선 가운데 잠식하는 두려움들이 몰려오게 된다.

재정적으로 어려워져서 교회 문을 닫으면 어떡하지? 전도가 어려운 시기에 성도들이 오지 않으면 어떡하지? 몇 안 되는 등록 성도들 중에 떠나가는 사람이 있으면 어떡하지? 교회의 월세를 올려달라고 하면 어떡하지? 앞으로 이 어려움과 힘든 상태가 계속되면 어떡하지? 수많은 걱정거리들이 엄습한다. 마치 블랙아이스가 앞으로 처하는 순간들 속에 가득 차 있는 것처럼 느껴지는 것이다.

하지만 보이지 않는 것들은 보이지 않지만 실재하시는 존재로부터 해결된다. 우리는 허상을 믿는 것이 아니라 실상을 믿고 따르는 존재이기 때문이다. 살아 역사하시는 하나님의 크고 놀라운 은혜 안에서 모든 것을 이겨낼 수 있다. 하나님의 크고 놀라운 은혜와 능력은 우리의 작은 시야와 관점으로 다 이해할 수 없고 발견할 수 없지만 우리 가운데 역사하시며 주장하시기 때문이다.

우리는 블랙아이스가 눈에 보이지 않음에도 날씨와 계절을 통해 분별할 수 있고 추운 날씨 속에서 미리 대비하는 것들을 통해 알 수 있다.

날씨와 계절을 통해 미리 알 수 있는 것이 마치 하나님의 섭리와 주권 안에서 미리 신뢰하는 것과 같다면, 추운 날씨를 미리 대비하는 것은 우리가 처한 현실 속에서 하나님을 신뢰하며 감당하는 우리의 태도 같은 것이다. 우리로 하여금 선한 간구와 지혜를 허락하시는 이가 하나님이시기 때문이다.

예측할 수 없는 미래, 보이지 않는 앞으로의 상황, 그리고 도저히 소망을 품을 수 없는 현실 속에서도 우리는 일어날 수 있다. 우리가 믿는 믿음의 주는 우리를 부요케 하시는 이시다. 현실과 현세의 부요함을 넘어 하나님의 놀라운 영역 속에서 우리를 부요케 하신다. 지금, 이 곳에서 우리의 삶을 온전히 맡기고 나아갈 때, 블랙아이스와 같이 보이지 않는 우리의 현실 속에서도 온전한 믿음의 길을 걸어가게 된다.

배송을 위해 고속도로를 타다

#다양한 곳을 달린다

배송을 위해서는 다양한 도로를 달린다. 일반 국도나 시내 거리, 그리고 아파트 단지 주차장 안쪽 길 등 많은 길을 간다. 간혹 예상치 못하게 가는 길들도 있다. 연수원 같은 곳을 가면 가로수가 잘 정비되어있는 길 도로를 달리다 보면 캄캄한 지역 안쪽에 이르게 된다. 연립 주택이 많은 곳을 가면 도로와 주차장에 비해 차들이 많아서 길을 빠져나가기가 쉽지 않다. 새로 지은 아파트의 경우는 지상으로 가기보다는 지하로 들어가서 엘리베이터를 탈 수 있어 편할 때도 있다.

이렇게 많은 길들 중에서도 고속도로가 가장 기억에 남는다. 그날

따라 물품이 많고 거리가 먼 장소들이 많아서 시간이 많이 지체되었다. 하지만 다른 곳들을 먼저 배송하고 마지막으로 고속도로 중간에 있는 휴게소 안쪽에 배달했다. 경부고속도로였고 기흥 부분을 배송하는 날이었기에 수원 톨게이트를 타서 10여분 정도 지나 기흥휴게소에 다다랐다. 그리고 휴게소 안쪽에 위치한 편의점 한 모퉁이에 물품을 배송했다. 이미 많은 배송 물품들이 주인을 기다리듯 쌓여있었다.

많지는 않지만 이렇게 고속도로를 타게 되면 단점이 있다. 가장 먼저는 톨비를 내야 하고, 이것은 자비로 부담해야 한다. 그리고 휴게소 안쪽에서 고속도로 밖으로 빠져나가기가 애매하다는 점이다. 이곳을 마지막 배송지를 하고 끝낸 다음에 바로 집으로 이동할 수 있으면 그나마 부담은 덜하지만 도로에서 시간을 많이 보내는 것은 어쩔 수 없다. 특히 한번은 고속도로를 타고 휴게소에 배송을 마쳤는데 캠프의 실수로 물품을 반납해야 하는 상황이었다. 결국 고속도로에서 빠져나와 다시 캠프로 갔다가 집으로 돌아가야 하는 상황이었다.

#변모한 사람들의 라이프스타일

고속도로 휴게소에 배송을 바치고 집으로 돌아가는 길에 이런저런 생각을 하면서 이곳에 배송하는 이들을 떠올려 보았다. 새벽 시간이기에 고객들이 물품을 바로 가져가지는 않을 것이고 아마도 아침 출근 시간이나 이동시간에 가져갈 것이다. 직장이든 사업장이든 자신들이 필요한 곳으로 이동하는 과정에서 특정 장소에 배달할 수 없는 경우에 이용할 듯했다. 즉 어딘가로 이동하는 사람이 잠시 들러서 찾아갈 수 있도록 신청한 것이다.

배송 시스템이 잘 되어 있는 우리나라의 경우, 사람들의 생활 패턴이 많이 변하면서 다양한 스타일일 생성된다. 어쩌면 전혀 예측할 수 없는 일들도 일어난다. 이런 것들은 기존 시스템이 생활 방식을 새롭게 창출했다기보다는 변화되는 세상 속에서 각자의 상황에 맞추어 새롭게 생긴 발상들이다. 또한 어떤 단체나 관념들에 의한 것이 아니라 각자의 삶에서 자연스럽고 자유롭게 생성된 일종의 문화 현상인 셈이다.

우리나라는 특히 빠르게 경제가 성장하면서 문명이 급속도로 발달하게 되었다. 과거에는 10년이면 강산이 변한다는 말이 있었는데, 요즘에는 1년에 한번이면 세상 풍경이 확 바뀔 정도니까 말이다. 이런 급변하는 환경 속에서는 특히나 우리의 생활 패턴이 현실에 적응하면서 새로운 라이프스타일이 많이 생긴다. 이전에는 없는 것들이 지금은 너무나 당연한 것들이 되면서 세대 간의 인식 차이도 빠르게 벌어지고 있다.

변하는 것과 변하지 않는 것

이런 삶의 변화들이 무조건 좋다고 말할 수는 없겠지만 현실의 상황들에 대처해 나가는 것은 긍정적으로 볼 수 있다. 특히나 한국을 대표하는 '빨리빨리 문화'는 이미 전 세계 사람들에게 한국이라는 나라를 인식시키는 최전방에 서 있다. 과거에는 무조건 빨리빨리 하는 것이 부실 공사와 같은 문제가 많이 발생했지만, 최근에는 기술적인 측면이 성장함과 동시에 꼼꼼함을 갖추게 되면서 도리어 경쟁력이 있는 대안이 되었다.

물론 빨리빨리 문화의 폐단도 곳곳에서 일어난다. 사람들의 삶이 자본주의에 맞추어 너무 빡빡하게 돌아가는 경우라든지, 자본주의의 대표적인 성향으로 이미 익숙한 부품 교체하듯 사람들을 다루는 경우가 이에 해당된다. 이런 변화의 장단점 속에서 우리는 새로운 라이프스타일의 영역에서 놓치지 말아야 할 것들에 대한 가치를 확립시킬 필요가 있다. 즉 변하는 것들에 대해 이해하고 수용하더라도 그 안에 변하지 말아야 할 것들에 대해서는 절대 양보하면 안 되는 것이다.

예를 들어 건축을 추진하는 과정에서 빠르게 작업을 처리하더라도 '안전'에 대한 가치만큼은 절대 양보하면 안 된다. 비용이 추가되거나 일정이 늦춰지거나 작업 인원이 많아진다 할지라도 '안전'에 관한 부분에서는 더욱 꼼꼼하게 점검하며 진행해야 하는 것이다. 여기서 빠르게 작업하는 방법들의 변화된 달라질 수 있지만 '안전'이라는 가치는 절대 변하면 안 되는 것이다.

기독교 신앙의 영역에서도 사회의 다양한 변화 속에서 많은 고민을 한다. 달라지는 라이프스타일에 맞추어 사역이나 전도, 그리고 교회의 문화가 변모할 수 있기 때문이다. 하지만 세상의 다양한 문화와 생활을 그대로 따라가다 보면 도리어 교회는 놓치는 것이 많아진다. 그렇다고 아무 변화 없이 수도원 생활과 같이 도심 교회로 존재한다면 믿지 않는 이들과 함께 어우러지기는 어려울 것이다.

그렇기에 신앙과 사역의 영역에서 우리가 먼저 고민할 것은 변화하는 방법에 관한 것이 아니다. 오히려 변하지 않는 가치에 대한 영역을 더욱 고민하며 기도하며 준비해야 한다. 어떤 사역이 진행될 때에, 사회의 관계나 상황들 속에서 대처해야 할 때, 우리는 방법에 대한 것은 많은 시간을 할애하지만 가치에 대해서는 그리 고민하지 않기 때문이다.

변하는 방식과 방법을 잠시 내려놓고, 그 사역을 시작하는 가치를 붙잡아야 한다. 물론 어느 한쪽으로 치우치는 것이 아니라 서로가 협력하며 균형적인 적용들로 이끌어야 한다.

새벽에 만난 사람들

새벽배송의 길

개척 사역의 지속적인 방향을 위해 새벽배송을 시작했다. 앞을 알수 없는 상황이지만 하나님의 인도하심과 함께하심을 기대하며 내가 감당할 수 있는 것들을 감당하기로 한 것이다. 새벽배송으로 새벽 2시에 일어나 나갈 때도 있고 심야배송으로 12시쯤부터 시작될 때도 있다. 주로 심야배송 같은 경우에는 술에 취한 사람들을 더 많이 만나지만 새벽배송에는 새벽일을 하거나 새벽예배를 가는 이들을 더 자주 만난다.

새벽배송의 특징은 사람들을 거의 만날 수 없다는 점이다. 주간 배송의 경우에는 1차로 집에 있는 이에게 전달한다. 당사자이든 대리인이든 직접 전달하는 것을 원칙으로 한다. 물론 부재중이거나 만날 수 없는 경우에는 경비실이나 문 앞에 놓고 가기도 한다. 하지만 새벽은 거의 사람을 만나지 않고 배송한다. 그도 그럴 것이 새벽 2시에서 5시 사이, 늦어도 7시 전까지는 배송이 완료되기 때문이다.

새벽에 만나는 사람들

새벽에는 거의 사람들이 없지만 간혹 만나는 사람들이 있다. 가끔은 반갑고 가끔은 놀라기도 하지만 사람들을 만나는 일은 신기하고 재미있다. 다양한 사람들을 만나지만 크게 세 부류로 볼 수 있다. 첫째는 일하는 사람, 둘째는 술 취한 사람, 그리고 마지막으로는 새벽예배를 드리러 가는 사람이다. 가능하면 빠르게 배송을 해야 되기 때문에 대화를 하는 경우는 거의 없지만 그래도 엘리베이터를 같이 올라가거나 계단을 같이 올라가게 되면 어색함을 없애기 위해서라도 몇 마디를 나누게 된다.

첫 번째로 만나는 사람들은 일하는 사람들이다.

대부분의 사람들은 낮에 일하기 때문에 새벽에 일하는 사람들은 거의 없긴 하다. 하지만 새벽에도 일하는 사람들이 의외로 많다. 나와 같이 배송을 하는 경우가 가장 많다. 그리고 우유를 배달하는 사람과 신문을 배달하는 사람, 아파트나 회사 건물에 경비를 서는 분들, 또한 차량을 광택 세차하는 사람들이다. 우유나 신문 배달은 전통적인 새벽일이라고 한다면 차량 광택 세차는 시대의 변화에 따라 새롭게 생긴 직업이라고 볼 수 있다.

나는 ㅋㅍ플렉스에서 일하는데 ㅋㅍ맨은 대표적으로 새벽에 일하는 사람들이다. 나는 이들과 시간대가 겹쳐 자주 보게 된다. 다른 점은 플렉스는 개인차를 이용하지만 이분들은 회사 로고가 새겨져 있는 탑차를 이용한다. 그리고 이야기를 나눠보니 월급을 받고 200~300개 정도를 배송하고 있었다. 그리고 일의 중량 때문인지는 몰라도 2~30대가 대부분이었다. 가끔 4~50대 분들도 보이지만 많지는 않았다.

두 번째로 만나는 사람들은 술 취한 사람들이다.

밤 12시~새벽 2시에 이들은 비틀거리거나 술 냄새를 엄청나게 풍기며 걷는다. 새벽 배송하는 이들이 동변상련에서 서로 약간의 대화를 하는 경우가 있다면, 이분들은 술기운을 빌려서 담대하게 말을 걸어온다. 주로 배송 박스를 보며 배송 회사의 이야기를 하는 경우나 일을 통해 버는 수익에 대한 질문을 먼저 한다. 간혹 나도 모르는 회사에 대한 정보를 술술 풀어놓으면서 고생한다는 이야기를 덧붙인다.

간혹 새벽 3시 이후에도 있긴 하지만 이분들은 거의 인사불성으로 대화를 하거나 가만히 잘 서 있거나 할 수 없는 상태다. 대부분 거의 엘리베이터에 기대있거나 바닥에 앉아 있다. 이분들을 뵐 때마다 어릴 적 아버지의 기억들이 스멀스멀 올라오기도 한다. 젊은 시절 사고로 인해 상실감으로 사셨던 아버지는 술 몇 잔에도 길에서 주무셨다. 아무래도 아픔이 많아서 그렇거나 스트레스를 해소하기 위해 그런 듯해서 짠하다. 그래도 집을 잘 찾아갈 수 있다는 것만으로도 얼마나 감사한가.

세 번째로는 새벽예배를 가는 분들이다.

새벽 배송이 늦어질 때는 새벽 5시 내외에도 할 때가 있다. 새벽 배송에서 좋은 점은 주차장 길목에 차를 잠시 대고 배송을 해도 상관없다는 점이다. 거의 차량 이동이 없기 때문이다. 하지만 새벽 4~5시에는 조심해야 한다. 새벽예배를 가시는 분들이 차를 빼기 위해 나오는 경우가 많기 때문이다. 보통 새벽예배가 5시에서 6시 사이이기 때문에 5시 이전에는 거의 나가게 된다.

다른 하나는 같은 동에 몇 집으로 배송을 해야 하는 경우다. 이런 경우 제일 높은 곳부터 차례대로 배송한다. 만약에 20층, 14층, 6층에 각각 배송할 것이 있다면 20층으로 바로 올라가서 순차적으로 20층, 14층, 6층에 배송한다.

문제는 20층을 배송하는 경우에 다른 층에서 누르면서 내려간다는 것이다. 그리고 보통은 주차장이 있는 지하 1,2층에 서 있게 된다. 이런 경우 다시 버튼을 눌러서 기다려야 한다. 짧은 시간이지만 빠르게 배송해야 하는 상황에서는 아쉬움이 짙게 깔린다.

새벽예배를 드리러 가는 이들을 바라보면서 가장 많이 드는 생각은 자괴감이었다. 목사인 나는 새벽배송을 위해 일하고 있는데 성도들은 새벽예배를 드리기 위해 가고 있기 때문이다. '목사인 내가 뭐하고 있는 건가'하는 생각에 마음이 불편했다. 하지만 얼마 지나지 않아 각자의 상황과 처지가 있는 것과 함께 전통적인 방식 안에 고정관념을 갖고 있는 것에 대한 이해 안에서 포용할 수 있었다.

수많은 사람들 사이에서

세상에는 수많은 사람들이 산다. 각자 주어진 삶을 살기 위해 노력한다. 특히 모두가 잠든 시간인 새벽에도 자신의 삶과 인생, 그리고 신앙을 위해 깨어있는 이들이 있다. 각각 일하는 사람과 술 취한 사람, 그리고 새벽예배를 드리러 가는 사람들을 판단하거나 나눌 필요도 없다. 피상적인 관점에서는 다양한 이야기를 나눌 수 있겠지만 각자의 삶으로 들어가다 보면 무엇으로 그들을 나눌 수 있겠는가.

예를 들어 술 취한 분들보다는 새벽예배를 드리는 분이 더 낫다고 말한다고 하자. 술 취한 분이 만약에 극심한 고통 가운데 도저히 이겨낼 수 없는 사건 속에 있다면 어쩌겠는가. 또한 새벽예배를 가는 사람이 다른 사람을 제치고 돈을 얻기 위한 기도를 하거나 오직 물질과 성공을 위해서만 간구한다면 어쩌겠는가. 물론 이러한 설정은 극단적인 비유이기에 객관성을 잃겠지만 말하고 싶은 것은 외적인 상황들로 이들을 판단하거나 정죄할 수 없다는 것이다.

다만 모두가 진리 되신 예수 그리스도 안에 거하지 않고 있다면 안타까움으로 이들에게 복음의 빛이 드리워지길 기도할 뿐이다. 이들 모두 하나님을 떠난 죄인이고 예수 그리스도만이 이들을 영원한 생명으로 이끄실 수 있기 때문이다. 새벽에도 사람들은 깨어 있다. 어떠한 형

태로 살아가든 이들의 삶은 깊숙이 들어가지 않고는 알 수 없는 이들이
라는 것과 오직 하나님의 은혜 안에서 예수 그리스도, 즉 진리를 필요
로 하는 존재들이라는 점이다.

목회자의
이중직에 대한
의미

생계를 위한 그러나 생명을 향한

#새벽을 달린다

얼마 전부터 새벽을 달리고 있다. 시원한 바람과 공기가 온몸에 전해진다. 주어진 물량이 차에서 다 빠지기까지 쉴 틈이 없다. 차로 주소의 위치로 이동하고 배송 물품을 들고 뛴다. 조심해야 할 것은 주소를 정확하게 확인하면서 이동해야 한다. 아무 곳에나 던져 놓고 오면 안 된다.

아파트는 몇 동인지 다시 한번 확인해야 한다. 호수를 확인하고 들어가도 다른 동이면 아무 소용이 없다. 단독주택이나 연립주택은 도로명 주소가 중요하다. 집마다 붙어 있는 집모양의 파란색 간판에 쓰여 있는 숫자를 정확히 확인해야 한다. 확인이 되었다면 건물 입구로 가서 비밀번호를 누르고 들어가 집 앞에 물건을 전달한다. 그리고 사진을 찍어서 올리고 배송을 완료시킨다. 새벽의 서너 시간은 정신없이 돌아간다.

#개척교회의 현실과 상황

개척교회의 현실에서 우리가 취할 수 있는 자세는 많지 않다. 복음을 전하기 위해 갖추어야 할 기본적인 구조가 필요하다. 사도 바울 조차 복음을 위해 모든 것을 희생하면서도 천막을 만드는 일에 종사했다. 그가 당대 최고의 지식인이었다는 것과 로마 시민권자였다는 사실이 아이러니하다. 그러나 그는 이전의 영광을 배설물처럼 여겼다.

현재 사역을 감당하는 사역자들, 특히 개척미자립교회의 목회자들이 취할 수 있는 자세는 많지 않다. 특히 자녀가 어리고 자라나는 과정이라면 더욱 그렇다. 기초적인 생활이 되었다 하더라도 그것이 후원이나 지원, 아내와 일가친척들의 섬김과 희생이 전제되었기에 그나마 가능하다.

이러한 상황에서 목회자가 일을 하거나 알바를 하는 것이 현시대의 현상이다. 대략 100교회의 개척교회 가운데 3년이 지나 2~3개의 교회만 남는 상황이라고 한다. 극히 일부분의 교회를 제외하고 대부분의 개척미자립교회가 갖는 현실은 거의 비슷한 현실이다. 다만 목회자가 다른 일들을 한다는 것에 대해 조심스러워하는 이들이 많기에 잘 드러나지 않고 있을 뿐이다.

#생계를 위한, 생명을 향한

기본적으로 일을 한다는 것은 생계를 위한 측면이 크다. 목회자 가정이 생활할 수 있는 최소한의 재정이 필요하기 때문이다. 목회자 본인이 일하든 사모나 성인이 된 자녀가 일하든 최소한의 생계를 위한 선택이다. 당연히 이러한 결정을 내리기 전에 수많은 밤을 고민하고 씨름하는 시간이 있었다. 그냥 쉽게 결정되는 것이 아니다.

다른 측면으로는 생명을 향한 열정으로 이러한 결정을 내렸다. 한 영혼을 향한 뜨거운 열정이 있기에 일을 하면서도 복음을 전할 수 있는 환경을 만들어 가는 것이다. 가장 중요한 것은 복음을 전하는 사역이 지속 가능하도록 하기 싫은 일도 하게 된다.

어떤 사람은 여행을 떠나기 위해 돈을 벌고 어떤 사람은 자녀의 학원비를 위해 돈을 번다. 이 외에도 집을 사기 위해, 좋은 옷이나 물건을 사기도 한다. 각자 자신이 좋아하는 것을 위해 기꺼이 일을 하고 돈을 번다. 그러나 우리는 복음을 전하기 위해 일을 한다. 한 생명을 살리기 위해 일을 한다. 마치 사도 바울이 복음을 전하기 위해 천막 만드는 일을 병행했던 것처럼 말이다.

절대적인 것이 아니기에 언제든지

목회자의 일하는 것은 몇 가지 기준이 있다. 그중 하나는 언제든지 일을 그만둘 수 있다는 것이다. 복음을 위해 필요한 기본적인 재정이 가능하다면 더 이상 일을 하지 않아도 된다. 일을 하거나 돈을 버는 행위가 우선시되거나 절대화될 수 없다. 돈을 벌어 부귀영화를 누리거나 풍족해지는 것이 목적이 될 수 없기 때문이다.

간혹 중대형교회에서도 재산이나 재정으로 시비가 붙거나 욕심을 내는 목회자들이 있다. 이들의 태도에서 느끼는 것은 어느 순간 돈이 주인된 모습이다. 돈이나 재산은 주인이 아니다. 그것은 단지 수단이자 도구일 뿐이지 절대 목적이 될 수 없다. 우리는 교회가 교회로서 복음을 온전히 전하며 한 영혼을 구하기 위해 잠시 도구로 사용하고 있는 것이다.

보통 새벽 3시부터 6시까지 배송을 하고 6시에 있는 새벽예배 후 한 시간쯤 기도하고 아침밥을 먹고 9시부터 말씀 연구와 독서, 그리고 글쓰기를 한다. 점심식사 후 교회의 여러 가지 일과 전도와 심방의 시간을 갖는다. 저녁식사 후에 가족과의 시간을 보내고 10시 전후로 조금 일찍 잠을 청한다. 물론 하루도 빠짐없이 지켜지는 것은 아니지만 이러한 일과를 기초로 노력하고 있다. 그저 주님의 부르심을 받은 자로서 온전히 순종하고 성실과 진실로 감당하며 거룩한 백성으로 걸어갈 수 있기를.

돈이 아닌 복음에 매인 목사로서

일에 대한 대가

나는 일주일에 한번씩 주급을 받는다. 새벽 배송에 대한 대가다. 얼마 되지 않지만 가정과 교회에 약간의 도움이 된다. 이것은 새벽에 일어나 물품을 배송한 것에 대한 지불이다. 즉 일을 한 노동력에 대해 사회와 회사가 약속한 책정된 금액을 받게 된 것이다. 이것을 우리는 당연하게 여긴다.

사회 구성원으로 대부분의 사람들이 이 구조 속에 존재한다. 일상적인 삶을 영위하기 위해 일을 하고 그에 대한 대가를 지불받는 것이다. 이것은 자본주의의 상업적인 회사에만 국한된 것이 아니고 공공기관이나 예술인, 그리고 종교인에게도 해당된다. 많은 직업군 속에서 각자의 역할에 대한 다양한 수준의 대가를 받는 것이다.

목회자의 사례

목회자도 사례를 받는다. 하나님의 일을 하기에 성스러운 것으로 분류하려고도 하지만, 실제로 나타나는 것은 다른 여타 직업과 같이 목사로서 감당해야 할 다양한 역할에 상응하여 교회 공동체에서 일정한 사례를 받게 된다. 이것은 다른 회사나 모임이나 공공기관에서 일정한 역할을 감당하는 이에게 지불하는 것과 같은 개념이다. 그래서 목사가 직업인가 직분인가에 대한 논의도 발생하게 된다.

물론 사회적 개념으로 성경적 개념을 모두 대체할 수는 없다. 성경에 드러난 하나님의 계시는 일반 상식이나 사회적 관념보다 더 확장된 개념이기 때문이다. 그렇다고 성경에서 목사를 무소불위한 존재로 설명하고 있지는 않다. 성경에는 에베소서 4:11에 목사라는 명칭이 한 차례 언급된다. 이는 만물을 충만케 하는 예수 그리스도의 몸 된 지체인 교회를 세우기 위한 다양한 역할 중 하나다.

가령 취미를 위해서나 사회적 문제를 위해 모임이 결성되었다고 하자. 처음에는 자발적 참여 가운데 자비량으로 진행된다. 그러나 사람이 많아지거나 해야 할 일들이 많아지면서 특정 사람을 뽑아서 전담할 수 있도록 한다. 그 과정에서 생계를 위한 일정 금액을 모아서 전달하게 된다. 자연스럽게 모임의 일을 처리하는 과정에서 많은 의사 결정과 판단이 주어진다. 그러나 어떤 권력쯤으로 인식하거나 그 모임의 목적과 취지에서 벗어나서는 안된다.

대가를 논할 수 없는 자들

교회의 목회자나 사역자는 일정한 권한이 있다. 이에 상응하는 당회나 항존직도 의사 결정의 권한이 있다. 그렇다 보니 착각하는 경우가 발생한다. 자신들이 특정한 권력과 주권이 있다는 생각이다. 마치 국회의원들이 국민을 생각하지 않고 자신들이 주인인 것처럼 행동하는 것과 비슷하다.

목사는 교회가 세워져 가는 과정에서 하나님 나라를 선포하고 영혼을 구원하는 일에 집중하기 위해 세워진 자들이다. 성경의 내용이나 기독교 역사, 그리고 교회가 처해 있는 현시대 상황에 대한 이해는 방대하다. 이 일을 감당케 하기 위해 오랜 교육과 훈련 기간이 필요한 것이다. 그리고 교회에 집중하면서 전담할 수 있는 이로 사역자가 필요하며 이들의 생계를 위해 사례비가 책정된다.

사실 목회자들도 하나님 앞에서는 성도다. 성도라는 것은 스스로의 의로움이나 노력으로 이루어진 것이 아니다. 하나님의 전적인 은혜 안에서 예수 그리스도를 믿는 믿음 가운데 부여된 특권이다. 이것은 우리로부터가 아니라 하나님께로부터 주어진 것이다. 자신의 몸으로 성전 삼으시고 자신의 몸의 찢기심으로 휘장을 가르신 은혜다. 우리는 자랑할 것도 없고 드러낼 것도 없다. 그저 은혜에 대한 감사만이 인생을 채울 뿐이다.

더 나아가서 영원한 생명으로 이끄신 은혜는 이미 대가를 다 치렀다. 예수 그리스도의 십자가 은혜가 아니면 도저히 누릴 수 없는 은혜다. 그 한량없는 은혜를 받은 자로서는 어떠한 대가도 불필요한 것이 우리의 존재다. 목회자가 돈을 벌어 생계를 유지하면서도 힘써 복음을 전하는 것은 아름답다. 교회 안에서 목사로서의 역할을 잘 감당하며 섬기는 일에 최선을 다하고 사례를 받는 것도 괜찮다. 우리가 교회를 다니고 사역을 하는 일련의 모든 헌신과 애씀은 이미 받은 놀라운 은혜에 대한 반응이다.

물론 이 가치와 고백은 스스로 드리는 것이다. 다른 사람으로부터 요구되는 은혜 페이가 아니다. 교회 전체에서나 개인적으로 어떤 일을 부탁하거나 진행할 때에는 그것에 상응하는 지불을 기꺼이 해야 한다.

이것은 구원의 문제가 아니라 관계의 문제이기 때문이다. 도리어 배려하지 않는 관계로 인해 실족하게 하는 경우는 성경적으로 옳지 않은 것이다.

목회자들은 도리어 교회 공동체의 결정에 따르고 돈에 매이지 않으면서 사역을 감당해야 한다. 생계에 관해서도 교회가 감당할 수 없다면 자비량으로 사역을 감당할 수도 있다. 이것은 기계적으로 돈을 얼마큼 주냐 마냐의 문제가 아니라 그리스도의 신실함을 쫓아 복음을 전하는 일에 걸림돌이 되지 않도록 서로 협력하여 선을 이루는 것이 중요하다. 이는 목회자뿐만 아니라 온 성도가 함께 고민해야 할 일이다.

> 그가 어떤 사람은 사도로, 어떤 사람은 선지자로, 어떤 사람은 복음 전하는 자로, 어떤 사람은 목사와 교사로 삼으셨으니, 이는 성도를 온전하게 하여 봉사의 일을 하게 하며 그리스도의 몸을 세우려 하심이라(엡 4:11-12).

상황 논리를 포용하라

좋은 말이지만 내게 끔찍한

새벽 배송을 하다 보면 간혹 엘리베이터의 교체나 점검에 직면한다. 교체하는 경우는 극히 드물지만 종종 맞닥뜨리는 상황은 '점검 중'일 때다. 실제로 정기점검이나 부품 교체를 위한 경우도 있겠지만 일시적으로 발생하는 경우가 많은 듯하다. 순간 머리가 하얗게 되고 다리에 힘이 풀린다. 새벽 3시 내외이기에 경비원 분들도 잠시 숙면을 취하는 시간이다. 대책이 없다. 그냥 들고 올라가야 한다.

문제는 '점검 중'이라는 문구를 보게 되었을 때의 내 반응이다. 일상에서 접하게 되었을 때나 우리 건물이 그렇게 되면 걸어 올라가는 것이 좋지는 않지만 안전을 위해 점검하는 것이니 긍정적으로 생각하고 이해한다. '점검 중'이라는 것 자체가 더 안전하게 하고 사고가 나지 않게 하기 위한 대책이기 때문이다.

하지만 새벽에 물건을 들고 있을 때는 답답하고 짜증이 나게 된다. 들고 온 박스의 무게와 함께 뛰어다녔던 걸음들의 피로 누적이 한층 나를 힘겹게 한다. 또한 혼자 올라가는 것이 아닌 들고 올라가는 지금 이 순간이 막막하기 때문이다. '점검 중'이라는 단어는 좋은 것이지만 새벽 배달 상황에서는 최악의 상황인 것이다. 그 누가 좋은 말을 해도 나는 동의하지 못하게 된다. 누군가 설득하려 한다면 결국 내가 해줄 말은 '그럼 네가 해보든가'라는 말 뿐일 것이다.

#목회의 현장, 누구나 상황 논리

목회의 실제 현장은 다양한 이들과 부딪히는 관계의 과정이다. 특히 개척교회는 아파하고 힘들어하는 이들이 많이 오는 경우가 많다. 각자가 살아온 삶의 여정이나 그 과정에서 겪은 트라우마들이 마음속 깊은 곳에 깔려있다. 겉으로 보았을 때는 깨끗한 물 같은데 바닥을 휘젓는 상황이 오면 깔려있는 것들이 위로 올라오게 된다. 생활과 재정, 관계와 상처, 피곤함과 노곤함이 각자의 삶에 함께 묻어난다. 이러한 모든 관계가 우리 사역 현장에 있다.

어떤 계기가 되었든 자신들의 상처가 드러날 때에는 커다란 아픔으로 나타난다. 내 입장에서는 별일 아닌 것 같지만 답답하고 짜증이 나는 성도의 입장에서는 크나큰 일이 벌어진 것이다. 상식적으로 저 정도로 화가 날 수 있을까, 도저히 이해할 수 없는 자신만의 주장을 저렇게 펼칠 수 있을까 하는 사건들이 종종 일어나게 마련이다.

그러나 그럴 수 있다. 상식적이거나 객관적인 관점은 그리 중요하지 않다. 지금 화를 내고 짜증을 내는 그 사람이 그럴 수밖에 없는 이유를 찾아 이해하고 받아주어야 한다. 내가 보았을 때는 그렇게까지 화내지 않아도 될 것 같아도 그 사람의 입장에서는 너무나 힘들고 충격적인 상황인 것이다. 자신의 인생이 무너지는 듯한 상황인 것이다.

#상황 논리를 포용하라

사실 신학과 함께 목회의 영역은 양대 산맥이다. 가장 중요한 것이 신학이지만 그만큼 중요한 것이 목회다. 목회는 사람을 이해하고 그 사람의 입장과 마음을 받아줄 수 있어야 하기 때문이다. 그런데 목회의 대상이 되는 성도들의 삶이 모두 다르다. 다른 정도가 아니라 천차만별의 삶의 과정과 상처, 아픔과 눈물이 있다. 그러니 목회를 종합예술이라고 표현하기도 하는 것이다.

사람에 대한 이해 속에 그들이 겪은 삶의 울타리를 이해하는 것이 필요하다. 신학적으로는 죄와 비참함 속에 빠져 있는 인간이라는 것을 머릿속으로는 이해할 수 있지만 전인격적으로 그들이 처한 외적, 내적 상태에 대한 이해는 호락호락하지 않다. 도무지 이해할 수 없는 것이 사람이다. 그래서 조상들도 '열길 물속은 알아도 한길 사람 속은 알지 못한다'라고 말한 듯하다.

각자가 주장하는 상황 논리는 지극히 주관적이고 개인적이다. 그러나 목회는 그 상황 논리를 포용하고 이해하며 함께 우는 것에 목적이 있다. 성경적으로도 죄와 사망 가운데 비참함 속에 거하는 인간이 그누구에게 자신들의 고통을 다 내어놓을 수 있겠는가. 그들이 하나님 앞에 모든 것을 내어놓고 진리 안에서 자유롭게 되고 시원케 되는 과정에서 목회자가 필요한 것이다.

모두 다 각자의 상황 논리가 있다. 그것이 아무리 이해할 수 없는 주장이라 할지라도 그것을 받아주고 함께 울어주고 주님을 향해 나아갈 수 있도록 돕는 것이 교회다. 상황 논리에 빠졌다고 비판만 하고 있을 것이 아니라 상황 논리를 이해하고 포용할 수 있는 관계가 되어야 한다.

예수 그리스도 안에서 구원받은 백성들은 이미 그 사랑을 누리는 자로서 아파하는 이들과 함께할 수 있다. 우리의 힘과 지혜가 아니라 성령 하나님의 인도하심을 따라 예수 그리스도의 십자가 사랑으로 하나님 아버지의 통치와 주권을 인정하며 감당하는 것이다.

> 여자가 대답하여 이르되 나는 남편이 없나이다. 예수께서 이르시되 네가 남편이 없다 하는 말이 옳도다. 너에게 남편 다섯이 있었고 지금 있는 자도 네 남편이 아니니 네 말이 참되도다(요 4:17~18).

루틴(Routine)의 형성

의지박약한 나

나 자신을 스스로 평가할 때 의지박약한 편에 속한다. 무엇인가를 새롭게 시작하거나 시도하는 것은 쉽고 즐거운 일이다. 그러나 그것을 꾸준히 끌고 가기에는 의지가 약하다. 새로운 아이디어나 번득이는 생각을 하는 건 좋아하지만 지속, 반복적으로 이끄는 건 어렵다. 그런 내게 목회를 하지 않았다면 광고기획자나 여행가를 했으면 잘했을 거라 말하는 이들도 있다. 틀린 말이 아닌 것 같다. 사역을 하기 전 직장생활을 할 때는 모임을 만들거나 새로운 것들을 도전하는 활동을 재미있어했다.

개척 전 부목회자로 있으면서 이러한 개인적 성향은 조금 줄었다. 사역에는 지속, 반복적인 일들이 더 많았기 때문이다. 일반적으로 감당하는 양육이나 전도 모임, 새벽기도회와 차량 운행 등은 정기적이거나 반복적인 사역이었다. 조금 달랐던 문화선교부의 영상, 출판, 인터넷 사역들도 실제로는 지속, 반복적인 것들이었다. 이따금씩 영상이나 출판에서 새로운 아이디어를 내거나 청년들과의 모임에서 밤늦게까지 활동하던 것을 빼면 말이다.

지속 반복적인 것이 중요한 개척 현장

의외로 개척 현장은 지속, 반복적인 것이 중요하다. 엄청난 아이디어와 세상에 없던 기획들은 일시적이고 그리 큰 영향을 주지 않는다. 심사숙고하여 시행한 새로운 생각도 지속적인 인내와 노력이 뒷받침되어야 한다. 오히려 개척 현장으로 들어가면 지속, 반복적인 연구와 묵상, 만남과 전도가 더 필요하다.

하지만 이러한 생각을 개척 초기에는 미처 하지 못했다. 큰 방향은 있었지만 다양하고 새로운 아이디어가 우선이었다. 시작은 했지만 얼마 가지 못한 것도 있었다. 그 덕에 일은 내가 벌이고 뒷수습은 아내가 감당하는 일도 많았다. 지극히 현실적이고 꼼꼼한 아내의 성향상, 함께 협력하면서도 내가 놓치는 부분들을 채워주기 위해 애썼다.

지금도 행사나 활동들이 없는 것은 아니다. 체육대회나 소풍, 초청주일과 같은 기본적인 것부터 '어린이토요향기'와 같이 아이들의 문화활동도 한다. 양육에 있어서도 매월 말씀일기를 발행하고 '성서꿀학당'이 상하반기로 3개월씩 진행된다.

이전과 다른 점은 이러한 사역들을 지속, 반복적으로 감당하려고 하고 본연의 교회 존재 목적에 더욱 집중한다는 점이다. 말씀과 기도, 그리고 전도가 사역의 대부분을 차지한다. 매주 드리는 말씀 속에서 깊이 있게 흘러가며 스며들 수 있도록 하는 일에 관심이 많다. 전도에 있어서도 다양한 행사보다는 지속적으로 지역 주민을 만나고 나누고 교제하는 일에 더 집중하게 되었다.

뜻밖의 루틴 형성

최근 두 달간 새벽배송을 하면서 뜻밖의 장점을 발견했다. 반강제적으로 생활 패턴에 변화가 생겼다는 것이다. 새벽예배에 나가는 것도 힘겨워했었는데 새벽 2시 반에 일어나서 하루 일과를 시작하게 된 것이다. 2시 반에 일어나 준비하고 3시부터 5시까지 배송을 한 후에 6시 새벽예배를 드린다. 8시쯤 아침식사를 하고 9시 반쯤부터 말씀과 연구를 진행한다. 점심식사 후에는 전도와 함께 여러 가지 일들을 한다. 저녁에는 늦어도 11시 이전에는 잠을 청한다.

처음에는 적응하기가 너무 어려웠다. 낮 시간에 졸음이 몰려왔고 피로도 점점 쌓였다. 초반에는 새벽예배가 끝나고 오전 내내 잠을 자는 경우도 있었다. 하지만 점차 적응이 되었다. 이제 일상생활이 되어간다. 낮 시간에 졸리거나 피곤한 것도 많이 줄었다. 의지박약한 나로서는 오히려 좋은 계기가 되었다.

루틴의 형성은 쉽지 않다. 특히 오랫동안 몸에 밴 생활 방식은 쉽게 변하지 않는다. 몸에 익숙해지고 굳어진 생활 패턴이 바뀐다는 것은 호락호락하지 않다. 하지만 꾸준히 지속적으로 변화된 생활은 새로운 생활 패턴을 낳게 되고 그것은 나만의 루틴으로 자리 잡게 된다. 단순한 습관이 아니라 삶과 사역 속에 새로운 변화를 일으키는 루틴이 필요한 것이다.

루틴은 여러 가지 의미가 있지만 현재 가장 많이 쓰이는 뜻은 '운동 선수들이 최고의 운동 수행 능력을 펼칠 때에 습관적으로 하는 동작이나 절차'를 의미한다. 즉 사람마다 자신에게 맞는 행동이나 과정들이 다다르게 자리 잡는 것을 말한다. 반강제적으로 바뀐 생활 패턴으로 사역에서도 변화가 일어났다. 대체적으로 긍정적인 변화를 가져왔다.

변화된 생활의 방식이 힘들긴 하지만 내게 잘 맞는 듯하다. 전에는 몰랐던 사실이다. 이번 계기를 통해 오히려 좋은 변화가 일어날 수 있을 것 같다. 새벽일을 하지 않더라도 지금의 생활 패턴을 고수하려고 한다. 조금 더 책을 보고 연구하거나 생각을 정리하고 글을 쓸 수 있다.

시간의 활용도가 높기도 하지만 조용히 기도하고 말씀 연구하는 데 도움이 된다. 개인적인 성향을 완전히 버릴 수는 없기에 새로운 것들도 잘 정리하고 실행할 것이다. 하지만 지속, 반복적인 사역의 일상을 더욱 견고히 할 것이다. 거룩한 영적 루틴이 앞으로도 더욱 견고히 형성되길 기대한다.

예수께서 나가사 습관을 따라 감람산에 가시매 제자들도 따라갔더니(눅 22:39).

시대와 신앙의 흐름

시대에 따라 목회의 환경과 상황은 변한다. 초기 한국 기독교의 중심에는 병원과 학교가 있었다. 교회가 있는 곳에서는 자연스레 구제사역이 따라왔다. 모두가 어려웠기 때문이다. 가난과 치열한 싸움을 벌이는 이들이 가난을 벗어날 수 있는 대안들로 몰려들었다. 가난에 대한 인식을 벗어나는 일에 교회가 중추적인 역할을 했다. 이러한 과정 자체에 부정적으로 반응하는 것이 아니라, 이러한 과정을 통해 복음을 접할 수 있는 계기가 되었다는 뜻이다.

경제 부흥기와 맞물리면서 교회도 함께 성장했다. 자기계발과 기복주의, 신비주의는 많은 이들의 기호에 맞았고 이는 곧 외적 성장의 촉진제가 되었다. 각자가 갖고 있던 가난, 병, 관계, 자식 등의 문제들을 가지고 교회와 기도원을 찾았다. 우리 가족도 형님의 병환으로 교회를 나가기 시작했기에 그 심정을 너무나 잘 이해할 수 있다. 이러한 모든 것은 복음을 접할 수 있는 초기 작동으로 볼 수 있다.

하지만 복음의 초기 작동으로부터 오직 예수 그리스도의 십자가 은혜와 하나님의 신실하신 언약까지 이어지는 신앙의 뿌리는 깊지 않았다. 많은 이들이 자기 구원의 만족 안에서 맘모니즘의 관점을 소유한 경우가 많았다. 수많은 이들의 눈물과 기도, 헌신 속에서도 문화와 세계관의 영역은 크게 변하지 않았다. 아직도 샤머니즘과 불교, 그리고 유교가 결합된 기독교 신앙이 고착화되어 변하지 않는 경우가 많다.

물론 진정한 복음의 선포와 맘모니즘과 같은 우상의 영적 싸움은 계속되었고 진리 안에서 온전한 길을 걷기 위한 노력도 쉬지 않고 일어났다. 그럼에도 신앙의 고백이 실제로 드러나는 현실 속에서는 우리도 모르는 사이에 이미 기저에 깔려 있는 다양한 세계관이 자리를 잡고 꿈틀거리고 있었던 것이다. 눈에 보이는 현실의 세계에 의해 보이지 않는 말씀의 세계와 하나님의 세계는 쉽게 내팽게쳐졌다.

수많은 목회자의 배출

7~80년대 폭발적인 교회의 성장과 함께 많은 목회자들이 배출되기 시작했다. 대략 1,300만 명 정도까지 추산되는 기독교 인구와 맞물려 수많은 이들이 은혜 받고 동시에 신학교로 향했다. 교단은 우후죽순으로 생겨났고 신학생의 수가 이미 포화상태임에도 불구하고 경쟁률 또한 치열했다. 한 대형 장로 교단의 총회 신학교에는 여타 일반 대학교의 경쟁률과 맞먹었고 입학하기 위해 재수, 삼수를 하기도 했다. 300개가 넘는 교단에서 각자의 목회자 후보생들을 배출하고 있었다.

하지만 90년대 말에 들어서면서 기독교에 대한 부정적인 사건들과 IMF로 인한 경제의 어려움 속에서 신자본주의 사상이 팽배해졌다. 이는 결국 종교를 통한 존재와 내세에 대한 관심은 사그라들고 현실 속에서 누리게 되는 경제와 성공에 대한 관심으로 전이되었다. 개교회 성장주의 현상이 어렵지 않게 발견되는 개신교에도 성장과 성공에 대한 인식은 함께 채워져 가고 있었다. 이런 상황 속에서도 끊임없이 목회자는 배출되었고 곳곳에 많은 교회들이 세워졌다.

그나마 다행인 것은 피상적인 복음이나 명확하지 않은 교리들이 진리를 갈급해하는 이들을 통해 점차 깊이 있게 변모해 가고 있다. 기독교 신앙과 신학에 대한 많은 도서들이 번역되고 해외에서 개혁주의와 복음주의 교리를 명확하게 배워 온 이들을 통해 기존의 신학들이 재정

립되기 시작한 것이다. 또한 신학교를 통해 기초부터 많은 시간 동안 배웠던 이들이 목회 현장 속으로 들어가거나 일상에서 삶을 나누게 되면서 변화가 일어나기 시작했다.

#신학을 한 세상 속 성도

목회자가 된 이후에도 목회 현장으로 갈 수 없는 현실이 된 것은 어쩌면 자연스러운 현상이다. 개신교의 부흥으로 그리스도인이 그리스도인답게 살고 있는가를 성찰하기 시작했고 사람들의 학습 능력과 인문학 수준도 높아졌다. 기독교 내부적으로도 다양한 사건, 사고가 부정적 인식을 확산시키는 데 한몫을 했다. 즉 기독교의 진리가 세상 속에서 검증받는 과정은 외적 성장이나 수많은 사람들, 그리고 건물의 크기와는 상관없이 이루어졌다. 진리를 얻는 자로서의 가치와 행동 양식이 가까운 이들에게 영향을 끼치고 있었기 때문이다.

또한 교회의 포화 상태로 말미암아서 개척의 자리나 청빙의 자리는 눈을 씻고 찾아볼 수 없는 상황이 되었다. 청빙은 극소수의 은퇴 목회자들이나 사건 사고를 통해 자리가 있을 때만 가능하다. 개척은 동네 사거리에 4~5개의 교회가 몰려있는 현실 속에서 비집고 들어갈 곳이 없다. 해외 선교나 기관의 영역에도 이미 수많은 사람들이 오랫동안 사역을 감당하고 있다. 공급과 수요의 단순한 원리로만 봐도 이런 상황이 전혀 이상하지가 않다.

수많은 이유로 인하여 신학을 한 목회자들이 성도의 자리로 돌아갔다. 어떤 이들은 운전을 하고 어떤 이들은 물류센터에 있으며 어떤 이들은 카페와 같은 가게를 차리거나 마케팅이나 보험 등의 개인 사업을 한다. 어떤 이들은 가정주부로 있고 어떤 이들은 동네 통장을 하고 있으며 어떤 이들은 사회적 기업이나 공공사역을 하고 있다. 어찌되었건 복음의 진리를 깊이 배우고 누렸던 이들이 반강제적으로 세상 속 그리스도인으로 들어간 것이다.

시대의 변화 속에서 이런 형태를 부정적으로만 볼 수 없다. 오히려 긍정적으로 보아야 한다. 교육의 백년대계를 논하지 않더라도 이전 세대의 분열과 교세 확장은 부인할 수 없다. 그로 인해 나타난 결과를 지금의 현세대 목회자들이 전부 짊어지는 것은 어쩌면 부당하다. 이 시대 안에서 우리를 부르신 목적과 의미 안에서 감당하는 것이지 욕먹을 일은 아니다. 그렇기에 각자의 자리에서 작고 크든 신학을 한 세상 속 그리스도인으로 더욱 견고히 살아주기를 바랄 뿐이다.

말씀에 관하여 명확하고 선명하게 그 뿌리를 견고히 하면서도 세상 곳곳에서 자신에게 주어진 길을 걸어가는 이들을 응원한다. 기존의 대형교회 목회자들이 감당할 수 없는 세밀하고 실제적인 삶을 드러낼 수 있기에 기꺼이 응원한다. 자신의 배움을 무기로 사용하지 않고 겸손히 섬기며 일상 속에서 동거동락할 수 있는 이들의 발걸음을 소망한다. 가족이나 직장, 자녀와 이웃을 향해 온전한 그리스도인의 삶으로 동행하는 이들을 기대한다. 먼발치에서 수많은 사람들의 이목을 끄는 이가 아닌 삶의 자리에서 함께 웃고 함께 울며 작은 공동체를 거룩하고 온전히 세워가는 헌신을 더욱 축복한다.

랜덤 배송지가 주는 전적 주권

#배송지에 대한 선호
새벽 배송을 위해 배송자들이 모이는 곳을 '캠프'라고 부른다. 이곳은 각각 주간, 야간, 새벽 등의 시간으로 나뉘어 모이기 시작한다. 이미 지역별로 분류되어 있는 배송물품들을 캠프에서 배분하기 시작한다. 출석과 함께 각자에게 배분되기를 기다리고 배분이 되면 스캔을 한 후에 배송을 시작한다.

각자 자신이 선호하는 지역과 영역이 있다. 자신의 집에서 가깝거나 교통이 좋거나 배송하기 편한 곳이 그곳이다. 몇 번의 배송 경험이 있다면 누구나 자신이 가까운 곳이나 교통이 좋거나 배송하기 편한 곳을 알게 된다. 물론 각자의 성향에 따라 서로 다른 곳을 선호할 수는 있지만, 모두가 인간인지라 겹치는 경우가 많다.

주거 형태를 예로 들면 아파트의 경우에는 지하주차장에서 주로 이동하며 엘리베이터로 전달하기 때문에 배송이 쉽다. 절대적인 것은 아니지만 물품 수량도 한 집에서 여러 개를 시키는 경우가 많다. 그러나 주택가나 원룸촌의 경우에는 골목이 좁거나 차들이 많다. 배송 물품도 한 집에 한두 개의 수량이어서 여러 집을 가더라도 많이 배송하지 못한다. 집이 아닌 물품 수량에 따라 배송 수익이 달라지기에 자신도 모르게 계산을 하게 된다.

#결정에 대한 복종

캠프에 모여 약간의 시간이 지나면 스마트폰으로 배송지가 송출된다. 이때부터 바쁘게 움직이기 시작한다. 물건이 있는 곳으로 이동하여 표시된 기호를 확인한 후에 자신의 차로 가져온다. 물품 하나하나를 전부 스캔하여 배송하기 쉽게 분류하여 차에 싣는다. 어플에 표시된 배송 위치를 확인하여 배송 순서에 따르거나 배송지 안에서도 자세히 분류된 작은 영역의 기호대로 차에 싣는다.

독특한 것은 각자의 성향이 나타난다는 것이다. 인터넷을 통해 공유된 배송 방식을 배워서 더 효율적으로 배송하려고 노력하기도 하고, 일단은 세부 지역에 따라 그룹으로 묶어서 스캔과 함께 빠르게 차에 싣는 경우도 있다. 어플에 있는 각각의 위치에 우선적으로 집중해서 노선을 그리기도 한다. 집에서 가까운 곳부터 시작해서 먼 곳으로 갔다가 다시 가까운 곳으로 돌아오는 식이다. 바쁜 걸음을 옮기기 전에 자판기에서 에너지 드링크나 음료수를 한잔 뽑아서 잠시 여유를 즐기기도 한다.

하지만 모두에게 동일하게 적용되는 것은 '배송지 결정에 대한 복종'이다. 자신이 원하는 곳이든 아니든, 거리가 멀든 안 멀든, 물품이 많든 적든 간에 결정이 되어 전송이 된 배송 수량과 지역에 대해서는 대부분 복종한다. 배송하는 이들이 배송지를 결정할 수 없기 때문이다. 한마디로 빼도 박도 못하고 절대복종한다. 정확한 것은 모르지만 대략 출근 순서에 따라 무작위로 배송지를 정하는 듯했다. 누가 배정하는지도 잘 모른다.

#렌덤 속 전적 주권

부사역자 시절, 가장 나이가 많으신 1남전도회 소그룹 모임에 참석한 적이 있었다. 말씀을 나눈 후에 각자의 인생과 삶에 대한 소견을 나누는 시간이 있었다. 그때 80이 넘으신 어르신께서 '인생을 돌아보니 내 맘대로 된 게 하나도 없었다'라는 고백을 하셨다. 그러자 함께 나누던 5~6분의 어르신들도 함께 공감했다. 선택과 결정에 대한 약간의 주권은 있었지만 사람과 사건, 그리고 환경은 전혀 예측하지 못한 상황들이었다는 것이다.

나의 경우도 나의 의지와는 상관없이 흘러온 여정이 더 많았다. 가정의 어려움, 아버지와 형님의 병환, 직장의 이동, 주거지의 결정, 결혼 과정과 자녀의 출생, 학업과 사역, 개척의 순간 등 수많은 영역에서 뜻하지 않은 경우의 수들이 작동했다. 개척교회의 시작 속에 장소를 결정할 때에도 3~40여 군데를 돌아보고 최종 3군데를 놓고 결정하는 과정에서 기도하는 가운데 지금의 장소를 결정했다. 처음에 접한 주변 상황들에 대한 당혹스러움으로는 하나님의 뜻을 알 수 없었으나 시간이 지나 돌아보았을 때에야 조금은 알 수 있었다. 끝이 없는 하늘과 같은 하나님의 선하심 속에서 나 자신이 아는 정도는 파리가 뒷다리를 털어 나오는 먼지만큼이나 될까.

개척교회에서는 하나님의 절대 주권을 인정할 수밖에 없다. 한 사람이 교회에 오는 것, 교회를 향한 내적-외적 변화, 교회 안에서 이루어지는 다양한 사건, 돕고 섬기며 나누는 이들과의 만남, 말씀을 듣는 이들의 반응 등 전혀 가늠할 수 없는 영역 속으로 밀려들어 간다. 우리의 뜻과 결정이 미치지 않는 무수한 영역 속에서 하나님의 선하심을 발견한다. 랜덤으로 주어지는 배송지 만큼이나 예측할 수 없는 현실을 맞닥뜨리게 된다.

결국 우리는 부르심 앞에 복종하며 성실히 감당하는 태도만을 붙잡아야 한다. 하나님의 주권을 인정하는 삶으로 세워져야 한다. 전혀 예측할 수 없는 상황 속으로 떠밀려 들어갈 때에 하나님의 뜻이 있다. 다만 우리는 하나님의 뜻을 구하며 엎드리고 우리가 직면할 수 있는 지극히 작은 부분이라 할지라도 성실로 감당하며 순종하는 태도를 붙잡아야 한다. 벌어진 일이 내게 큰 복을 주거나 엄청 좋은 결과로 이어지리라는 보장도 믿지 말아야 한다. 힘들고 어렵고 슬프고 애통하는 자리 속에서도 순종하는 삶으로 이끄시는 하나님의 은혜에 기뻐할 수 있어야 한다.

마치 배송지에 대한 절대 주권이 배송자에게는 주어지지 않는 것처럼, 우리가 결정하고 판단할 수 있는 권한을 초월한 일들이 있다. 그때에 걱정하거나 불안해하지 말고 그 사건과 사람, 그리고 변화를 끌어안고 하나님 앞으로 나아가 엎드림과 동시에 할 수 있는 데로 씨름하며 복종해야 한다. 우리가 알 수 없는 '하나님의 뜻에 대한 신뢰를 하나님 그분께만' 올려 드리면서 말이다.

개척노트 4

이중직 현장의 실제적 상황
: 다양한 이중직 이해와 방법

현시대의 이중직

수많은 교단과 신학교, 이곳에서 배출되는 목회자와 목회자 후보생, 가뭄에 콩 나듯이 뜨는 청빙 공고, 수없이 세워졌다 없어지기를 반복하는 개척교회, 오랫동안 자립할 수 없었던 미자립교회, 부패와 부정으로 오르내리는 대형교회의 사건. 이러한 모든 것이 한국 기독교의 현 상태라고 볼 수 있다. 물론 중대형교회는 견고히 자리를 잡고 있는 듯 하지만 이마저도 미래를 알 수 없는 변화들로 인해 위태롭다.

특히 개척미자립교회의 현실은 재정 자립이 어려운 상황으로 생활 자체가 불안전하다. 외적으로는 기독교에 대한 부정적 인식의 팽배, 내적으로는 목회자와 교회의 수가 포화 상태에 있다. 불신자 전도를 최선을 다해 감당하면 가까운 큰 교회에서 수평 전도하는 경우도 있다. 목회자의 인식에 많은 변화가 있다 해도 과거 제사장이나 신의 대리자 같은 개념에서 벗어나지 못한 경우도 있다. 목회자는 여타 다른 은사로 교회를 섬기는 것처럼 섬기며 가르치는 존재다.

이러한 현실을 반영해야 할 총회는 중대형교회나 조직교회에 의해 총대가 구성되는 것이 보편적이기에 온도차가 심하다. 총회는 총회 나름의 고민과 안건들이 있겠지만 실제적인 현실 반영은 어렵다. 개척미자립교회 만을 위한 특별 대안들을 마련하자는 일방적인 주장을 하는 것이 아니라, 한국 교계 전체를 객관적으로 공정하게 볼 수 없는 구조일 수 있다는 것이다. 각 교단 차원에서 개척미자립교회를 모두 지원할 수도 없는 현실이다.

개척미자립교회는 각자도생으로 사역을 감당한다. 이 말은 각자 알아서 살아남아야 한다는 것이다. 예수 그리스도의 몸된 지체로서의 연합과 연대는 실제로 일어나기 어렵다. 재정의 한계도 있지만 인식의 한계도 존재한다. 그렇기에 개척미자립교회의 이중직은 피할 수 없다는 것이 중론이다.

그럼에도 예수 그리스도를 증거하며 하나님 나라를 선포하는 일을 감당하려고 몸부림치고 있다. 기본적으로는 생계를 위한 목적이지만 그 기저에는 지속적으로 복음을 전파할 수 있는 구조에 대한 고민으로부터 시작된다. 상가에서 교회 모임을 갖든, 가정에서 교회 모임을 갖든, 거리에서 교회 모임을 갖든, 복음을 전하기 위해 신실하게 애쓰며 감당하는 개척미자립교회 목회자가 곳곳에서 사역한다.

이중직의 범위

목회자의 이중직을 단순히 돈을 벌기 위한 수단으로 인식하지 않고 선교를 위해 애쓰는 자세로 이해해야 한다. 이중직은 선교형 이중직, 자비량형 이중직, 생계형 이중직으로 볼 수 있다. 선교형은 말 그대로 이중직 자체를 선교를 위해 감당하는 것이다. 직업 자체를 선교를 위해 갖는 것을 말한다. 자비량형 이중직은 교회에서 사례를 주지 않고 목회자 스스로 사례비를 마련하는 것이다. 목회를 하기 위해 필요한 재정을 마련하는 것이다. 마지막으로 생계형 이중직은 생계 자체를 위한 것이다. 자녀 교육, 부모 봉양, 생활비 마련 등을 위해 이중직을 감당하는 것이다. 하지만 개인적으로는 목회 자체를 제외한 모든 영역이 이중직에 포함된다고 본다. 목회자의 순수한 사례 이외의 수입은 모두 이중직으로 보는 것이 맞다. 강연이나 강의를 가거나 목회 활동 안에서 추가로 수입을 받거나 책을 출판하는 등의 수입도 이중직으로 보아야 한다. 아내나 자녀들이 직장에 다니면서 발생하는 수입이나 정기적으로나 비정기적으로 후원을 받는 것도 이중직으로 보아야 한다.

이렇게 보는 일차적 이유는 실제적으로 수입이 들어온 것이기 때문이다. 목회 자체를 위해 가정과 교회가 운영되는 모든 부분에 지출이 있기 마련인데 그것에 쓰인 비용이 발생했기 때문이다. 하지만 더 큰 이유는 이중직에 대해 부정적으로 보거나 이중직을 하지 않아도 목회하는 이들도 함께 공감해 주길 바라는 마음에서다. 개척미자립교회의 목회자만이 이중직으로 다른 직업을 갖고 있다는 부정적 시간으로 인해 어려운 상황에서도 드러내지 못하는 이들이 많이 있다. 마음에 짐이 있는 것이다. 사도 바울의 이중직은 다양한 관점으로 보아야 하지만, 이중직을 했느냐 안했느냐의 문제를 뛰어 넘는다. 즉 복음을 증거하는 자로서 할 수 있는 대로 성실과 진실로 감당하는 모습이다. 사도 바울은 복음 이외에는 배설물로 여겼다. 그 누구도 막을 수 없는 복음에 대한 열정과 열심 안에서 은혜의 삶을 살았다. 이중직으로 감당하는 이들이 재정적 안락함이나 목회를 가볍게 여기는 것, 물질에 대한 욕심이 있는 것이 아닌 이상 기쁨으로 마음을 나누어야 한다.

이중직에 대한 원칙

이중직을 불가항력적인 현실과 생명을 위해 복음을 전하는 목적 안에서 피할 수 없게 되었다. 하지만 이중직으로 감당하는 목회자들에게도 조심해야 할 부분이 있다. 몇가지 원칙들을 세우고 그 안에서 이중직을 감당하는 것이 중요하다.

왜 직업을 갖는가?

먼저는 왜 직업을 갖는가에 대한 질문이다. 이중직은 목회 이외에 다른 직업을 갖고 이를 통해 생활이나 목회를 유지하며 지속적으로 복음을 증거하기 위한 기반 마련이다. 어쩔 수 없이 등 떠밀리듯이 나가는 경우도 많지만 목적을 잊지 말아야 한다. 그러니 생계나 생활 자체만을 위한 목적으로 변질되지 않도록 깨어 있어야 한다. 우리는 예수 그리스도의 사랑으로 섬기며 하나님의 말씀을 가르치기 위해 존재한다. 생계를 위한 것은 도구이고 생명을 향한 것은 목적이다.

어디서든 그리스도인인가?

이중직의 현장 또한 힘들다. 물류나 택배 같은 육체적 노동이 있는 곳은 몸이 많이 힘들다. 서비스업 같은 곳은 사람을 대하기에 관계나 행정의 불합리가 많다. 힘들지 않은 곳은 없겠지만 어디에서든 그리스도인으로서의 삶을 놓치면 안된다. 정직하고 바르게 부정과 부패로부터 떠나 성실히 감당해야 한다. 시대가 많이 변했지만 직장 생활 속에도 많은 죄의 유혹들이 있다. 단순히 성과 돈의 문제뿐만 아니라 시기와 질투, 분노와 미움, 나태와 게으름 등의 다양한 유혹이 존재한다. 목회자로서의 정체성을 더욱 견고히 세우며 거룩한 백성으로서의 삶을 살아야 한다.

언제든지 그만 둘 수 있는가?

만약 하나님께서 그만두기를 원하신다면 어떻게 할 것인가. 물론 음성을 들려주시거나 환상을 보여주시지는 않겠지만 돈을 많이 주거나 복지 혜택이 좋아도 마음이 불편할 때가 있다. 기도하는 중에 마음에 부딪히는 일들도 발생한다. 어찌되었든 하나님의 인도하심 안에서 돈이 아닌 사명 안에서 그만 두어야 할 때가 생긴다면 당연히 그만 둘 수 있어야 한다. 물론 선교를 위해 명확한 직업의 소명이 있다면 인도하시는 대로 감당하면 된다. 우리의 기준은 회사나 돈, 물질, 명예가 아니라는 뜻이다. 언제라도 그만 둘 수 없다면 무엇인가 우상이 되어 있을 수도 있다.

5

제안

개척교회를
준비하는 이에게

지난 5년이라는 시간은 개척 현장에서 철저히 나 자신을 돌아보며 살필 수 있는
시간이었다. 자의든 타의든 나는 그 현장 속에 내몰려 있었다. 그것이 어쩌면 개
척 현장의 패러다임을 조금은 이해할 수 있는 동력이 되었다. 완전할 수 없으나
함께 고민하는 이들에게는 작은 도움이 되지 않을까 싶다.

원리는 눈에 보이지 않는다. 우리의 생각과 내면에 내재되어 있는 가치다. 그러나
눈에 보이는 그 어떤 것들보다도 중요하고 방향을 놓치지 않도록 돕는다. 실제는
목회 현장에서 실제로 일어난 일들 중에서 중요한 것들을 나누려는 것이다. 나름
5년의 시간을 보내면서 가능한 적용하고자 했던 사역의 실제들이다.

개척의
원리

원리 1 사역의 원리 : 사역자가 사역이다

하나님께서는 사역자를 먼저 변화시키길 원하신다. 개척을 하고 가장 많이 느끼는 부분이다. 수많은 사람이나 외적인 성장과 부흥 이전에 사역자의 변화를 가장 먼저 일으키신다. 출애굽의 역사 속에서 모세를 먼저 변화시키고 이끌어 가시는 것과 같다. 40년 왕궁 생활과 40년의 광야 생활을 통해 하나님은 모세도 모르는 사이 개입하시면서 그를 세워가셨다. 하나님의 부르심 앞에 모세가 각종 핑계를 댈 때에도 이적과 말씀 가운데 돌이켜 세우셨다. 개척 현장의 가장 중요한 영역은 하나님의 뜻이 목회자에게 먼저 드러나는 것이다. 사역자를 세워가는 것이 곧 사역이다.

사역자의 '말씀에 대한 태도, 은혜를 향한 간구와 갈급, 삶으로 드러나는 신실함, 주님과 동행하는 일상의 걸음, 복음 전파에 대한 열정, 한 영혼에 대한 주님의 마음' 등이 중요하다. 하나님의 부르심 앞에 서 있는 목회자가 먼저 하나님 앞에 바로 서야 한다. 이는 어느 한 순간의 경험이나 지식이 아니라 일평생 동안 하나님 앞에서 취하며 씨름하며 감당해야 할 부분이다. 모든 교회 사역이 다 그렇겠지만 개척 사역은 더욱더 사역자가 하나님 앞에서(코람데오) 온전히 서 있어야 한다. 예측할 수 없는 수많은 상황 속에서도 유연히 하나님의 은혜를 타고 날아가야 한다.

실제 현장에서도 다양한 관계와 모임이 있는 중대형교회의 상황과는 전혀 다르다. 작은 인원과 관계, 그리고 모임이 있기에 목회자의 영향력은 더 크다. 물론 목회자에게 집중되지 않도록 하면서도 성도들의 관계를 유연하게 할 수 있어야 한다. 개척교회에는 불신자 전도가 더 많이 이루어지기 때문에 더욱 그렇다. 말씀과 기도, 그리고 교회에 대해 바르고 정확하게 안내하며 이끌어주어야 하기 때문이다. 신도시와 같이 수평 이동을 하는 경우에도 교단과 교파, 신앙생활의 여정이 다르기 때문에 서로 연합할 수 있도록 하늘의 지혜를 구해야 한다.

한 사람이 목회자가 되는 여정은 순탄하지 않다. 수많은 과정을 통해 하나님께서는 한 사람의 목회자를 세우신다. 이것이 목회자의 우월성이나 상징성을 의미하지는 않는다. 하나님께서 그의 나라와 영광을 위해 이끄시는 은혜의 길인 것이다. 감당해야 할 사역의 현장으로 이끄시기 위해 우리를 훈련시키고 세우신 것이다. 우리에게는 청지기로서의 위치와 역할이 있다. 부르심에 순종하며 어떤 상황 속에서도 기쁨으로 감당하는 걸음이길 소망한다.

주께서 이르시되 지혜 있고 진실한 청지기가 되어 주인에게 그 집 종들을 맡아 때를 따라 양식을 나누어 줄 자가 누구냐(눅 12:42).

원리 2 본향의 원리 : 순례자의 정체성

선배 목회자로부터 귀에 딱지가 생길 정도로 들었던 것이 있다. 목사는 '말씀 준비, 이사 준비, 죽을 준비'가 되어 있어야 한다는 것이었다. 언제 어디서는 말씀을 전할 준비와 이사 갈 준비와 죽을 준비가 되어 있어야 한다는 것이다. 개척을 한 후에 더욱 절감하는 말이다. 이는 단순히 무언가 준비되어야 한다는 것을 넘어서 정체성과 관련된 말이다. 목회자는 더욱 철저히 본향의 원리 안에서 순례자의 정체성을 갖고 있어야 한다. 우리는 나그네와 외국인이며 영원한 본향을 향해 가는 이들이다.

개척 전 14평의 집에 살던 우리 가족은 개척과 함께 8평 남짓 되는 곳으로 이사했다. 그것도 교회 바로 옆에 꾸며서 상가에 살게 된 것이다. 버리고 버려도 버려야 했다. 공간이 협소했기 때문이다. 처음에는 불만이 꿈틀거렸지만 이내 순례자임을 자각하게 되었다. 개척의 상황에서 더욱더 뼈저리게 느끼게 된다. 주님과 동행하는 길에서 뜻하심과 이끄심에 순종하며 기뻐할 수 있게 되었다. 환경과 상황에 상관없이 진리 안에서 자유를 누리는 은혜가 있기 때문이다. 우리는 주님 한 분만으로 만족하는 인생이다.

눈에 보이는 물질과 돈, 명예와 인기는 거품과 같은 것이다. 이런 것들은 있어도 좋고 없어도 그만인 것들이다. 자칫 이런 것들이 인생의 전부인 것처럼 변한 이들의 말로가 얼마나 추한지를 몇몇 목회자들을 통해 알 수 있다. 잠시 잠깐 우리의 손에 잡힌 듯해도 모래와 같이 손가락 사이로 빠져나가는 것들이다. 영원한 것을 향해 가는 이들에게 유한한 것을 붙잡고 바둥거리는 것은 옳지 않다. '영원한 것을 얻기 위하여 영원하지 않은 것을 버리는 사람은 결코 바보가 아니다'라는 짐 엘리엇의 고백처럼 우리는 영원을 소유한 자들이다.

잠시 잠깐 하나님의 나라를 위해 살아가는 우리 인생의 기쁨은 영원한 소망과 소망을 허락하신 하나님이시다. 그 무엇으로도 바꿀 수 없는 평강과 평안이 우리를 휘감는다. 말씀을 통해 드러내신 진리의 자유가 우리를 이끌어간다. 우리는 나그네와 외국인이다. 영원한 본향을 향해 걸어간다. 지금의 어려움도, 지금의 부요함도 하나님의 사랑과 영원한 하나님 나라를 대체할 수 없다. 도리어 기쁨으로 나그네의 길을 걸어간다.

이 사람들은 다 믿음을 따라 죽었으며 약속을 받지 못하였으되 그것들을 멀리서 보고 환영하며 또 땅에서는 외국인과 나그네임을 증언하였으니 (히 11:13).

원리 3 현재의 원리 : Here & Now

'지금, 이곳'은 하나님 나라의 원리를 살아가는 이들에게 핵심 주제이다. 영원한 하나님 나라의 은혜는 예수 그리스도 안에서 구원받은 그의 백성들에게 지금 이곳을 살아가는 것이다. 하나님의 통치와 주권은 그의 살아계심 안에서 드러나며 모든 시간과 공간을 초월하신 은혜를 우리는 누리고 있다. 즉 지금 이곳에서 부활과 영생을 사는 것이다. 말씀을 통해 깨닫게 하신 은혜 안에서 우리는 진리를 발견했기 때문이다.

개척 후 우리는 미래의 꿈과 이상을 먼저 기대하기도 한다. '교회가 외적으로 부흥할 것과 건물을 지을 것, 많은 이들의 존경을 받는 지도 자일 것' 등등. 그러나 꿈 깨라. 이런 것들을 조장하며 소원을 크게 하면 할수록 더 크게 받을 수 있다는 식의 소리는 이전에 많이 있었지만 옳지 않다. 더 어려워지고 더 고통스러울 수도 있다. 사도 바울을 비롯한 수많은 선진들의 삶이 그랬다. 미래에 일어날 외적인 일들에 대해 기대하고 소망하기보다는 지금, 이곳의 현재를 하나님 앞에서 바르게 사는 것이 중요하다.

개척 현장은 앞을 모르는 롤러코스터다. 개척의 길은 전혀 예측할 수 없는 길이다. 놀이동산의 롤러코스터는 그나마 예상이라든지 마음의 준비를 할 수 있다. 이런 상황에서 먼 미래에 얽혀 살아가는 것은 옳지 않다. 지금, 이곳에서 내게 주신 은혜와 기쁨을 누리며 맡겨진 영혼들과 그 은혜와 기쁨을 누리는 것이 개척의 삶이고 사역이다. 오직 은혜와 진리 안에서 하루하루를 주님 앞에서 살아가는 것이 우리 인생이다. 오늘의 하루가 영원하신 하나님과 동행하는 기쁨으로 채워진다면 그것으로 족하다. 이미 완전한 것을 누리고 있기 때문이다.

지금 현재, 함께하고 있는 이들을 양육하고 교제하는 것, 말씀에 순종하여 전도의 걸음과 선포의 입술을 드리는 것, 가장 가까운 가족과 친구를 돌아보며 이들의 마음을 헤아리는 것, 말씀과 기도 가운데 하나님을 온전히 신뢰하며 순종하는 것 등이 우리에게 있어야 한다. 결과는 하나님의 것이다. 또한 하나님이 이미 결과이시다. 우리의 걸음 속에 이미 허락된 하나님의 은혜를 더욱 견고히 붙잡고 걸어가는 것이 '지금, 이곳'이다. 현재(present)는 선물(present)이다.

이르시되 내가 은혜 베풀 때에 너에게 듣고 구원의 날에 너를 도왔다 하셨으니 보라 지금은 은혜 받을 만한 때요 보라 지금은 구원의 날이로다(고후 6:2).

원리 4 주권의 원리 : 전적 주권에 대한 신뢰

하나님의 주권을 인정하는 것은 그리스도인으로서 어쩌면 당연한 것이다. 그러나 인정하는 것과 살아내는 것은 다르다. 내가 이해하고 깨닫는 것을 넘어서 삶으로 살아내는 것은 차원이 다르다. 힘들고 어렵고 고통스럽고 죽을 것 같은 상황 속에서도 하나님을 신뢰하며 의지하는 것은 쉽지 않다. 또한 사람, 생명, 가정, 물질 등 많은 영역에서 우리의 교만과 욕심을 깨뜨리시면서 하나님의 주관하심을 드러내신다. 도저히 받아들일 수 없는 상황 속에서도 그 일을 통해 일하실 주님을 신뢰하며 바라본다는 것은 기적과 같은 일이다.

물론 자신의 잘못이나 연약함이나 본성으로 인한 것이라면 회개하며 은혜를 구해야 한다. 지금까지 살아오면서 각자의 인생 속에 이미 고통과 고난의 요소가 깔려 있었다. 사망을 바탕으로 한 본성이 우리를 이끌었기 때문이다. 일반적으로 담배를 피운다면 폐가 안 좋아지고 술을 마시면 간이 안 좋아진다. 시기와 질투 가운데 깨지지 않는 자아를 붙들고 살면 관계가 깨지고 상처를 받게 된다. 어쩌면 인간의 비참함과 본성을 깨달아가며 버리고 뽑는 과정이 인생일 수도 있다. 정말 많은 부분에서 버릴 것들이 많이 있다.

개척 사역에서는 이해할 수 없는 일들이 있을 때가 있다. 자신의 잘못된 습관이거나 연약함이 아니더라도 뜻하지 않게 발생하는 일들이 있다. 욥과 같이 진실과 신실로 하나님 앞에서 행하며 말씀에 순종하는 삶을 살아도 고통당할 수 있다. '이건 뭐지?'를 연발하며 하나님을 향해 원망의 질문을 던질 때도 있다. 일상에서는 발견되지 않는 우리의 비참함을 고통 중에 발견하며 눈물로 엎드릴 때가 있다. 이런 고통스러운 상황 속에서도 하나님을 신뢰하며 믿음의 능력 가운데 증명할 수 있는 은혜로 우리를 이끄신다.

무한하시고 영원하신 하나님의 경륜을 유한하고 제한된 우리가 다 이해할 수 없다. 바닷물 한 바가지를 퍼 놓고 바다를 다 이해한다고 말할 수 없는 것과 같다. 밤하늘에 떠 있는 별들을 바라보며 우주를 다 이해한다고 말하는 것과 같다. 우리가 알고 있는 상식과 지식, 지혜들로 인생의 순간들을 다 판단할 수 없다. 서 있는 그 자리에서 주님 앞에 성실히 주어진 일들을 감당하면서도 도저히 감당할 수 없는 일들 속에서도 하나님의 뜻을 구하며 의탁할 수 있어야 한다. 개척 사역 속에서는 이러한 일들이 더욱 강력하게 드러난다.

> 깊도다 하나님의 지혜와 지식의 풍성함이여, 그의 판단은 헤아리지 못할 것이며 그의 길은 찾지 못할 것이로다. 누가 주의 마음을 알았느냐 누가 그의 모사가 되었느냐(롬 11:33~34).

원리 5 누림의 원리 : 충분함에 대한 기준

충분하다는 기준은 사람마다 천차만별이다. 자신만의 기준과 관점에서 충분함을 결정한다. 그러나 세상은 상대적 기준 안에서 자신의 충분함을 다루기 때문에 비교가 될 수밖에 없다. 이런 상대적 충분함은 대상과 물건에 따라 달라진다. 내가 좀 덜 가지고 있으면, 다른 사람이 갖고 있는 것보다 가격이 저렴하면, 남들보다 못 살고 있다고 생각하면 충분함이 소실된다. 이러한 충분함은 어느 순간 공허해지며 끊임없이 비교하는 가운데 지치게 된다.

충분함이라는 것은 오직 절대자 안에서 누릴 수 있는 은혜다. 사람으로서는 얻을 수 없는 하나님의 긍휼 가운데 드러나는 기쁨이다. 개척 현장의 어려움과 고통들 또한 하나님 안에서 누리는 감격으로 인해 능히 뛰어넘을 수 있다. 세상은 남들과 비교해서 자신에게 없는 것으로 인해 슬퍼하며 고통스러워한다. 그러나 믿음의 사람들은 외적으로 어떤 상태에 있든지 상관없이 하나님을 바라보는 기쁨을 누리게 된다. 예수 그리스도 안에서 이미 충분한 누림이 시작되는 것이다.

기독교는 생명의 은혜를 누리는 종교다. 죄악 가운데 출생한 우리의 존재도 하나님 나라의 회복을 위해 유보되었다. 지금의 삶을 허락하신 것도 은혜인데, 예수 그리스도 안에서 영원한 생명을 얻었다. 육체의 죽음 이후에 우리는 영원한 천국에서 생명을 누리는 은혜를 누린다. 지금 이 순간에도 하나님과 동행하는 믿음 안에서 하나님 나라의 걸음을 걷고 있다. 궁극적으로 가장 크고 놀라운 은혜를 입은 우리가 이미 충분한 자다. 우리의 모든 것을 다 내어 놓아도 바꿀 수 없는 것을 품고 살아가는 존재들이다.

천국은 자신의 모든 소유를 다 팔아서 보화가 감춰진 밭을 사는 것과 같다. 이는 곧 이미 천국을 소유한 자의 삶은 이 땅의 소유하고자 하는 것들을 기꺼이 배설물처럼 여기는 삶이다. 일상에서 필요한 것들을 얻거나 누리며 살지만, 이미 얻은 천국의 기쁨으로 충분하고 충만하기에 자유로운 것이다. 누림은 하나님으로부터 채워진 인생을 통해 온전히 드러난다. 개척 상황은 어렵지만 이미 충분하고 충만한 은혜가 이를 뛰어넘는다.

이는 그들로 마음에 위안을 받고 사랑 안에서 연합하여 확실한 이해의 모든 풍성함과 하나님의 비밀인 그리스도를 깨닫게 하려 함이니, 그 안에는 지혜와 지식의 모든 보화가 감추어져 있느니라(골 2:2~3).

원리 6 가치의 원리 : 무엇이 중요한가?

개척 상황에서는 수많은 상황과 사건들이 일어난다. 다양한 일들 속에서 균형을 잡고 중요한 가치를 우선적으로 하는 것이 필요하다. 본질과 가치에 대한 고민이 더욱 많아지게 된다. 중대형교회처럼 유치부로부터 장년부에 이르기까지 모든 사역을 할 수는 없지만 모든 것을 해내야 할 것 같은 분위기다. 여기서 개척교회가 존재하는 목적과 맞물려 우선적으로 해야 할 일들을 잘 결정해야 한다. 명확하고 선명한 우선순위가 정리되어야 한다.

가치의 원리는 교회의 정체성과 연결되어져 있다. 목회자들이 감당해야 할 것들을 본질, 사역, 행정, 부수로 나눌 수 있다. 본질은 말씀과 기도, 전도다. 예수 그리스도를 쫓아 가르치고 전파하며 고치시는 것이 교회의 존재 목적이다. 사역은 교회 안에 각 세대에 따른 교제와 나눔이다. 유치부에서 장년에 이르는 다양한 세대를 돌보고 양육한다. 또한 가정도 사역의 영역이다. 행정은 문서와 재정, 차량 등 사역과 직결되어 필요한 것들이다. 본질과 사역은 아니지만 보조적인 역할을 한다. 부수는 목회자의 취미나 여가를 말한다. 육체의 회복과 충전을 위해 필요한 것들이다. 개인적으로 시간을 배분한다면 본질은 40%, 사역은 30%, 행정은 20%, 부수는 10% 정도로 하는 것이 좋다.

현장에 있다 보면 자꾸만 한쪽으로 치우친다. 개척 초기에는 전도에 치우치고 외적으로 성장하기 시작하면 사역에 치우친다. 무기력할 때는 부수적인 것에 치우치고 틈틈이 행정에 치우친다. 개척교회에서는 어떤 상황이 벌어지면 휩쓸리는 경향이 있기에 더욱 깨어 있어야 한다. 간혹 부수적으로 취미와 여가를 시작했는데 대부분의 시간을 여기에 쏟아 붓는 경우도 있다. 운동이 주가 되어서 일주일에 가장 많은 시간을 운동에 쓰는 경우다. 바른 목회를 위해 무엇이 중요한지에 대한 질문과 고민을 놓치면 안 된다.

말씀과 기도 안에서 은혜를 누리는 사람은 균형을 유지할 수 있다. 사람의 지혜와 경험, 그리고 관계 안에서는 한계가 있기 때문이다. 하나님의 인도하심에 민감하게 반응하며 순종하는 현장에서 바르게 감당할 수 있게 된다. 우리의 걸음이 흔들리고 쓰러진다 할지라도 방향을 놓쳐서는 안 된다. 바른 방향으로 가고 있다면 현재의 환경과 상황은 그리 문제 될 것이 없다.

> 예수께서 온 갈릴리에 두루 다니사 그들의 회당에서 가르치시며 천국 복
> 음을 전파하시며 백성 중의 모든 병과 모든 약한 것을 고치시니(마 4:23).

원리 7 태도의 원리 : 결과 < 과정 < 태도

우리는 오랜 시간 결과에 집중했다. '하나님께 영광을'이라는 고백은 너무나 좋은 것이지만 어떤 거대한 상을 탔을 때에만 고백되는 이상한 시그니처였다. 어떤 경우에는 과정이 어찌 되었건 결과만 좋으면 된다

는 인식이 팽배하기도 했다. 극단적으로는 어떻게 돈을 벌던지 상관없이 십일조와 헌금만 잘하면 믿음 좋은 신앙인 이냥 추켜세워졌다. 그렇다 보니 삶이 엉망인데도 장로, 권사를 비롯해 목사까지도 세워졌다.

기독교의 핵심 내용 중에는 '하나님 앞에서'(코람데오)가 있다. 코람데오(Coram Deo)라는 말은 '코람'(coram:앞에서)과 '데우스'(Deus:하나님)가 합쳐진 합성어다. 이는 어떤 결과와 과정을 넘어서 자세, 즉 태도를 의미한다. 결과보다 중요한 것은 과정이고 과정보다 더 중요한 것은 태도이다. 하나님 앞에 서 있는 이는 그의 권능으로 인하여 바짝 엎드리게 되어있다. 자신의 자랑과 능력을 드러내지 않고 오직 하나님의 임재 가운데 주의 뜻 가운데 서는 것을 말한다. 나는 없고 오직 그리스도만이 내안에 살아 역사하시는 삶이다.

대표적으로 다니엘의 삶을 통해 이 태도의 원리가 명확히 드러난다. 바벨론 포로로 잡혀간 상황 속에서도 '뜻을 정하여' 결단하며 행동했다. 하나님 앞에서 자신을 더럽히지 않기 위해 마음을 하나님께 향했다. 자신의 유익이나 안전보다도 하나님 앞에서 자신의 삶을 드리기로 결단한 것이다. 포로로 잡혀간 극단적인 상황이었지만 세상에서 누릴 수 있는 것들을 내려놓고 하나님 앞에서 범죄 하지 않기를 소망했던 것이다.

태도는 먼저 내적으로 교통하는 것이다. 밖으로 드러나 사람들에게 나타나기 전에 이미 하나님 앞에서 드려지는 상태다. 영이신 하나님께서 그 마음을 밝히 아시고 기쁨으로 교제하는 통로가 된다. 태도는 드러난 결과보다 수만 배 더 중요하다. 사람 앞에서 행하는 수많은 행위보다 마음의 결단 가운데 하나님의 뜻 앞에 자신을 순종하는 놀라운 사건이기 때문이다. 세상의 관점 안에서 우리는 너무나 결과에 매몰되어 있다. 가장 중요한 것은 하나님 앞에 서있는 우리의 태도다. 결과의 기쁨보다 태도의 기쁨을 누릴 수 있어야 한다.

> 내가 곧 당신에게 사람을 보내었는데 오셨으니 잘하였나이다 이제 우리
> 는 주께서 당신에게 명하신 모든 것을 듣고자 하여 다 하나님 앞에 있나이
> 다(행 10:33).

원리 8 훈련의 원리 : 두려울 것 없는 훈련

하나님을 믿는 믿음 안에서 우리는 두려움이 없다. 온 세상을 창조
하시고 역사하시는 하나님께서 우리의 아버지 되시기 때문이다. 물론
이것이 자신의 자랑을 드러내는 도구는 절대 아니다. 우리의 힘과 능력
으로 자녀 된 권세를 얻은 것이 아니기 때문이다. 전적으로 하나님의
기뻐하심 가운데 드러난 은혜다. 더욱 겸손함과 두려움 속에서 하나님
의 능력을 덧입은 자들이다.

반대로 개척 현장은 두려움과 불안함이 가득하다. 눈에 보이는 현실
은 우리를 꼬꾸라뜨리고 갈기갈기 찢어 놓을 것처럼 보인다. 물질, 돈,
건강, 자녀 등 많은 부분에서 두려움의 쓰나미가 끊임없이 몰려온다.
그렇다면 하나님의 역사하심을 의지할 것인가, 거대한 파도와 같은 현
실의 뒤덮음을 두려워할 것인가. 개척 현장은 하나님의 사람으로 더욱
견고히 세워지는 훈련의 장이다. 우리로 하여금 없으면 죽을 것 같은
것들로부터 은혜의 자리로 이끌어 뛰놀게 하신다.

출애굽의 과정에서 홍해 앞에 서 있던 이스라엘 백성들은 두려워서
소리 지르며 차라리 애굽 땅에서 종노릇하길 원했다. 또한 모세에게 원

망의 화살을 쏟아 놓았다. 광야의 여정을 통해 수많은 원망과 불평을 늘어놓던 이스라엘 백성들은 호된 훈련을 받았다. 모세를 통해 민족이 언약을 맺고 난 후에는 하나님의 징계와 심판도 당했다. 그러나 가나안 땅 앞에서 요단강을 건널 때에는 하나님의 말씀 앞에서 철저히 순종하며 나아가는 모습을 볼 수 있다. 하나님께서는 그의 백성들을 거룩한 백성으로 세우시며 하나님의 사람으로 담대히 나아가길 원하신다.

하나님께서는 살아계신다. 우리와 함께 하시며 역사하신다. 어떤 신비한 역사만을 의미하는 것이 아니라 하나님의 말씀 안에서 드러난 하나님의 실존하심을 누리는 것이다. 하나님의 기뻐하심에 따라 삶의 방향을 정하고 그것을 살아내는 인생 속에 단단하고 견고하게 믿음 안에서 승리하게 되는 것이다. 훈련은 고되지만 이를 통해 영적 전투의 승리를 누린다. 하나님 나라의 가치를 살아낼 수 있게 된다.

> 여호수아가 또 백성에게 이르되 너희는 자신을 성결하게 하라 여호와께서 내일 너희 가운데에 기이한 일들을 행하시리라. 여호수아가 또 제사장들에게 말하여 이르되 언약궤를 메고 백성에 앞서 건너라 하매 곧 언약궤를 메고 백성에 앞서 나아가니라(수 3:5~6).

원리 9 관계의 원리 : 모든 관계로부터

'관계'는 연결되었다는 뜻이다. 단순히 서로를 알고 지내는 정도가 아니라, 나의 모든 것들을 상대가 알고 나도 상대를 알아서 서로를 채워주는 연결을 말한다. 과거에는 적군의 공격을 대비하기 위해 일정한 거리에 관을 만들고 그 사이에 성벽을 쌓아 연결한 것이 어원이라고 한다. 즉 생명을 지키기 위한 연결을 말하는 것이다. 생명 공동체로서의 연결이 바로 '관계'인 것이다.

그리스도인은 기본적으로 하나님과의 관계가 있다. 이것은 우리로서가 아닌 하나님으로부터 주어진 은혜다. 죄로 말미암아 타락해서 부패한 우리는 하나님과의 관계를 맺을 수 없다. 오직 거룩하시고 선하신 하나님의 긍휼과 은혜 안에서 연결된 것이다. 언약의 신실함 안에서 영원한 구원의 성취되신 예수 그리스도를 통해 이루셨다. 즉 하나님께서 우리와 생명으로 연결되는 역사를 이루셨고 이끌어주셨다. 우리가 할 수 있는 것은 은혜를 기뻐하는 삶이다. 사망 앞에서 소망 없던 우리 인생이 생명으로 연결하신 권능 아래에서 기쁨을 누리게 되었다.

하나님의 관계로부터 회복된 우리는 선을 행할 수 있는 능력을 부여받았다. 우리는 도저히 원수를 사랑할 수 없으나 예수 그리스도를 쫓아 성령의 인도하심 안에서 이웃을 사랑하며 아낄 수 있게 되었다. 이것은 해도 되고 안 해도 되는 것이 아니라 주님의 명령 안에서 살아내야 하는 관계를 말한다. 생명을 얻은 자는 생명 주신 이의 명령과 부탁 안에서 생명을 나누는 일에 순종해야 한다. 내게 허락된 생명의 은혜가 다른 이에게 흘러가는 것이 그리스도인의 관계다.

개척 현장은 이 관계가 요청되는 곳이다. 씨름하고 엎드리며 도저히 감당할 수 없을 것 같은 그곳에 하나님의 은혜로 서는 것이다. 나로서는 할 수 없으나 그리스도의 은혜로서는 할 수 있는 곳이다. 아파하고 쓰러지고 눈물 흘리는 이들의 마음을 위로하며 함께 웃고 울어야 하는 곳이다. 멀찌감치 서서 간간히 사랑의 행위를 흉내 내고 껍데기 위로를 공수표처럼 날릴 수 있는 곳이 아니다. 내 생명을 내어줌으로 생명이 소생하는 생명의 관계가 일어나는 공간이다.

> 즐거워하는 자들과 함께 즐거워하고 우는 자들과 함께 울라. 서로 마음을
> 같이하며 높은 데 마음을 두지 말고 도리어 낮은 데 처하며 스스로 지혜
> 있는 체 하지 말라(롬 12:15~16).

원리 10 기초의 원리 : 근원의 고민과 실현

기초가 튼튼해야 한다. 어떤 일을 하든지 기초가 제대로 안 잡혀 있
으면 고생을 한다. 그러나 이런 기초들도 어떤 기능적인 것들만 있는
것이 아니다. 상황과 방법은 매번 달라지기에 기능적인 것은 한계가 있
다. 어떤 환경에 처해 있더라도 자신이 갖고 있는 자세에 따라 상황은
달라진다. 즉 마음의 기초가 있어야 한다는 것이다. 마음의 자세가 바
르게 되어 있지 않으면 온전한 사역을 감당할 수 없다.

마음의 기초를 위해서는 시간이 필요하다. 아무리 바쁘고 당황스럽
더라도 현실에 일희일비하지 않고 잠시 숨을 고르며 브레이크 타임을
가져야 한다. 자신이 처한 상황을 객관화시키며 스스로 돌아보아야 한
다. 답이 없는 질문과 고민을 할 수 있어야 한다. 당장은 답답하고 짜증
날 수도 있지만 다른 이의 일처럼 감정을 추스르고 상황을 돌아보아야
한다. 나의 욕심이나 관점을 내려놓고 다양한 관점과 시선으로 살펴야
한다. 멍을 때리거나 커피를 마시거나 산책을 하는 시간도 좋다. 달리
던 차의 브레이크를 잠시 밟고 주변을 살펴라.

정기적으로 브레이크 타임의 루틴을 형성하는 것도 좋다. 하루 15

분, 일주일에 두세 시간, 한 달에 하루 이틀은 자신을 위한 시간을 마련하면 좋다. 교회 공동체의 방향과 상황도 돌아볼 수 있다. 자신이 걷고 있는 길이 환경에 따라 달라지지는 않은지 방향을 살필 수 있다. 아무것도 하지 않는 브레이크 타임이 쓸데없는 시간처럼 보여도 도리어 바르고 빠르게 걷는 길이다. 멈추고 생각하고 기도하라. 이것이 마음의 자세 속에 기초를 만든다.

그리스도인은 가난하든 부요하든 자족하는 마음을 가질 수 있다. 능력 주시는 이의 은혜에 따라 부르신 뜻 앞에 순종할 수 있는 것이다. 나의 욕심이나 성공과 부귀를 위해 달리는 것이 아니다. 하나님의 뜻을 바르게 알고 행하는 삶이다. 이러한 삶과 사역의 기초를 놓치지 않기 위해 브레이크 타임이 필요하다. 근원과 근본에 대한 깊은 고민과 실현을 위해서 꼭 필요하다. '우리는 무엇을 위해 달리고 있는가'를 질문할 수 있어야 한다.

형제들아 내가 그리스도 예수 우리 주 안에서 가진 바 너희에 대한 나의 자랑을 두고 단언하노니 나는 날마다 죽노라(고전 15:31).

개척의 실제

실제 1 사명 선언문의 존재

교회의 존재 목적을 온전히 인식해야 한다. 여타 수많은 방법론과 프로그램보다 더 많은 시간을 할애해서 정리해야 한다. 교회는 수없이 많고 지금도 생겨나고 있다. 공통적으로 교회에 적용되는 가르치고 전파하고 치유하는 사역을 기반으로 '이 교회를 세우는 이유'를 하나님으로부터 확인할 수 있어야 한다. 당신을 왜 부르셨는가, 또한 당신을 통해 왜 교회를 세우시는가 이러한 질문이 없이 교회를 개척하는 것은 아무 의미가 없다.

충분한 고민과 기도 가운데 가장 중요한 가치를 한 문장이나 3~4개의 단문으로 정리한다. 그 누가, 그 어떤 말을 한다 할지라도 절대 변하지 않는 사역의 가치를 세워야 한다. 당연히 쉽게 정해지지 않고 그래서도 안된다. 안 된다. 지나가다가 편의점에서 바나나우유를 하나 사듯이 결정하면 안된다. 아무리 팔랑귀라 할지라도 이것만은 양보할 수 없는 은혜의 고백이 있어야 한다. 다른 이들의 가치를 참고하거나 좋은 책들을 통해 기점을 잡을 수도 있지만 이런 것들은 다 들러리다. 개척자의 마음 중심 가운데 씨름하고 엎드리며 정리한 핵심 문장을 종이에

꾹꾹 눌러쓰면서 결단해야 한다.

실제 2 나침판 : 방향을 따라

나침판은 방향이다. 환경은 바뀌어도 방향은 바뀌지 않는다. 당신
이 사막에 있던 알레스카에 있던 초원을 달리든 방향은 바뀌지 않는다.
어떤 상황과 처지에 있다 할지라도 바뀌지 않는 방향을 설정해야 한다.
이것은 가치를 세우는 것과 함께 태도를 의미한다. 환경의 변화와 상관
없이 자신의 마음과 삶에 흔들리지 않고 세워가는 태도를 말한다. 하나
님을 온전히 의지하고 순종하기로 했다면 의지할 수 있는 말씀과 기도
를 놓지 않는 것과 순종할 수 있는 마음의 준비가 필요한 것이다.

목회자로 부르심을 받은 자들에게는 구체적인 삶의 지침과 방향이
있다면 더 좋다. 개척 전 시간을 두고 깊이 고민하면서 정리하는 시간
이 필요하다. 자신의 신학적 노선이나 성경을 연구하는 방법, 양육을
위한 준비, 복음 전파를 위한 결단 등 목회자로서 가장 중요하게 생각
하는 것들에 대해 뜻을 정하는 것이다. '나는 ~ 이렇게 하겠습니다'라고
하는 문구로 고백하며 정리하는 것도 좋다. 중요한 것은 자신의 태도가
하나님 앞에서 어떠한가이다.

실제 3 사역의 근간, 화목한 가정

아무리 바빠도 시간을 내야 하는 영역이 있다. 목회를 사역으로 본

다면 가정은 선물과 같다. 사역은 주님이 맡겨주셨기에 기쁨과 감사함으로 감당하는 것이고 선물은 허락하신 이의 마음을 아는 것이다. 누군가 '가정은 사역의 마지막 영역이다'라는 표현을 쓰기도 하지만 더 나아가서 허락하신 주님의 은혜를 담은 선물임을 잊지 말아야 한다. 선물은 소중하다. 절대 버릴 수 없는 감격이다.

일상의 수많은 시간 속에서 선물을 위한 시간을 마련해야 한다. 아내와 가정을 향한 잔잔하지만 흔들리지 않는 콧노래가 있어야 한다. 특히 아내를 존중하고 이해하는 마음이 필요하다. 자녀는 오히려 자신의 피를 이어받은 혈육이고 닮은 모습에 기뻐하기도 하지만 아내에 대해서는 여차하면 부딪힐 수 있는 대상이 되기도 한다. 특히 함께 사역하는 시간이 많을수록 진실된 대화와 배려를 통해 마음을 누려야 한다. 부부의 관계가 가정과 교회의 분위기를 들었다 놨다 할 수 있다. 둘만의 시간을 꼭 마련해야 한다.

실제 4 훈수가 아니라 실전

'직면한다'는 말이 있다. '직면한다'는 것은 내가 직접 겪고 씨름하며 풀어나간다는 뜻이다. 당연히 결과가 다 해피엔딩으로 끝나는 것은 아니다. 피해서 돌아가지 않고, 멀찌감치 서 있지 않고, 다른 이에게 맡기지 않고, 핑계하지 않는 것이다. 말은 쉬운데 현장에서는 절대 쉽지 않다. 자신도 모르게 피하고 멀리 떨어지고 다른 이를 찾고 핑계를 댄다. 어깨 뒤쪽에 서서 대전을 구경하다가 자신만 본 것 같은 길이 있어서 입이 간질간질한 것과는 차원이 다르다.

훈수를 두는 것은 쉽다. 결과가 어떻든 자신이 책임을 지지 않아도 된다. 여유를 가지고 다양하게 볼 수 있다. 실전임을 잊지 말아야 한다. 실전에 들어가면 쳐 맞으면서 자신의 계획과 구상과 이상이 와장창 무너질 수도 있다. 전혀 예측하지 못한 상황에 당황해 할 수도 있다. 터진 일에 대해 수습하려고 뛰어다니다보면 한 치 앞을 못 보고 허둥거릴 수도 있다. 잠시 숨을 고르고 직면해야 한다. 뒤돌아서면 안 된다. 죽을 것 같을지라도 주님을 의지하며 엎드려야 한다. 죽지 않는다. 주님이 지켜주신다.

실제 5 황금 분할의 원칙 : 교차 지점

사역을 하다보면 교차 지점들이 발생한다. 자신이 원하는 것과 가정이 원하는 것, 자신이 원하는 것과 성도가 원하는 것, 자신이 해야 할 것과 다른 사람과 함께 해야 할 것, 지금 당장 해야 할 것과 지금 당장 누리고자 하는 것 등이 수없이 터져 나온다. 이런 교차점은 매우 중요하다. 사진을 찍을 때 전체 구도의 기점을 가로 두 줄, 세로 두 줄을 그었을 때 만나는 지점에 파사체를 두는 것을 황금 분할이라고 한다.

교차점은 자신의 상태를 돌아볼 수 있는 중요한 기점이기도 한다. 왜냐하면 교차점을 선택하는 것은 자신이기 때문이다. 주관적인 관점이 절대 맞는 것이 아닌데도 우리는 이 교차점 자체에 절대성을 둔다. 사진을 찍을 때 앞에 있는 꽃에 포인트를 둘 것인지, 전체적으로 펼쳐져있는 꽃밭에 포인트를 줄 것인지에 따라 황금 분할의 포인트가 달라진다. 어떤 일들이든 이 교차점에 서 있을 때 집중하며 진실되게 초점을 맞추어야 한다. 자주 교차점에 서는 것은 아니지만 교차점에 서게 되면 집중하며 돌아보며 살펴야 한다. 그리고 심호흡을 하고는 셔터를 눌러야 한다.

실제 6 하드웨어보다 소프트웨어

개척을 하게 되면 외적인 요소들이 더 크게 보인다. 재정과 사람, 그리고 인테리어와 건물의 위치 등 하드웨어 부분들이 영향을 많이 준다고 생각하기 때문이다. 물론 이것도 맞다. 그러나 더 중요한 것은 눈에 보이지 않는 소프트웨어다. 눈에 보이지 않지만 더 큰 영향력이 있다. 그렇기에 외적인 부분들은 심플하게 하고 내적인 충만함에 더 힘을 쏟아야 한다. 이것이 준비되지 않으면 시간을 더 갖고 준비하는 쪽으로 선회하는 것이 좋다.

목회자의 인성과 태도는 눈에 보이지 않는다. 교회의 존재 목적에 따라 세워진 목회 철학과 가치는 눈에 보이지 않는다. 어린 아이로부터 어른에 이르기까지 성도를 대하는 자세와 관계는 눈에 잘 보이지 않는다. 사람들이 보지 않을 때에도 하나님 앞에서 코람데오 신앙으로 살아가는 모습은 잘 보이지 않는다. 그러나 이것이 더 중요하다. 은혜와 진리 안에서 변화되고 성숙하게 된 하나님의 백성들은 눈에 보이지 않는 것의 중요성을 더욱더 인식해야 한다. 이제는 우리 존재 자체가 보이지 않는 믿음과 주권, 그리고 천국의 소망을 안고 살아가기 때문이다.

실제 7 접촉점, 찾아가는 사역

절대 가만히 있는다고 사람들이 오지 않는다. 예수님께서도 전도를 위해 다른 지방으로 가셨다. 구원할 자들을 찾아가신 것이다. 예수 그리스도의 성육신 자체가 찾아가는 발걸음이었다. 우리에게 오신 주님의 발자취를 쫓아 찾아가는 사역을 감당할 수 있어야 한다. 누구에게 어떻게 찾아가야 할지 모를 때에는 교회 위치를 중심으로 주변 지역으로 나가야 한다. 동네에 사는 사람들, 지역에 거하는 이들의 환경, 이들이 생각하는 가치와 문화를 인식할 수 있어야 한다. 긍휼의 마음을 품고 사람들 속으로 들어가야 한다.

실행에 옮기기에 막막하다면 몇가지 원칙을 세우면 된다. 하루 한 시간 이상 나가기, 10분 이상 이야기를 나눌 한 사람 만나기, 소외되고 어려운 사람을 찾기, 1km 이내의 거리를 동서남북으로 나누어서 일주일에 4번은 걷기 등 구체적인 방안들을 마련할 수 있다. 물론 이 모든 것들을 사람들에게로 들어가서 함께하는 찾아가는 사역에 기반을 둔다. 하나님의 은혜를 입은 자로서 죄 사함과 영상을 소유한 자가 견딜 수 없는 기쁨으로 사람들에게 다가가는 것은 지극히 당연한 것이다.

실제 8 지역, 개척교회의 연합

교회의 활동 범위는 기본적으로 지역(Local)이다. 어떤 기관이나 단체가 아닌 이상, 교회는 기본적으로 지역을 기반으로 한다. 이를 위해 노회나 지방회도 존재하는 것이다. 복음화를 위한 어떤 활동을 말하는 것이 아니라, 교회가 세워진 지역에 말씀이 흘러넘치고 그리스도의 사랑이 전해지고 하나님 앞에서 죄를 회개하는 역사를 위해 교회가 존재한다. 그렇기에 교회가 도시를 비롯한 사람이 있는 곳에 존재하는 의미도 있다. 산속에 들어가지 않고 지역 속으로 들어가는 것이다.

이런 방향성은 지역에 있는 교회들과의 연합을 의미하기도 한다. 예수 그리스도의 몸 된 지체로서의 관계는 한 교회 안에 있는 성도들과의 관계로만 한정시키지 않는다. 가시적 교회의 의미 안에서 지역 안에 있는 교회들이 모두 예수 그리스도의 몸 된 지체다. 그렇기에 가능한 대로 지역의 교회와 연합하며 함께하며 가르치는 일과 전파하는 일과 치유하는 일들을 감당해야 한다. 각자가 갖고 있는 달란트를 아무 조건 없이 나누며 섬기는 모습들이 아름다운 것이다.

실제 9 자기 점검, 4개의 섹션

자신을 지속적으로 점검해야 한다. 개척 전에도, 개척 후에도 흔들리지 않는 걸음을 위해 자신을 흔들어야 한다. 사역자가 바로 서야 한다. 내적 점검과 외적 점검, 공통적인 것과 개인적인 것으로 분류할 수 있다.

내적이고 공통적인 것은 기독교 핵심 진리를 바르게 깊이 이해하는 것이다. 성경의 메시지와 함께 뼈대가 되는 교리를 풍성히 알고 있어야 한다. 내적이고 개인적인 것은 개척교회의 사명과 목회자의 소명을 잘 이해하고 있어야 한다. 지금, 이곳에 나를 부르신 이유는 무엇인가, 교회가 세워진 이유가 무엇인가를 고민해야 한다.

외적이고 공통적인 것은 시대와 문화, 상황과 공간을 분별해야 한다. 동시대 사람들의 생각과 가치, 그리고 지역 안에 있는 다양한 공간과 상황을 잘 분별할 수 있어야 한다. 마지막으로 외적이고 개인적인 것은 자신에게 맡겨주신 성도들의 삶과 개인적인 아픔과 간구를 알고 있어야 한다. 개개인을 이해하며 겸손히 대하고 진실과 성실로 대할 수 있어야 한다.

실제 10 Why & Focus

사역 현장에서 어떤 일이 일어났을 때, 그것을 소홀히 넘기지 않고 '왜'(Why) 그 일이 일어났는지 살펴야 한다. 최소한 다섯번 이상 왜 그 일이 일어났는지를 질문하고 답을 구해야 한다. 하나님 앞에 엎드리며 깊이 있게 돌아보아야 한다. 이 질문은 곧 그 상황 자체를 해결할 수 있는 실마리를 마련하기도 하지만, 사역자 자신을 살피는 순간도 된다. 자신이 가장 두려워하는 일들이 일어났을 때에도 그 문제 자체를 해결하는 것에 집중하지 않고 '왜 그 일이 일어났으면 나는 왜 그 일을 두려워하는가'에 집중하기 시작하면 선명해진다.

질문을 통해 실마리를 찾고 자신을 살폈다면 핵심 내용에 더욱 집중해야 한다(Focus). 사변적이고 부수적인 부분들도 중요할 수 있으나 지금, 당장은 핵심에 중점을 두어야 한다. 핵심 내용이 이해되거나 해결되면 나머지는 자연스럽게 해결되는 것을 볼 수 있다. 문제는 핵심 내용을 파악하기 쉽지 않다는 점이다. 국어 시간 어떤 문장의 주제를 잘 파악했어도 이것은 쉽지 않다. 그러나 중요하게 여기며 집중해야 한다.

에필로그

　교회는 이미 승리했다. 우리는 승리한 전쟁을 치르고 있는 것이다. 예수 그리스도의 십자가 죽으심과 부활의 첫 열매되심으로 영원한 승리를 이루셨다. 그 승리를 전하고 나누고 드러내는 공동체가 교회다.

　교회의 이러한 특성은 외적으로 보이는 교회의 건물과 사람의 많고 적음과는 전혀 상관없다. 예수 그리스도를 주로 고백하는 개인과 믿음의 고백이 있는 공동체만이 은혜인 것이다. 진리를 품은 자들의 모임 자체가 영광이며 은혜다. 아무리 사람이 모이고 건물이 크다 할지라도 하나님의 영광이 임재하지 않으면 소용없다. 반대의 상황도 동일하다. 어떠하든지 온전하신 예수 그리스도를 기쁨으로 맞이하며 이미와 아직의 하나님 나라를 누리며 즐거워하는 공동체가 교회인 것이다.

　그의 능력이 그리스도 안에서 역사하사 죽은 자들 가운데서 다시 살리시고 하늘에서 자기의 오른편에 앉히사, 모든 통치와 권세와 능력과 주권과 이 세상뿐 아니라 오는 세상에 일컫는 모든 이름 위에 뛰어나게 하시고, 또 만물을 그의 발 아래에 복종하게 하시고 그를 만물 위에 교회의 머리로 삼으셨느니라. 교회는 그의 몸이니 만물 안에서 만물을 충만하게 하시는 이의 충만함이니라(엡 1:20~23).

눈에 보이는 것들에 치우치지 않고 오직 말씀 안에서 우리의 존재성을 바르게 인식하여 날마다 승리하는 믿음의 삶을 살길 소망한다. 우리 안에 있는 죄성에 의해 좌지우지되지 않고 믿음으로 이끄신 주님의 능력 안에서 권능 있는 삶과 사역이 펼쳐지길 소망한다.

외적인 상황만 바라보면 개척교회와 미자립교회는 실패한 것처럼 보인다. 세상의 원리와 이치 안에서 교회를 바라보면 아무것도 아닌 것처럼 보인다. 그러나 우리는 택하신 족속이요, 왕 같은 제사장이요, 거룩한 나라요, 소유된 백성이다(벧전 2:9). 사망의 음침한 어두운 곳에서 불러 내여 기이한 빛으로 이끄신 은혜를 누리는 자들이다.

우리의 마음과 입술, 발걸음을 열어 우리를 구원하신 아름다우신 하나님을 선포하며 찬양하자. 사람이 없다고 기독교를 불신한다고 능력과 지혜가 없다고 월세를 못 내고 있다고 죽을 일이 아니다. 온전한 믿음을 회복하고 주어진 자리에서 주님께 비참함과 비루함을 고백하며 의지하는 신앙을 회복해야 한다. 우리, 승리한 교회로 견고히 서서 걸어가자.

우리 주 예수 그리스도로 말미암아 우리에게 승리를 주시는 하나님께 감사하노니, 그러므로 내 사랑하는 형제들아 견실하며 흔들리지 말고 항상 주의 일에 더욱 힘쓰는 자들이 되라 이는 너희 수고가 주 안에서 헛되지 않은 줄 앎이라(고전 15:57~58).